KASIA KRAWIE[C]

CW01262323

Tu mieszka

DOBRO

Redakcja: Joanna Sosnówka, Patrycja Figlarska
Korekta: Anna Gajowniczek
Projekt okładki i opracowanie graficzne: Małgorzata Sokołowska
Skład: InkWander

ISBN: 9788397031845

Limitless Mind Publishing Ltd
15 Carleton Road
Chichester
PO19 3NX
England
Tel. +44 7747761146
Email: office@limitlessmindpublishing.com

Drogi Czytelniku!

Znajdź nas na ***Facebook/Instagram****:*
limitless mind publishing

Odwiedź naszą stronę na ***Amazon***
wpisując w wyszukiwarkę limitless mind publishing
lub skanując kod, aby zobaczyć nasze inne pozycje.

♥ *Będziemy bardzo wdzięczni za* ***Twoją opinię na temat książki****.*
To znaczy dla nas wiele.

To nie jest „poradnik". Nie jestem po to, by Ci dawać rady. Niech „Tu mieszka dobro" będzie tulącym kocem, gdy za oknem jest nieznośnie i potrzebujesz się wtulić i odpocząć bez udawania supermenki. Rosołkiem kochanych rąk, który działa cuda. Życzliwym słowem od serca - gdy już nie masz siły żyć. Kojącym olejkiem, który nakładasz na obolałe serce, gdy już nikt nie patrzy. Odebranym telefonem, na który czekałaś od lat. Zwyczajnie-niezwyczajną książką, jeśli tak zdecydujesz.

Dziękuję, że tu ze mną jesteś.

Ściskam

Krawiecka

Oto ja. Krawiecka.

Z cudownego miejsca na końcu świata, w którym za moich czasów mieszkało jedenaście osób. Co prawda obecnie poza wakacjami też tyle mieszka i to miejsce wciąż nie przestaje być tak urokliwe, jak kiedyś. Chyba od zawsze czułam, że byłam jakaś dziwna; miałam poczucie, że nigdzie nie pasuję, bo za bardzo odstaję od reszty. Poczucie, że jestem niewystarczająca.

Od kilku lat odbywam najtrudniejszą podróż w moim życiu. Czy kiedykolwiek zastanawiałaś się, co by było, gdybyś odważyła się powiedzieć to, co tak naprawdę czujesz albo myślisz - bez strachu przed tym, co powiedzą inni? Co by było, gdybyś pozwoliła sobie na bycie dziwną. Tą, o której mówią niestworzone rzeczy i szepczą za plecami (nawet, jeśli wszystko to, co jest w Twojej głowie, też się liczy). Gdybyś pozwoliła innym ludziom być takimi, jacy tylko chcą i pragną być? A zamiast frustrować się, że Cię nie słuchają, że ignorują i nie dają tego, czego żądasz - spróbowałabyś skoncentrować się tylko nad Swoimi uczuciami, emocjami i reakcjami?

Czy myślałaś kiedykolwiek, co by było, gdybyś zamiast wywierać wpływ na innych, zaczęła zmieniać tylko siebie i udowadniać tylko sobie, że można żyć po swojemu, bez pytania innych o zgodę? Bez poczucia ucisku w sercu, z miłością i dobrocią. Bez manipulacji, krytyki, wiecznego dogadywania innym (a przede wszystkim sobie…), bez względu na to, jak cudowne życia mają wszyscy (co ewidentnie widać na idealnych zdjęciach na Instagramach i Fejsbukach).

Co by się stało, gdyby zamiast winić innych za wszystkie niepowodzenia i być wieczną ofiarą, katem lub ratownikiem? (albo najczęściej wszystkimi na raz) - bez jakiegokolwiek udawania wymiotłabyś wszystko spod swojego dywanu i po prostu spojrzałabyś na fakty i zaakceptowała je bez względu na wszystko? Bez wybielania nikogo. Bez oskarżania, wypierania i wstydu.

Co ja mogę o tym wiedzieć? Byłam mistrzynią w dawaniu rad, nie mając pojęcia, o czym mówię. Nie pytając innych, czy chcą mnie słuchać. Nie próbowałam zrozumieć sytuacji, w której znajdują się inni i wymądrzałam się na całego, mając taki bałagan na swoim podwórku, że nikt na nim nie wytrzymywał. Te wszystkie mądre pytania, zamiast zadawać sobie - zadawałam innym, bo przecież byłam tak oświecona, a tak naprawdę sama nie umiałam na nie odpowiedzieć.

Po latach udawania zrozumiałam, że tylko na prawdzie mogę zbudować trwały rodzaj relacji. Tu nasuwa mi się pytanie, jak uzdrowić coś, z czego nie zdajemy sobie często sprawy? Inni przeważnie doskonale wiedzą, że coś w nas „nie gra" - i często widzą rozwiązanie. Równocześnie każda forma pomocy może być odbierana przez nas jako atak (przynajmniej tak było w moim przypadku). Kojarzysz takie momenty? Ja miałam ich całe mnóstwo.

Myślę, że najtrudniejsze są rzeczy, które mamy schowane w sobie tak głęboko, że nawet nie wiemy, że je mamy. By zobaczyć niektóre, potrzebna mi była pomoc terapeutki. Niejednej, czasami kilku. Takich, które mówiły mi trudną prawdę, a nie to, co chciałam usłyszeć.

Odkrycie tego, co powodowało moje wieczne poczucie winy, było przełomem. Nasz umysł jest cudowny. Dzięki niemu egzystujemy. Przechowuje on miliony informacji i steruje dziesiątkami tysięcy procesów. Zrobi wszystko, żebyśmy przetrwali.

Gdy sytuacja jest dla nas ciężka do udźwignięcia nasz umysł dla naszego dobra „schowa" to, co trudne, by nas uchronić przed bólem. Ukrywanie tego, co trudne jest powiązane z tym, że jako dzieci nie możemy rozpoznać tego, co czujemy i potencjalnie każda sytuacja wywołująca silne emocje może wywołać traumę na całe życie. By przetrwać, umysł może wywołać u nas nawet choroby (co na podstawie wieloletnich badań bardzo dokładnie opisał doktor Ryke Geerd Hamer).

Jako dorośli często żyjemy z niewyjaśnionym bólem. Żyłam w niewyobrażalnym poczuciu winy przez 36 lat. Próby wpasowania się w oczekiwania taty, zasłużenie na bycie kochaną, na bycie wystarczająco dobrą, żeby być cokolwiek wartą, nie przynosiły żadnych efektów.

Najtrudniejsza w tym procesie była chyba opinia ludzi, którzy są (albo przynajmniej przez jakiś czas byli) ważni. Zdałam sobie wtedy sprawę, że ich opinia była dużo ważniejsza niż moja własna. Że muszę zasłużyć, by ktokolwiek mnie polubił, pochwalił albo zwyczajnie zauważył, bo nie miałam w sobie siły, bym mogła zrobić to sama.

Wiele lat mi zajęło, by przejmowanie się tym, co powiedzą inni, wpływało na moje życie w jak najmniejszym stopniu. Albo nie wpływało na nie wcale. Dzięki odwadze i przyjrzeniu się temu, co było piekielnie trudne, nauczyłam się być dla siebie ważna. Nie gorsza czy lepsza od innych – tak samo ważna, jak każdy człowiek. Coraz większe znaczenie miało to, co mówiłam sama o sobie, gdy codziennie zerkałam na swoją buzię, która ma i przebarwienia, i zmarszczki, i wiele innych niedoskonałości (których nie muszę przykrywać filtrami na social mediach). Kiedyś moja twarz była mordą, której nie mogłam znieść. Dzisiaj to śmiejące się oczy, plamy pigmentacyjne (których nie muszę chować) i cudowna część mnie samej.

Zamiast oczekiwać zmian w innych ludziach, pracowałam nad swoją uważnością. Mój umysł blokował mnie, jak tylko mógł. Rozpraszał i uciekał. Tak bardzo chciał mnie chronić przed bólem, którego nawet świadomie nie pamiętałam. Ba! Który nawet często nie był mój (o tym też opowiem, gdy przyjdzie na to czas). Mój umysł nadal czasem mnie rozprasza, wtedy przyglądam się, która część mnie prosi o uwagę.

Dopiero dzisiaj rozumiem, że gotowość dotarcia do tego, co boli... utulenie i zrozumienie szerszej perspektywy są początkiem nowego. Już miałam dość uciekania, wypierania, obrażania się, płakania i powielania od wielu lat tych samych schematów. Miałam dość poczucia wstydu. Poczucia, że wszystkich zawodzę. Że nigdy nie będę wystarczająco dobra, by ktokolwiek mnie pokochał. Pokochał i ze mną został. Bym nie przestraszyła się i nie uciekła. By cokolwiek osiągnąć i być szczęśliwą.

Chociaż spotkałam się z opinią pewnego znanego psychologa, że to, co myślę to bzdura, z mojego doświadczenia stwierdzam, że odpowiedzią na wszystkie moje zmagania byłam ja sama. Potrzebne było mi prowadzenie kogoś, kto mógł znaleźć zupełnie inną perspektywę i mi ja pokazać w taki sposób, by mój umysł nie czuł się zagrożony. Chciałam zrozumieć, co się ze mną działo, jednocześnie mój umysł nie pozwalał mi na to, bo próbował chronić mnie przed bólem.

Mimo że widziałam, że wszystko na zewnątrz „grało", ja w środku czułam ogromny ciężar i poczucie winy. Szukałam pomocy, bo sypało mi się życie, a ja nie rozumiałam, dlaczego nie czuję, że jestem wystarczająca, choć wszyscy dookoła widzieli we mnie tak wiele. Miałam ukończone studia, a mimo to wieczne umniejszałam siebie i chociaż nie miałam z kim, wciąż walczyłam. Gdy upadłam na tak zwane dno, znalazłam przestrzeń, by się od niego odbić. Wtedy pojawili się ludzie, którzy mi pomogli.

Nigdy bym nie pomyślała, że kiedyś będę czuła spokój. Kiedyś myślałam, że siła to zaciśnięte zęby i parcie na szkło za wszelką cenę. Dzisiaj wiem, że prawdziwa siła to niewypowiedziany spokój, który przyszedł po tym, jak zaczęłam wymiatać spod dywanu rzeczy, na których myśl truchlałam.

Odkryłam, jak ogromne poczucie winy nosiłam w sobie, gdy jako kilkuletnia dziewczynka w nocy nieświadomie zaprószyłam ogień i spaliłam dom, w którym o mało nie spłonęli moi rodzice i siostra, która jeszcze się wtedy nie urodziła. Nie brałam nigdy pod uwagę faktu, że to była odpowiedzialność dorosłych. Dzisiaj jest to już dla mnie jasne, bo zrozumienie sytuacji z poziomu przerażonego dwuletniego dziecka przyniosło ogromną ulgę. Ustawienia systemowe pomogły mi odkryć to wydarzenie z zupełnie nieznanej perspektywy, a sesja tappingu pomogła zresetować silne reakcje układu nerwowego na to wspomnienie. Wielu ludzi nosi w sobie tak wiele emocji, które może uleczyć... Każdy z nas ma historie, które dusi w sobie, które nie pozwalają funkcjonować ani normalnie żyć.

Wszystko, co kiedykolwiek było dla mnie trudne, bardzo mi ciążyło, jak kamienie, które bym dorzucała do plecaka, niesionego pod stromą gorę... Jeśli czujesz podobnie, być może zastanawiasz się czasami, jak jeszcze długo wytrzymasz ten ciężar. Ja byłam na skraju wyczerpania, od perfekcyjnego udawania, że jest bardzo dobrze. Inaczej nie umiałam.

Dziś, już nie muszę niczego udawać, bo bycie zwyczajnym człowiekiem, bez perfekcyjnego życia stało się dla mnie wartością samą w sobie. Z potarganymi włosami, które najlepiej się układają przy opuszczonych szybach, gdy jadę samochodem, nieidealnym (albo bezobjawowym) makijażem, z dwiema różnymi skarpetkami i niebywałym zapominalstwem. A do swojego plecaka wrzucam dmuchawce, puchate kłębuszki i mnóstwo kwiatów. Żeby nie było, pozwalam sobie na mniejsze i większe smutki - różnica jest taka, że nie wypieram ich, a zauważam i otulam. Są przecież integralną częścią mnie. Wypierając je (albo udając, że wszystko jest w najlepszym porządku, gdy w środku chce mi się płakać) wypierałabym siebie, a to przecież robiłam przez całe swoje życie.

One są tak samo ważne, jak spokój. Tak wiele z nas uśmiecha się i uchodzi za wesołe osoby, a jedyne, o czym marzy to umrzeć, bo ta udawana radość, gdy jesteśmy wypełnieni smutkiem, jest wprost nie do wytrzymania. Ten smutek był też we mnie.

Eksperymentuję; zauważam i wyłapuję moje niewspierające nawyki (ten proces trwa od kilku lat i często, gdy robię dwa kroki do przodu, muszę zrobić cztery w tył). Wdrażanie nowego nawyku czasami trwa 21 dni (jak w podręczniku), a czasami 6 miesięcy. Czasami sama się do nich dokopuję, a czasami proszę o pomoc profesjonalistę, przyjaciół albo osoby, które mnie wkurzają. One zawsze powiedzą mi trudną prawdę i okazuje się, że to, co mnie w nich wkurza, przeważnie mam w sobie i po prostu odbijam to zachowanie, jak w lustrze.

Zamiast żalić się, że siedzę sama w domu albo, że nikt mnie nie słucha; zamiast sobie dogadywać i ubliżać - jak robiłam to przez większość życia - nauczyłam się czegoś nowego. Czegoś, co nigdy nie przyszłoby mi nawet na myśl. Zaczęłam traktować siebie z szacunkiem. Mówię do siebie tak, jak do ludzi, których kocham. Ustalam, na co mam w tej chwili ochotę - i robię to - nawet jeśli jest to zjedzenie malin polanych karmelem i tańczenie do disco polo, którego nikt podobno nie słucha. Zamiast obwiniać innych za moją samotność, zaczęłam sama sobie dawać uwagę. Jak?

Z uwagą wklepuję balsam, którego zapach przypomina mi lato, i najzwyczajniej w świecie rozmawiam ze sobą. Wreszcie ktoś mnie słucha. I słyszy. Tak! Po latach ignorowania siebie usłyszałam kogoś, kto bardzo na mnie czekał i nie potrzebował niczego innego niż wsłuchiwania się w bicie swojego serca. Usłyszałam, co tak naprawdę myślę i czuję. I dałam sobie prawo być taka, jaka jestem. Wtedy też zaczęłam słuchać porad innych (przyznaje się, że jeszcze się tego uczę i idzie mi to coraz lepiej). Żeby było jasne - aby ten proces mógł się rozpocząć, dobra znajoma usiadła przy mnie i kazała słuchać i dosłownie nie otwierać ust, podczas gdy moja kochana siostra mówiła o sprawach, które były dla niej ważne. Taka byłam zaślepiona, że myślałam, że moja racja jest „najmojsza". Dzięki temu doświadczeniu (i ciągłemu praktykowaniu aktywnego słuchania) bardziej rozumiem innych - szczególnie najbliższe mi osoby. To jedno z najważniejszych i najpiękniejszych doświadczeń. Oraz najtrudniejszych.

Pozwalam sobie też na robienie absolutnego minimum. Możesz pewnie sobie wyobrazić, jak wiele czasu mi zajęło, aby to robić to ze spokojem i bez poczucia winy. Gdy jest mi trudno, zamiast karać siebie i izolować od ludzi - dzwonię do koleżanek, mamy i babci. Wyprowadzam się na spacer, siedzę też w ciszy, gdy czuję, że jestem przebodźcowana. Sama zabieram się na randki albo wyskakuję ze sobą na szybką kawę (często można znaleźć mnie w niepozornej kafejce naprzeciwko poczty w moim miasteczku). By usłyszeć siebie, nie potrzebuje ani markowych ubrań, ani idealnego makijażu. Dziś to już wiem.

Piszę też listy, o tym, co trudne i błahe. Zaczęłam mówić prawdę, zamiast ubarwiać sytuacje, które zupełnie tego nie wymagają. Nie muszę pamiętać kłamstw i półprawd, które wymyślałam ze strachu przed krzykiem i odrzuceniem. Nauczyłam się też przyznawać do popełnionych błędów. Okazało się, że negatywnych skutków ich popełniania jest dużo mniej, niż czarnowidztwo, które piętrzyło się w mojej głowie.

Nauczyłam się też prawdziwej życzliwości (do siebie i do innych). Współpracy (kiedyś musiałam robić wszystko sama, taka ze mnie bohaterka była). Eh, było tego mnóstwo. I wciąż jest sporo do ukochania.

Założyciel Klubu 555 (Fryderyk Karzełek) od zawsze powtarza, że bez względu na to, w którym momencie życia jesteśmy i ile mamy lat, możemy zrobić ze swego żywota arcydzieło i jeśli się do tego przyłożymy, jedno życie nam w zupełności wystarczy. Bo, choć czasami nam się nie chce, w głębi serducha wiele z nas pragnie, żeby to nasze życie było cudowne i dobre. Kiedyś myślałam, że Fryderyk zwariował... Dzisiaj już całą sobą czuję, o co mu chodzi.

Nie mam prawa powiedzieć Ci, jak żyć i absolutnie jest to ostatnią rzeczą, którą mam na myśli. Jestem zaszczycona, że poświęcasz swój czas i trzymasz w rękach książkę, w którą włożyłam swoje całe serce. Chcę Ci pokazać kawałek mojego świata. Być może zainspiruję Cię troszkę; pokaże, że świat jest dobry, jeśli tak postanowimy.

Kiedyś nie zdawałam sobie sprawy, że to, jak widzimy świat, jest uwarunkowane przez pryzmat naszej rodziny, poprzednich pokoleń, naszych przekonań, szkoły, religii i wszystkiego tego, czym się otaczamy. Być może moje (czasem skrajne jak cholera) przemyślenia, określą Ci punkt widzenia, którego wcześniej nie miałaś. Może pomyślisz, że zwariowałam albo coś jest ze mną nie tak. Być może Cię wzruszę, rozśmieszę, sprawię, że choć na sekundę się zatrzymasz bez względu na to, gdzie teraz jesteś.

Nie powiem Ci jak żyć; choć kiedyś miałam receptę na wszystko, wtykając nos w nie swoje sprawy - nie pytając, czy ktoś tego potrzebuje. Nie jestem też po to, żeby mówić, co kto ma robić i co w życiu wybierać. Chociaż każda z nas jest w innym momencie życia, pochodzimy z różnych rodów, jesteśmy na ziemi w innym celu, mamy do przepracowania inne rzeczy jestem pewna, że gdy będziesz gotowa na ruszenie ze swoim życiem, znajdziesz to, co Ci jest potrzebne, a ta książka może być Twoim drogowskazem.

Zapraszam Cię do Krawieckiego świata, w którym opowiem Ci o nieperfekcyjnie perfekcyjnym życiu pewnej kobiety, która po latach walki utuliła się i stała się dla siebie najważniejszą osobą. Opowiem Ci o różnorodnym postrzeganiu świata. Maciupkich cudach i trudach, przez które zawsze da się przejść. Wielkich słowach i tych niewidzialnych. Mądrych myślach i dyrdymałach. Czasem wystarczy przeczytać jedno słowo, by się zatrzymać.

Odmienić swój dzień. Zmienić swoje życie. Mam nadzieję, że odnajdziesz je w tej książce. Jeszcze raz dziękuję Ci z całego serducha, że jesteś tu ze mną.

Ściskam, Krawiecka

Zima

3 stycznia

Kim jestem? Dla wielu nikim, co też jest jak najbardziej w porządku, chociaż pewnie kiedyś bym tak nie powiedziała. Obraziłabym się, odwróciła na pięcie - i tyle byście mnie widzieli. Całe szczęście głupota i arogancja nie bolą, a ja nauczyłam się pracować ze swoimi emocjami i rozpuszczać je tak, jak czekoladę na słońcu.

Coś Ci powiem w tajemnicy. Chociaż miałam mnóstwo kompleksów, w podstawówce wtapianie się w tłum szło mi nadzwyczaj dobrze. W liceum było dużo gorzej. I z nauką. I z byciem sobą. I w odnajdywaniu się w tym całym grajdole. Uwielbiałam siedzieć nad morzem i czytać książki na ulubionym drzewie obok leśniczówki (na którym przeczytałam większość książek Marty Fox). Mieszkając na wsi, bardzo chciałam być wśród ludzi, a w naszej miejscowości mieszkało jedenaście (!) osób. W liceum bardzo trudno było mi znaleźć przyjaciół (z moją bezczelnością, która nieudolnie zakrywała moje kompleksy, wcale się nie dziwię czemu). Bardzo chorowałam, żeby zamiast być w internacie, wrócić do domu, w którym miałam pozory normalności. Miałam taki dom, jaki miałam mieć i jestem ogromnie za niego wdzięczna.

W szkole same tróje miałam. A co się tyczy matematyki, niekończące się płacze przed każdą pracą domową. Bo przecież byłam do niczego i nigdy nie zrozumiem tych cholernych logarytmów. Według niektórych to przecież podstawowe życiowe umiejętności, bez których nie obejdzie się w dorosłym życiu. Na szczęście nasz matematyk był praktykiem, niejedno w życiu widział (w nas bandę gamoniów, która niczego się nie nauczy), jakoś przetrwam - myślałam. Tak czy inaczej, matematyka dostarczała mi nie lada wzruszeń, z czym na pewno zgodziłby się kochany pan Sobolewski, który już nie miał do mnie siły. Nie wiedział, że sama do siebie też jej specjalnie nie miałam i, że czułam się, powiedzmy „niespecjalnie ze sobą".

Odkąd tylko pamiętam, czułam, że mnie nikt nie rozumie. To trochę dziwne, że oczekiwałam tego od innych, a sama nie umiałam rozpoznać swoich potrzeb ani nawet określić co czuje. Nie umiałam się nigdzie wpasować i zakładałam przeróżne maski, żeby się przypadkiem nie okazało, że inni poznają, jaka jestem beznadziejna. Tak wtedy czułam. Nie umiałam mówić, o tym, co czuję i żeby ściągać uwagę innych, chorowałam. Miałam wrażenie, że moi rodzice tylko wtedy mnie widzieli. Gdy regularnie chorowałam (niekończące się przeziębienia, infekcje, depresja). Gdy byłam zdrowa, czułam, że muszę zasłużyć na to, żeby rodzice mnie kochali...

Dziś rozumiem, że będąc dorosłą, sama mogę ukochiwać małą Kasię i nie muszę oczekiwać od partnerów rzeczy, których nie dostałam od swoich rodziców (chociaż dali wszystko, co sami mogli i umieli). Dziś, zamiast obarczać winą innych - w pierwszej kolejności uwagę daje sobie. Izo, dziękuję Ci ogromnie za pokazanie tego w zrozumiały sposób.

Gdy byłam młodsza, bardzo dużo czytałam. W liceum przeczytałam wszystkie lektury (z wyjątkiem „Nie Boskiej komedii"). Z ustnej matury z języka polskiego dostałam naciąganą dwóję (pomimo niepojętego strachu przed mówieniem odpowiedziałam na dwa pytania z nieszczęsnego Krasińskiego). Z pisemnej matury wcale nie było lepiej - miałam trójkę. Wyobrażasz sobie, jakie było moje zaskoczenie, że mimo wszystko, dostałam się na studia polonistyczne? Dzisiaj wiem, że gdybym się poddała, nie dowiedziałabym się o gwarach, które znalazłam w pamiętnikach babci Janki. Dzięki umiejętności rozpoznania gwar i archaizmów dostrzegłam w babci wspomnieniach ogromną wartość, z której powstała książka „Janka. Opowieść, której nie znacie" (wydawnictwo Zen). Nie skończyłabym żadnych studiów, bo wyjechałabym do Holandii jako „au pair", nie rozwijałabym się... nie zrobiłabym setek rzeczy – a Ty nie trzymał(a)byś teraz tej książki w rękach, bo pewnie bym jej nie napisała.

Niskie poczucie wartości zaczęłam „przepracowywać" stosunkowo niedawno. Choć wiele osób twierdzi, że zawsze byłam wesoła, nie daj się proszę zwieść, bo jedno z drugim ma niewiele wspólnego... Pomyśl proszę o wszystkich wesołych sławnych ludziach, którzy odebrali sobie życie. Pewnie sama znasz uśmiechnięte osoby z depresją.

Chociaż pozornie wiedziałam wiele o otaczającym mnie świecie, nie widziałem rzeczy, które miały największe znaczenie. Byłam notorycznie zdołowana (na pokaz, by być widoczną?), manipulowałam i sobą, i innymi. Tak, dzisiaj to widzę i przyznaję się do tego. Komunikowałam się tak, jak wtedy umiałam. Popełniłam bardzo wiele błędów - z niewiedzy; maskowania swoich kompleksów, ignorancji i błędnego poczucia, że wiem lepiej. Chociaż dzisiaj rozumiem, że to „chciejstwo wiedzenia" było tak naprawdę próbą zasłużenia na bycie zauważonym.

Przez ponad 7 lat cierpiałam na depresję. Gdy ukończyłem kurs trenera NLP zrozumiałam, że antydepresanty, które brałam od lat były tylko „usypiaczami" i jeśli nie przejmę kontroli nad swoim myśleniem, zostanę wrakiem człowieka. I tak prawie się stało. Techniki NLP były pomocne, chociaż czułam ogromny niedosyt.... więc zaczęłam szukać kolejnych rozwiązań dla siebie. Zrozumiałam, że w moim przypadku depresja i niekończące się chandry były moim wewnętrznym wołaniem o pomoc. Krawiecka, zauważ siebie do jasnej cholery!

Gdy przyjrzymy się słowu „depression" możemy zauważyć rozwiązanie... Deep Rest (odpoczęcie, zauważenie siebie, przyjrzenie się, rozpoznanie, ukochanie wszystkiego, co boli?). Największa i jedna trauma dotknęła mnie , gdy miałam niecałe 3 lata i „normalne" techniki nie wystarczyły. Serie warsztatów, które trwały wiele miesięcy, ustawień Hellingerowskich i wglądy przyniosły ukochanie i odpuszczenie. Jestem ogromnie wdzięczna Izabeli Kluczewskiej za pomoc. Bez niej (a także bez mojej odwagi do stanięcia w szranki z tym, co trudne) moje życie wciąż byłoby ogromnie bolesne.

Mam prawie czterdzieści lat i dopiero teraz czuję, że żadna sytuacja, która mi się przydarzyła, nie była przypadkowa. Gdyby wszystko było dobrze, nie miałabym potrzeby, żeby cokolwiek zmieniać w swoim życiu. Jeździłabym na eventy i zdobyłabym niepotrzebne kwalifikacje, żeby karmić moje ego. Byłabym swoim największym wrogiem, udawałabym wszystko i pewnie i tak doszłoby do jakiegoś nieszczęścia.

Po kolejnych traconych ciążach (które też wniosły bardzo ważne informacje) zamiast zatrzymywać się, by chociaż spróbować zrozumieć, co tak naprawdę się ze mną działo, uciekałam. W imprezy. Byłam wiecznie zajęta, robiłam wszystko, żeby biec i przypadkiem nie pozwolić, aby zacząć cokolwiek czuć. Nie przyszło mi nawet do głowy, by się zatrzymać i przyznać do wszystkiego, co było trudne… to było poza moimi możliwościami. Dopiero przy indywidualnej pracy z bardzo szczerymi rozmowami miałam możliwość rozpoznania, zrozumienia programów oraz ślepych lojalności wobec kobiet w naszym rodzie, które rujnowały mi życie. To z kolei pomogło mi przyjrzeć się moim niszczącym przekonaniom, o których nie miałam wtedy jeszcze bladego pojęcia.

Gdybym nie związała się z partnerami, którzy nie umieli (i z różnych powodów nie mogli) ze mną być, nie umiałabym zauważyć rodzinnych traum, które nieświadomie nosiłam... Ex-partnerzy byli moim lustrzanym odbiciem i zajęło mi wiele lat, żeby zrozumieć, że miałam w sobie mnóstwo bólu - a partnerzy próbowali mi go „tylko" pokazać.

Związki z mężczyznami uzależnionymi od hazardu i innych używek były tylko pokazaniem, że oboje mamy ogromne braki ... Kiedyś winiłam ich o wszystko, co najgorsze. Dziś widzę, że byli oni wspaniałymi nauczycielami, chociaż wtedy nie byłam zainteresowana uczeniem się czegokolwiek. Przecież to była ich wina, że pili, że przegrywali swoje (i moje) pensje w tak zwanych „bookies" (angielskich zakładach bukmacherskich).

Nie rozumiałam, że sama się zgadzałam na takie zachowania, nie szanowałam mężczyzn i często tylko czekałam, żeby się na nich wyżyć. Obwiniałam za wszystko i wolałam na nich narzekać niż postawić granice zachowaniom, które mi nie odpowiadały. Nie widziałam też, jak ogromne ciężary sami dźwigali, i że używki pomagały im poradzić sobie z niesieniem tego, co na trzeźwo było nie do zniesienia. Przecież ja sama uciekałam w uzależnienia, bo poczucie winy (z którego nawet nie zdawałam sobie sprawy) związane z podpaleniem domu zżerało mnie żywcem i uniemożliwiało spokojne życie. Ciekawe jest patrzeć wstecz i widzieć swoją winę bez żadnego wybielania i mimo wszystko czuć, że zasługuje się na dobre życie. I, że życie jest największą wartością, jaką mamy.

Tak czy inaczej, im bardziej ignorowałam siebie, tym więcej zewnętrznych sytuacji i problemów zmuszało mnie do zatrzymywania się. Uciekałam w internet, alkohol, imprezy... Dopiero moje choroby okazały się cierpliwymi nauczycielami; sprawiły, że nie miałam już wyjścia i musiałam się wreszcie zatrzymać i poświęcić sobie czas. Zrozumiałam, że jeśli będę uciekać od siebie, umrę tak szybko, jak mój tata. Albo stracę dzieci, którym i tak poświęcałam mniej czasu, niż powinnam.

Gdy zaczęłam o tym myśleć, na mojej drodze zaczęli pojawiać się ludzie, którzy, chociaż byli z diametralnie różnych środowisk - mówili dokładnie o bardzo podobnych konceptach. O założeniach i projektach, które zaczęły otwierać mi oczy.

Kiedyś myślenie o sobie dobrze było niemożliwe. Wiele osób w to nie wierzy, ale właśnie tak było przez większość mojego życia ... Być może myślisz, że zwariowałam, a ja piszę to wszystko, bo pragnę, byś uwierzyła, że każda z nas ma w sobie ogromną siłę. Jeśli dotrzemy do bólu, od którego chce uchronić nas nasz umysł, będziemy mieli możliwość wybaczenia największych błędów najważniejszej osobie w Twoim życiu. Oraz innym za to, że dali nam tyle ile mogli i umieli, a nie tyle, ile myślałyśmy, że potrzebujemy. Jeśli nauczymy się dystansować do swoich emocji, które często nie są nasze, tylko wdrukowywane przez innych. Jeśli rozpoznamy i zrozumiemy, które przekonania nas ograniczają i nam szkodzą, będziemy mogły je dojrzeć i sukcesywnie zamieniać na te wspierające.

To długotrwały proces, który może przypominać obieranie cebuli. Ile trwa? Słyszałam, że trwa całe życie. Myślę, że trwa znacznie dłużej...

Jeśli całe życie mieszkasz w miejscu, w którym nie dba się o porządek, śmiecenie na ulicach jest normalne. Dopiero gdy przeprowadzisz się do czystego, zadbanego miejsca, w którym ludzie z życzliwością podnoszą papierki, tłumaczą innym, dlaczego jest to ważne, troszczą się wzajemnie o siebie i o ulice, na których mieszkają (sadzą drzewa i rośliny przyciągające pszczoły) wtedy masz możliwość zauważenia zupełnie innej perspektywy. Podobnie jest z naszymi nawykami i myśleniem.

Ktoś powiedział, że jesteśmy średnią pięciu osób, którymi się otaczamy. Rozejrzyj się, proszę. Kto Cię otacza? Za co cenisz te osoby? Czym Cię denerwują? Jak spędzają wolny czas? Jakie mają aspiracje? Jak traktują innych ludzi? Jak często mówią o innych dobrze? Czy chcemy, czy nie, nasze otoczenie ma na nas ogromny wpływ. Warto też jest zwrócić uwagę, że jeśli jedna z osób, z którą spędzamy czas, ma negatywne nastawienie (niskie wibracje), żeby ją „zneutralizować", potrzebujemy mieć wokół siebie 7 (!) osób z pozytywnym nastawieniem. Wyobraź sobie, co się dzieje, gdy jesteśmy otoczeni ludźmi, którzy mają wszystkiego dość, jeśli w radiu i telewizji trują nas katastrofami, na które nie mamy wpływu. Gdy Twój czas - najważniejsze co masz - jest marnowany, bo trwonisz go na martwienie się… Jak mamy mieć czyste ubranie skoro taplamy się w kałużach?

Jeśli zrozumiesz, że Twoje myśli nie są Tobą (ani nawet nie są Twoje, chociaż się z nimi utożsamiasz)... odkryjesz Amerykę. Jak się tego uczyłam? Najpierw ignorowałam, bo przecież mogłam dać się pociąć za swoje przekonania. Później zaczęłam obserwację, która z mozolnej zaczęła się stawać fascynującą. Dlatego tak ważne jest otaczanie się ludźmi z wysoką energią. Z ludźmi, przy których chce się żyć.

Kiedyś celowo wywoływałam w sobie poczucie winy, bo przecież było niemożliwe, żebym cokolwiek (dla kogokolwiek) znaczyła, bez względu na to, co mi mówiono. Nie umiałam dostrzec, jak bardzo kocha mnie moja rodzina i że próbuje mi pomóc, gdy widzi, że nie daję sobie rady. Stawianie się w roli ofiary było dużo łatwiejsze niż zmierzenie się z życiem jako dorosła osoba. Po wielu miesiącach obserwowania myśli (i niereagowania na nie) zaczęła pojawiać się obojętność, która z czasem zamieniła się w akceptację, aż nieoczekiwanie stała się miłością, cierpliwością i spokojem.

Testowałem tak wiele... Aż nagle wszystkie puzzle zaczynały znajdować swoje miejsce. Znalazłam swoje miejsca na ziemi i zrozumiałam, czym jest moje życie. Wciąż to wszystko testuję i sprawdzam. Gdy robię dwa kroki do przodu - często stawiam pięć do tyłu - i to też jest częścią procesu, któremu się poddaję z pełnym zaufaniem. Pozwalam sobie na to i już nikogo za to nie przepraszam.

Zrozumiałam, że tak jak w moim przypadku, każda dwójka - z każdej sfery życia każdego z nas - może okazać się naszym punktem zwrotnym, a najtrudniejszy moment po latach może okazać się momentem, który sprawił, że nasze życie zaczęło się zmieniać na lepsze. Przekonuję się o tym każdego dnia, szczególnie gdy przypominam sobie chwile, gdy myślałam, że nie dam już rady i chciałam przestać żyć.

Czasami mam słabsze dni... i wtedy po prostu zgadzam się na takie chwile bez walki. Robię ciepłą herbatkę, wskakuje w hamak, otulam kocem, włączam ulubioną muzykę i obserwuję, co się dzieje dookoła mnie. Wtedy też nie wiadomo skąd dostaję mnóstwo wsparcia „znikąd". Tak, jak dzisiaj, gdy myślałam o tym, żeby przestać pisać i zamknąć mój „pisarski zakątek" zadzwoniła do mnie osoba, której prawie nie znam, dziękując za to, że może czytać to, co ja publikuję... Że to, co robię, sprawia, że ona czuje się silniejsza. I czuje, iż nie jest sama. Dziękuję, że jestem częścią dużo większej siły niż ja sama.

8 stycznia

Nie miałam pojęcia, jaka droga mnie czeka.

Kilkanaście lat temu podczas przypadkowego spotkania z Kasią z Łagodzina, z którą konsultowałam nieustający ból głowy, dowiedziałam się, że karmicznie (cokolwiek to wtedy znaczyło) jestem połączona ze swoją babcią. I jeśli pracuję nad sobą, będę rozumiała rzeczy, których nie da się ogarnąć umysłem. Taaaa, jaaaasne… Powiedziała mi wiele rzeczy, które dopiero zaczynam rozumieć.

Tak czy inaczej, dzięki temu spotkaniu zostałam ukierunkowana na Totalną Biologię, o której uczyła mnie Dorota Ziemba-Miłek na serii warsztatów w Oksfordzie.

Na hipnozie regresyjnej uspokoiłam wojnę, która we mnie trwała... Myślałam, że już rozumiem wszystko o traumach wojennych. Że taka oświecona jestem...

Rok temu odkryłam, że tam, gdzie psychologia nie ma odpowiedzi, zaczyna się podróż w duchowość... Mimo wieloletniej pracy nad niewspierającymi przekonaniami, otaczając się ludźmi, którzy mówili o wysokich wibracjach, czułam, że mam zabetonowane nogi i że nie zasługuję na dobro...

Wtedy na mojej drodze pojawiła się Izabela Kluczewska. Wówczas zaczęła się jazda bez trzymanki na poziomie, przy którym nie ma oskarżania ani masek. Stanęłam naprzeciw temu , co trudne: zjednoczyłam się z wewnętrznym dzieckiem, podziękowałam za wszystko, co niosłam rodowo. Znalazłam drogę i do mamy, i do taty. Swoje miejsce w rodzie znalazłam i wyszłam z roli ofiary i ratownika. Odszukałam wykluczonych i pominiętych. Okazałam szacunek i pokorę dla przodków. I do losu, który decyduje za nas. Zrozumiałam, że gdy czasami porywa nas siła, której zaczynamy służyć, nie jesteśmy na to gotowi. Już wiem, że dzieci chorują, bo patrzą tam, gdzie my nie możemy... I, że każda choroba nie zaczyna się w ciele, a jest „przypominaczem"... z miłości do nas.

Pokłoniłam się ogromnej sile, która przynależy do naszego rodu. Zrozumiałam, dlaczego powstała „Janka". Wiem, że życie mnie prowadzi. I ja się mu poddaję. W życiu czeka mnie mnóstwo odpowiedzialności.

Życie, jestem na Ciebie gotowa. Dziękuję, że mogę Ci to dziś napisać.

9 stycznia

Jeśli chcesz napić się najlepszej whisky, jedziesz do Szkocji. Jeśli napić taniej wódki, sklep za rogiem jest otwarty całą dobę.

Jeśli przeżyć coś prawdziwego, to bar w hotelu zamieniasz na zachód słońca i powiew wiatru.

McDonalda na lokalne jedzenie.

Przytulasy i spojrzenia w oczy zamiast nierealnego Fejsbuka.

Tak samo jest z prawdziwą miłością. Nie łap byle czego, byle było...

Zacznij od pokochania siebie. Gdy poznasz swoją wartość, nie zadowolisz się monopolowym, z którego korzysta każdy. Zrozumiesz, że na ważne rzeczy warto czekać.

Pomyśl tylko, kogo spotkasz, będąc spragnionym bycia kochaną... Gdy tak chce Ci się pić, że lecisz na łeb, na szyję, że bierzesz kogokolwiek... Byle tylko był.

A to pragnienie to skąd?

Czemu chce Ci się tak pić? Nie kochając siebie (tak naprawdę, nie tylko robiąc słit focie na Insta) jesteś jak ta pustynia...

Wysuszona, pełna iluzji dostatku, udawanej akceptacji i przebojowości, która - gdy tylko się przyjrzysz - jest fatamorganą, którą sama zaczęłaś oszukiwać siebie. Wiem, co mówię - byłam taką fatamorganą przez wiele lat.

Poczekaj. On przyjdzie, gdy tylko przestaniesz go szukać.

On pojawi się wtedy, gdy odnajdziesz siebie. Bez filtrów. Słit foci. Fejmu dla lajków.

Obiecuję.

10 stycznia

Tak to już chyba jest, że gdy chcemy spróbować w życiu czegoś nowego, niewyjaśniona „siła" nas powstrzymuje i poddajemy się, często, nawet zanim zaczniemy to, co sobie obiecałyśmy. Z jednej strony (a tych stron jest kilka) nasz mózg nie lubi zmian i zrobi wszystko, żeby niczego nie zmieniać (nawet, jeśli zmiana jest dobra dla nas). Zagłuszamy wtedy naszą głowę telefonem, internetem i wszystkim, czym możemy.

Oczywiście możemy uciekać i winić innych za swoje niepowodzenia... Ja tak żyłam... i jeśli mam być szczera, nie polecam tego sposobu... Zgaduję (być może niesłusznie), że być może znasz to uczucie i uciekanie też pozwala Ci funkcjonować. Albo na każdym kroku powtarzasz sobie, że to, co się wydarzyło to Twoja wina; że to, co zaplanowałaś i tak Ci nie wyjdzie, że to wszystko, co spadło na Ciebie to istne fatum, że wszystko jest do kitu i nie ma nawet sensu czegokolwiek zaczynać, bo znowu się ośmieszysz... albo cokolwiek zrobisz, będzie pominięte i nikt nawet nie zauważy Twoich starań.

Gdy stwierdziłam, że „chcę nowego życia", nauczyciele sami się zaczęli znajdować. Sami zapukali. Ktoś opowiedział o transmisji ciekawego wykładu i pomyślał o mnie. Powiedział ważne zdanie. Ktoś jedno słowo. Czasami to wystarczało, czasem też potrzebowałam wielu miesięcy.

Nie przepadam za słowem „intencja", bo za często kojarzy mi się z kościołem, ale nie mogę znaleźć innego słowa... Gdy wyślesz intencję, to znaczy, że chcesz, by coś się wydarzyło. Pięknie mówi o tym Asia Bobel (aka Doktor Miłość, którą możecie znaleźć na Instagramie, Facebooku, YouTube i Jej stronie internetowej). Na jednym w jej wykładów zrozumiałam, że możemy użyć intencji, gdy w naszym życiu pojawia się coś, coś nie daje spokoju i chcielibyśmy się temu przyjrzeć, by zobaczyć sytuację z nowej dla nas perspektywy. Intencja może pomóc zacząć głębiej ją zrozumieć... i wyciągnąć zupełnie nowe wnioski. To zadziewa się, gdy zamiast wiecznego negowania (bo przecież wiemy wszystko i uczenie się czegokolwiek jest głupie), otwieramy naszą głowę i wtedy zaczynają się dziać „dziwne rzeczy".

Zaczynają pojawiać się znaki; lustrzane godziny, powielone liczby i symbole. Zaczynamy rozumieć tekst piosenki, którą słyszałyśmy dziesiątki razy... Asia nauczyła mnie, że moim zadaniem jest zauważać znaki i... tylko się uczyć je odczytywać. To pozwoliło mi zrozumieć zupełnie inną perspektywę. To pozwoliło przyjrzeć się wielu sytuacjom, które od lat mi zalegały... przede wszystkim jednak praca z intencją może nas nauczyć obserwować bez konieczności reagowania na daną sytuację. Nauczyłam się dostrzegać, co Wszechświat próbuje mi pokazywać. Możesz sobie wyobrazić, że to było zupełnie coś innego, niż to, w co dotychczas wierzyłam. Zauważenie osiadającego piórka na moim ramieniu, gdy myślę o jakimś problemie, jest dzisiaj dla mnie znakiem, tak samo, jak godziny 11:11, 12.12, etc. były kiedyś co najmniej herezją albo przypadkiem. Dzisiaj są wskazówkami, które umiem rozpoznawać.

Gdy wiele lat temu moja przyjaciółka Dea opowiadała mi o intencji, byłam tak zarozumiała, że tylko udawałam, że rozumiem, co do mnie mówiła. Dzisiaj regularnie ją stosuję, bo ufam, że jestem małym trybikiem w ogromnej machinie. To cudowne narzędzie... Jeśli chcesz poznać pracę z intencją, serdecznie zapraszam Cię na YouTube lub Facebook do Asi Bobel. Uwielbiam tę technikę i jestem ogromnie wdzięczna za to, że coraz więcej osób się nią posługuje.

11 stycznia

Wiele osób uważa, że trzeba żyć w cierpieniu i w biedzie. Że bieda jest dobra, a ludzie, którzy mają pieniądze, na pewno są nieuczciwi. Że pieniądze nie dają szczęścia i najlepiej jest je ciułać na czarną godzinę, bo chociaż nigdy nie wiadomo co się wydarzy, na wszelki wypadek warto wziąć pod uwagę najczarniejszy scenariusz i się do niego przygotować.

W szkole uczymy się o ludziach żyjących w ascezie. Gdy byłam młodsza, myślałam, że tylko biedni ludzie mogą iść do nieba (wtedy jeszcze nie rozumiałam, czym to niebo jest, a czym nie jest). W pewnej instytucji, która jest chyba najbogatszą instytucją na świecie, mężczyźni w złotych szatach otoczeni przepychem proponują nam życie w skromności. Nie myśl, proszę, że wrzucam wszystkich do jednego worka; to mi się jednak nie zgadzało. To tak jakbym jedząc steka, mówiła, że tylko jedzenie owoców jest dobre albo paląc papierosa, mówiła o tym, że palenie jest niefajne. Przez wiele lat na samą myśl czułam, że pójdę do piekła, bo zadawanie pytań, czy kwestionowanie kogokolwiek było grzechem.

Warsztaty z Gosią Górną (https://www.gosiagorna.com/) Fryderyka Karzełka „Zrób z życia arcydzieło" (https://www.fryderykkarzelek.pl/_ wykłady oraz nagrania Marty Manterys które pomagają zmieniać nie wspierające przekonania na temat pieniedzy (https://pokochajpieniadze.pl/. Jej materiały mozna rowniez znalezc na kanale YouTube), rozmowy z „przypadkowymi osobami" oraz przyjaciółmi, a także ludzie z odmiennymi od moich poglądami pomogli zmienić moje przekonania związane z pieniędzmi.

Uważam, że pieniądze są narzędziem do czynienia dobra. Dzięki nim dzieci mogą podjąć kosztowne leczenie (gdy jest taka potrzeba), budowane są domy, spełniane marzenia. Dzięki pieniądzom możemy pomagać bliskim, zabierać ich na wycieczki. I do dziadków. Możemy kupować upominki, cudowne gofry i wiele innych rzeczy. Podsumowując - pieniądze są odbiciem naszych przekonań. Same w sobie nie mają wartości; to my ją nadajemy.

Chociaż mam swoje podejrzenia (i na wszelki wypadek spakowałam krem do opalania i słomkowy kapelusz, gdyby było mi tam za gorąco), nie mam pewności, co mnie spotka, gdy umrę. Bardzo chciałabym, żeby moja dusza reinkarnowała, jednak omówienie tego pozwolę sobie zostawić na inną okoliczność. Za radą wielu mądrych osób - nauczyłam cieszyć się tym moim nieidealnym życiem. W radości, że jestem zdrowa i mam przyjaciół, którzy kochają życie. Że to, co robię, daje mi frajdę. I że odpoczywam bez proszenia nikogo o zgodę (jakie to wyzwalające!). I że umiem zarabiać i inwestować pieniądze. I że mam ich coraz więcej… Ba! Mam ich więcej, niż mogę wydać… Bo przecież Wszechświat mi sprzyja :)

Uczę się podejmowania decyzji, które są dobre dla mnie, nawet jeśli wiążą się one z wysiłkiem (tym fizycznym) i dyskomfortem. Do trudnego wstawania o szóstej rano też się przyzwyczaiłam. Jak to pięknie jest się wybrać na pustą plażę, gdy jestem u mamy albo napić się kawy w ogrodzie, w którym budzi się życie. Na pierwszy rzut oka to jest trudniejsze, niż może się wydawać... Jest to czas bez telefonu, bez rozpraszaczy… Przyglądam się myślom, zapisuję pomysły, planuję dzień, piję herbatę, słucham wysoko wibracyjnych dźwięków… Determinacja jest warta swojej ceny.

Wracając do tematu, cierpienie i bieda - w moim odczuciu - nie są fajne. Powiem wprost, było mi po prostu wstyd, gdy nie miałam pieniędzy na wycieczkę dla moich dzieci albo nowe buty dla syna; zamiast poczucia błogości (które miało zaprowadzić mnie do wybawienia), były dla mnie tematem tabu i upokorzenia. Nie umiałam o pieniądzach ani rozmawiać, ani ich wydawać. Bałam się wydawać pieniądze na rzeczy, których chciałam… Ciułałam je na „czarną godzinę", a skoro właśnie taki wybierałam cel, to ten właśnie cel mi się często przytrafiał.

Gdy zaczęłam zmieniać swoje przekonania na temat pieniędzy i nauczyłam się inteligencji finansowej, sytuacja zaczęła się zmieniać. Nauczyłam się, że pieniądze lubią być odkładane na konkretny cel - i zawsze muszą być w obiegu, krążyć. W portfelu ma być porządek: żadnych rachunków, zdjęć i bibelotów. A pieniądze to nie żadne „pieniążki" i powinny być poukładane według nominałów - (tak, należy płacić gotówką, bo ona jest namacalna i to przecież jest „wymiana", którą widać gołym okiem). Gdy wydaję, zawsze mówię (w myślach, chociaż zdarza się i na głos): idźcie, spełniajcie marzenia i wracajcie z przyjaciółmi. I wracają! Nauczyłam się cieszyć, gdy dostaje rachunki, bo to znaczy, że mam dom, ogrzane mieszkanie i internet, dzięki któremu mogę być blisko wielu, nawet gdy jestem na drugim końcu świata. Pieniądze zaczęły same mnie znajdować, a jeśli nie pieniądze - to okazje i przeceny, których się nie spodziewałam.

Pieniądze staną się dobre, jeśli zrozumiemy, że one nie powinny być celem, a narzędziem do osiągania tego, czego chcemy. Dlatego jest ważne wiedzieć, czego chcemy (albo znać przynajmniej kierunek, w który mają zmierzać); w przeciwnym wypadku pieniądze nie będą miały po co do nas płynąć - musimy im pokazać kierunek, w który mają zmierzać.

A cierpienie? Nie uszlachetnia nikogo. Znam wielu ludzi żyjących od wielu lat w bólu. Ba! Sama miałam kłopoty z kręgosłupem. Widziałam tatę, który żył w bólu przez wiele lat i myślę, że każdy z nas widział kogoś, kto cierpiał (fizycznie albo psychicznie). Myślę, że ból jest po to, by nas zatrzymać. Chce nam pokazać, że jest sytuacja, nad którą warto się pokłonić, bo chce pokazać nam to, co jest trudne. Choroba jest często zastojem energii spowodowanym traumą albo emocjami, które zakopaliśmy. Czasami jest osobą z przeszłości, która przypomina o sobie, by jej historia była domknięta lub dopowiedziana. Choroba przeważnie jest posłańcem z informacją o nas samych. Odsyłam Cię do Totalnej Biologii oraz do nauk Berta Helingera, które precyzują, co mam na myśli.

12 stycznia

Z coraz większą akceptacją daję odchodzić ludziom, którzy chcą w swoim życiu czegoś innego niż to, co możemy sobie nawzajem dać. Żegnam się z nimi z szacunkiem i wdzięcznością. Kiedyś plotkowałabym o nich, być może poniżała ich albo straszyła czy manipulowała. Jak oni mogli odejść? Przecież tyle im pomogłam. Przecież tyle mi zawdzięczają! Mogłabym tak powiedzieć (i pewnie kiedyś bym tak zrobiła). Kiedyś nie umiałam inaczej.

Dzisiaj pomagam innym tylko wtedy, gdy nie oczekuję niczego w zamian (tak! Kiedyś nie wierzyłam, że jest to możliwe). Co więcej, często nawet nastawiam się na to, że druga osoba nic mi nie da w zamian. Więc, gdy ktoś odsuwa się albo odchodzi, nie mam poczucia, że ta osoba jest mi cokolwiek winna.

Robię miejsce na nowe i zamiast przepraszać, że żyje – zajmuje się wszystkim tym, na co mam wpływ. No właśnie... To, na co nie mam wpływu, przestaje być moim problemem. Takie to trudne było na początku...

Na przykład, oglądanie wiadomości (w moim odczuciu) jest najskuteczniejszą receptą na permanentne odczuwanie smutku; odkąd z niego zrezygnowałam, o wszelkich katastrofach dowiaduję się po kilku tygodniach (gdy już nie jest to sensacja) - albo wcale. Nie zamartwiam się rzeczami, które są pokazywane milionom ludzi, do siania strachu i co za tym idzie - do kontrolowania nas „dla naszego dobra".

Uczę się znajdować siłę tam, gdzie kilka lat temu nie widziałabym żadnego rozwiązania. Dziś jestem w co najmniej połowie mojego życia i czuję, że jestem dokładnie tu, gdzie zawsze miałam i chciałam być. Niekoniecznie taką drogę sobie wyobrażałam, bo przecież nastawiłam się na nic nierobienie i same cuda wianki. W rzeczywistości moje życie jest jak laboratorium obłąkanej kobiety w słomkowym kapeluszu, w którym mieszam składniki, miejsca i temperamenty. Tu właśnie doświadczam i obserwuję emocje, uczę się dystansu, jestem też coraz bardziej świadoma systemu, który nas urabia i coraz bardziej uciska (tak, wierze w niektóre teorie spiskowe).

13 stycznia

Uczę się uśmiechać tylko wtedy, gdy mam na to ochotę. I być cicho. Zamknąć buzie, milczeć i się nie wtrącać, gdy nikt mnie nie pyta o zdanie. Tak bardzo chciałam zasługiwać na miłość, że przez wiele lat nie pokazywałam smutku. Tak naprawdę oszukiwałam tylko siebie, bo inni (szczególnie moje kochane siostry) widziały, jak bardzo się męczę, żyjąc wbrew sobie. Biec, by tylko nie być samą ze sobą. Biec - żeby nie bolało.

Uczę się też mówić nie. Zdałam sobie sprawę, że przez większość życia nie zrobiłam tego prawie nigdy, bo zawsze czułam, że kogoś zawiodę. Że muszę rzucić wszystko i pomagać innym - zaniedbując przeważnie siebie i dzieci. Czułam ogromny ścisk w gardle, gdy widziałam, iż nie chce czegoś zrobić i nie umiałam mówić „nie". To było bardzo trudne; z zewnątrz postrzegano mnie jako osobę, która góry umie przenosić, a gdy miałam do powiedzenia coś, co było ważne dla mnie, cała truchlałam, a w mojej głowie słyszałam „lepiej się nie wychylaj", „e tam", „siedź cicho", „po co Ci to".

A Ty? Jak często mówisz na głos „nie"? Czy znasz swój głos, gdy krzyczysz? Jak często krzyczysz, żeby uwolnić emocje (nie na dzieci, bo jesteś zła?). Ja dopiero tego się uczę... Być może pomyślisz, że to jest zwariowane, ale chodzę do parku i uczę się krzyczeć, by poznać tembr swojego głosu. Albo, gdy moja córka krzyczy (tak, pozwalam jej na to), przyłączam się do niej... Po co? Bo to jest dla mnie nowe.

Od wielu lat miałam kłopoty z popękanym językiem, który mnie bolał i przez wiele lat nie mogłam normalnie jeść. Dochodziło do tak absurdalnych sytuacji, że przez wiele lat unikałam gotowania, bo nie mogłam próbować jedzenia. Jedzenie było dla mnie jak kara; gdy byłam bardzo głodna wprost rzucałam się na jedzenie i „wrzucałam w siebie" co popadnie... Wiele osób dookoła widziało mnie jako zaniedbanego, grubego człowieka, który jest za leniwy, żeby schudnąć. W dobrej wierze dawano mi rady, a ja tak przyzwyczaiłam się do „jakiegoś funkcjonowania w bólu", że po prostu nie zauważyłam , jaki to ogromny wpływ miało i na relacje ze sobą, i na relacje z innymi ludźmi. To było jak oddychanie i przez wiele lat nikomu o tym nie powiedziałam. Dopiero gdy zdobyłam się na odwagę i zwierzyłam się z tego bliskim, podjęłam leczenie, a ważni ludzie zaczęli widzieć kogoś więcej niż rozleniwionego grubasa. Leczenie akupunkturą, ziołami oraz wglądy z terapeutką pomogły rozwiązać mój problem. I mówienie „nie". Bo cisza to też odpowiedź. To zgoda często na to, co nie mogło mieć pozwolenia.

Pomyśl, proszę, ile razy chciałaś się odezwać, a ogromna niewidzialna gula stawała Ci w gardle i jedyne, co mogłam to stanąć w bezruchu i jedyne co czułam to napływające do oczu łzy? Ile razy chciałaś powiedzieć komuś „nie", a nie umiałaś, chociaż doskonale wiedziałaś, że ta osoba zrozumie Twoją sytuację? Każda emocja, którą czujemy, musi znaleźć swoje ujście. Inaczej nam zalega i się nawarstwia, a to nie prowadzi do niczego dobrego.

Uczę się też dostrzegać niedostrzegalne na pierwszy rzut oka detale. A świat dookoła mnie - jest dokładnie taki, jaki jest. Bez filtrów. Uśmiechy, zmarszczki i rozstępy. Ludzie z wadami i z mocnymi punktami. Mogłabym zerkać w przeszłość z ciągłym wytykaniem win (co niestety wolałam robić przez większość życia). Już rozumiem, że decyzje, które podjęliśmy w przeszłości, nawet jeśli niosły straszne konsekwencje, były najlepszymi decyzjami, jakie umieliśmy wtedy podjąć. Bo tak, jak ja byłam kiedyś innym człowiekiem, tak i Ty codziennie się zmieniasz.

Zacznijmy wydeptywać ścieżki w dzikich lasach. Tak, nasze umysły są często jak las, który potrzebuje karczowania, by powstały nowe ścieżki i dróżki. Bardzo się bałam zmian, bo przecież wcale nie miałam takiego strasznego życia (a przecież gdyby było takie świetne, wiedziałabym, kim jestem i co czuję). Okazało się, że za strachem czekało mnie wszystko, co jest i Potrzebne, i Ważne. Miałam robić trudne rzeczy, by to życie zaczęło mieć sens. Gdy oglądam się wstecz, tak właśnie było. Gosia Górna bardzo mi pomogła spojrzeć na moje lęki z pewna doza ekscytacji. Dzięki Niej wydałam „Jankę" i zaczęłam publicznie pisać.

Przyglądam się sobie z ciekawskimi piegami i widocznymi bliznami, które celebruję na swój (często nieudolny) sposób, by stawały się moją siłą. Nauczyłam się rozumieć (a z czasem już nie dostrzegać) pełnej „wątpliwej życzliwości" opinii innych. To takie wyzwalające... W sumie takie osoby same zaczęły mnie unikać i odsuwać się (życzę im wszystkiego, co najlepsze). Zaczęłam zauważać osoby, które myślą podobnie, które mnie ogromnie inspirują i wzajemnie sobie kibicujemy. Zaczęłam też zauważać osoby, które życzą mi dobrze i oniemiałam, ze życzliwych ludzi jest dużo więcej. Pamiętaj, proszę, że cokolwiek mi życzysz, niech wróci do Ciebie zwielokrotnione. Przyznaje się, że kiedyś zdarzyło mi się, ze hejtowałam innych. Jedną osobę, której zrobiłam krzywdę, przeprosiłam po szesnastu latach za to, co zrobiłam i jestem ogromnie dumna, że zdobyłam się na odwagę, żeby to zrobić. Przepraszanie jest oznaką siły i empatii, i chociaż jest bardzo trudne, to jest wspaniałą rzeczą.

Dzisiaj rozumiem, że moje zachowanie było związane z moim niskim poczuciem wartości. Poczuciem, że nie zasługuje. Łatwiej przecież było mówić o kimś innym, niż zająć się swoim własnym życiem. Ciekawe, że mimo to, że ktoś nas nie lubi, inwestuje swój czas, żeby oglądać nasze profile, rolki, filmy i wpisy. Nie wie, że dzięki jego aktywności mamy większe zasięgi. To trochę dziwne, że mimo że ktoś nas nie lubi, to sprawdza, co u nas. Nawet jeśli im się one podobają, nigdy się do tego nie przyznają. Co więcej, marnują na nas, co mają najcenniejszego - ich czas.

Nauczyłam się patrzeć inaczej na osoby, które (delikatnie mówiąc) mnie irytują; staram się zrozumieć, co mnie w nich denerwuje - i znaleźć tę cząstkę w sobie. Wierzę, że pewna część mnie rezonuje z tą osobą, bo mam ją w sobie i ta osoba przypomina mi o tym (bardzo rzadko zdaję sobie z tego sprawę, bo dzieje się to na poziomie nieświadomym). Pracę z lustrem pokazała mi moja przyjaciółka Gosia. Jestem jej ogromnie za to wdzięczna.

Kompleksy i niedoskonałości na bieżąco cierpliwie otulam zrozumieniem i pozwoleniem, by każda emocja się pojawiała. Każda emocja jest ważną informacją, więc nie ma potrzeby mówienia, że jest dobra albo zła. Zrozumiałam, że nie ma złych emocji i każda z nich musi być zauważona, by nie zamieniła się w traumę. Nauczyłam się więc je zauważać i pozwalam im po prostu... być. Mogło się to dopiero wydarzyć, gdy nauczyłam się zatrzymywać. I świadomie oddychać.

Skoro jesteśmy stworzeni na podobieństwo Boga, znaczyć to może, że jesteśmy dokładnie tacy, jacy mamy być - bez spełniania wymogów ludzi, którzy często nie mają pojęcia o tym, że istniejemy? Pięknie to określa seria książek Reginy Brett. Jeśli wątpisz, że istnieje coś większego niż Twoje życie – albo myślisz, że życie nie ma sensu, serdeczne Cię zapraszam do zapoznania się z książkami, które z serdecznością pokazują zupełnie nową perspektywę.

Wracając do niedoskonałości, które mi przeszkadzają (coraz mniej)...

wyobrażam sobie, że z czułością wypełniam je ciekłym złotem. Tak, jak w Japonii pękniętych talerzy się nie wyrzuca. Pozornie nikomu już niepotrzebne odłamki skleja się za pomocą żywicy i ozdabia pęknięcia sproszkowanym złotem lub innym metalem szlachetnym. Zamiast tuszować niedoskonałości przedmiotu, mistrzowie kintsugi czynią z nich atut. Pomyśl o tym, proszę, gdy będziesz chciała wyrzucić swój „stłuczony talerz". Każda trudna rzecz, każdy problem może być początkiem naszej nowej drogi.

To dało mi ciekawą perspektywę na postrzeganie własnego ciała; może ono być moim wrogiem, może nadawać się tylko na śmietnik (bo przecież nie wyglądam, jak pani modelka z Instagrama). Mimo że mam dwie nogi i ręce, które sprawnie działają - mogę koncentrować się na tym, że skóra na moich rękach ma skazy i piegi. Możemy mieć operacje nosa, podniesione policzki, usunięty tłuszcz z brzucha, ale to nic usunie naszej niepewności siebie. Naszej nieżyczliwości wobec siebie. Tego, że nasza mama nas nie zauważała. Niestety coraz więcej gabinetów urody bazuje na naszym niskim poczuciu wartości, byśmy ulepszali to, co da nam pozorne szczęście. Ba! Marketing tak działa; kup, a będziesz więcej wart. Dziś rozumiem, że poczucie, iż jesteśmy wystarczający, bierze się zupełnie skądś indziej...

Coraz łatwiej przychodzi mi doświadczanie emocjonalnego dystansu, szczególnie gdy utknęłam w korku, a seans w kinie zaczął się dziesięć minut temu i dużo łatwiej jest krzyczeć na dzieci, które się nie spieszyły albo obrazić się na cały świat. Przecież i tak przez pierwsze dwadzieścia minut lecą reklamy. Naprawdę, nikomu nie stanie się żadna krzywda. Nawet jeśli jedziemy do pracy albo na spotkanie. Za kilka lat nie będziemy nawet o tym pamiętać. Albo, gdy będą to ostatnie momenty naszego życia. Nie wszystko jest tak ważne, jak się nam wydaje, że jest.

W zwyczajności, która przez lata była trochę za nudna i w pozornie zabijającej rutynie nauczyłam się dostrzegać drobinki cudów. Nauczyłam się zatrzymywać i dostrzegać ważne szczegóły. Zatrzymywanie się jest kluczowe, by zacząć dostrzegać siebie. Celebracja coraz bardziej widocznych zmarszczek, które noszę z coraz większą dumą. Przecież mogłabym zginąć w pożarze jako dziecko albo utonąć (było do tego tak wiele okazji), a wciąż tu jestem... Ty też tu jesteś, chociaż pewnie bywa bardzo trudno.

I żeby nie było za nudno, raz po raz sprawdzam stężenie Życia w Życiu w wesołych miasteczkach. I biegając (tak! Przebiegnięte 200 metrów z wywieszonym językiem przed uciekającym autobusem też się liczy, nawet jeśli nimi nie jeżdżę).

14 stycznia

Kiedy po raz ostatni zrobiłaś coś dla siebie? Czy tak naprawdę wiesz, co lubisz robić?

Nie dla innych. Dla siebie. Dla frajdy!

Dla wypieków na buzi!

Dla szybszego bicia serducha! Tworzenie daje ogromną radość. Co dokładnie?

Malowanie.

Tańczenie do obciachowego disco polo. „Śpiewanie" lub coś, co je zagłusza.

Bieganie (żartowałam). Gotowanie czegoś, co sama lubisz. Spacer w ciszy.

Siedzenie i bycie. Tak po prostu. Tulenie upartego kota.

Oglądanie starych zdjęć. Planowanie wycieczek Szydełkowanie szczęśliwych czapek Rozmowa z kimś, kto rozśmieszy.

Napisanie listu do kogoś ważnego. Skakanie i wariowanie.

Gapienie się w horyzonty mórz I słuchanie rosnącej trawy Piegowatych ramion tulenie Zapisywanie ulotnych myśli

I świadome bycie.

Bez spiny. Bez ściemy. Tak po prostu.

Napisz swoją listę, powieś w widocznym miejscu, uśmiechaj się, patrząc na nią i korzystaj z niej codziennie. I koniecznie daj mi znać, jak Ci idzie!

15 stycznia

Czy wiecie, że jesteśmy połączone z innymi ludźmi? Ze zwierzętami też! Stephen Hawking razem z wieloma naukowcami potwierdził to w „Cambridge Declaration of Consciousness". Badań jest ogrom, a także coraz więcej ludzi ma większą świadomość, co jest przewspaniałe. Jesteśmy od siebie zależni i każda czynność, którą wykonujemy, wpływa na innych ludzi, nawet jeśli ktoś mieszka w innym miejscu na świecie.

Jeśli chodzi o moje doświadczenia związane z połączeniami między ludźmi, nauczyłam się je zauważać dzięki wykładom Zbyszka Popka (www.popko.pl), Gosi Górnej, Oprah Winfrey, przyjaciółko – sąsiadce Magdusi z leśniczówki i moim kochanym innym przyjaciółkom. Zobaczyłam to też wyraźnie podczas sesji ustawień systemowych, w których między innymi psy stawały się reprezentami zmarłych osób (gdy tylko znalazły się w polu informacyjnym).

Bardzo rezonuje ze mną także afrykańska filozofia Ubuntu i jest w moim odczuciu bardzo dobrym sposobem na życie, które daje wartość innym, a także nam samym… Jestem, bo Ty jesteś… Biskup Desmond Tutu z RPA powiedział, że Ubuntu stanowi esencję człowieczeństwa. Ubuntu mówi w szczególności o tym, że nie możesz istnieć jako człowiek, trwając w izolacji (ba! Mówi o naszym wzajemnym powiązaniu. Nie możesz być w pełni człowiekiem samym z siebie. I kiedy masz tę cechę (Ubuntu), wówczas stajesz się znany ze swej hojności.

Zbyt często myślimy o sobie samych jako o wzajemnie od siebie oddzielonych indywiduach, podczas gdy jesteśmy ze sobą połączeni i cokolwiek uczynisz, ma to wpływ na cały świat. Kiedy czynisz dobro, to ono się rozprzestrzenia. Służy całej ludzkości. Współczesna psychologia też coraz częściej się do tego odnosi (z tego, co pamiętam, Aronsonowie bardzo ciekawie opisali tę koncepcję w książce „Człowiek istota społeczna").

Jest kilka kluczowych zasad tej filozofii i myślę, że jest to coś cudownego:

Ubuntu uznaje, że ludzie są zasadniczo ze sobą powiązani i że nasze działania mają konsekwencje dla innych. Podkreśla ideę wspólnego człowieczeństwa i przekonanie, że nasze dobre samopoczucie jest powiązane z dobrem innych.

Zachęca jednostki do kultywowania empatii, zrozumienia i współczucia dla innych. Podkreśla znaczenie traktowania innych z życzliwością i szacunkiem, uznając ich człowieczeństwo i godność.

Promuje ideę harmonijnego i współpracującego społeczeństwa, w którym jednostki pracują razem dla większego dobra. Ceni współpracę, budowanie konsensusu i wspólne rozwiązywanie problemów.

Ubuntu kładzie nacisk na znaczenie społeczności i relacji między społecznościami. Zachęca jednostki do aktywnego uczestnictwa w swoich społecznościach, przyczyniania się do ich rozwoju i wzajemnego wspierania się.

Ubuntu także kładzie duży nacisk na sprawiedliwość i uczciwość. Promuje sprawiedliwą dystrybucję zasobów i możliwości oraz odrzuca opresyjne systemy, które utrwalają nierówności i marginalizację.

Ubuntu służy jako kompas moralny, który pomaga jednostkom dokonywać etycznych wyborów i działać w sposób promujący dobro społeczności. Zachęca jednostki do rozważenia szerszych implikacji swoich działań i dążenia do poprawy społeczeństwa.

Wyobraź sobie, proszę, o ile piękniejszy byłby świat, gdyby każdy z nas żył zgodnie ze sobą, w połączeniu z naturą i zrozumieniem, że jest częścią czegoś większego niż my sami. Jeśli ten temat wydaje Ci się godny uwagi, podpowiem tylko, że Klaudia Pingot jest propagatorką Ubuntu i w niezwykle zrozumiały sposób łączy go z fizyką kwantową. Ma mnóstwo użytecznych materiałów na https://klaudia pingot.pl.

17 stycznia

13 stycznia jest dniem polskiej wódki. Pewnie nie bez powodu jest obchodzony trzynastego. Pewnie niejeden będzie miał powód, żeby świętować. Brak okazji to też okazja dla niektórych... Przecież to nasza historia. Pezet stwierdził, że im większy interes, tym większa butelka wjeżdża na stół. Nie wspomniał, że im większy smutek, tym większy kac. Im większa szarość, tym słodsze drinki. Im bywa szczęśliwiej, tym pijaniej bywa. Im więcej kipiących emocji, których nie wolno pokazywać albo niewiedza, że te emocje w nas siedzą – tym większa szansa, że kilka drinków po pracy idealnie je wyciszy.

Kiedyś na widok dorosłego pijanego truchlałam, a na zapach whisky chciało mi się wymiotować. Bałam się odezwać, bo nie wiedziałam, jak zareaguje. Nie wiedziałam, czy będę upokorzona, czy zignorowana. Gdy moi partnerzy otwierali puszkę piwa, wpadałam w szał i robiłam im awantury. Nie rozumiałam, że wszystko jest dla ludzi; zawsze miałam przed oczami najgorsze scenariusze. Jeśli się nie wydarzyły - prowokowałam moich eks partnerów do kłótni. Tak, dorośli, których znałam, rozwiązywali problemy alkoholem. Pili, gdy było ciężko i gdy pozornie nie było innego rozwiązania. Dzisiaj rozumiem, że oni radzili sobie z życiem tak, jak umieli. A może było łatwiej wtopić się w pijące towarzystwo niż powiedzieć jedno z najtrudniejszych w języku polskim zdań „dziękuję, nie piję", żeby nie być zalewanym kłopotliwymi pytaniami?

Można dzień wódki zamienić na dzień bez popijania po kryjomu. By zwykły dzień dawał radość zamiast rezygnacji. By dzieci i bliscy były choć raz ważniejsi od kieliszka, a mówienie kocham na trzeźwo tak naturalne, jak oddychanie. By zamiast pić wódkę, z życzliwością wyprowadzić się na spacer. By mówić ważne słowa. Na trzeźwo. Świadomie. Bo przecież tak można.

Można też zaakceptować fakt, że według pewnego założenia alkoholizm to choroba atakująca całą rodzinę. I że można ją wyleczyć. I znaleźć pomoc, jeśli jest się na to gotowym. Tym razem bez szukania wymówek. Uwierzyć, że się da. I iść po kroku krok. I nie dawać się szufladkować jako DDA, tylko wyjść z roli ofiary i bohatera. Bo nie musimy nikogo ratować. Tak naprawdę nigdy nie musieliśmy, ale tak bardzo kochaliśmy bezradnego rodzica, że chcieliśmy mu pomóc. Pomagamy i poświęcamy się z miłości. I ze strachu przed stratą.

Pezet nie wspomniał – i czego ja też nie wiedziałam przez większość życia, że można o wódce mówić bez emocji. Można pić i celebrować życie, delektować się smakami bez urabiania do tego większej ideologii. Podobno nie ma trucizn, są tylko substancje. Bert Hellinger z kolei powiedział, że pijemy z dwóch powodów: żeby żyć albo żeby umrzeć. I gdy na poziomie serca tęsknimy za tatą (, szczególnie gdy mamy z nim niepozałatwiane sprawy, które często wypiera nasza głowa). I że alkohol jest narzędziem pomagającym przetrwać. Żeby sobie jakoś poradzić. Żeby nie czuć. Bo jest za trudno. A gdy pijemy, nie boli tak bardzo. Prawda, że to zmienia perspektywę?

Nie mogę się zdecydować, gdzie „jestem", jeśli chodzi o alkohol. Chyba wszędzie po troszku…

18 stycznia

Usłyszałam dzisiaj: „Krawiecka, że Tobie się chce …

Mnie by się nie chciało”.

Ale mi też się nie chce!!! Nie chce jak licho. I to znacznie częściej niż możesz sobie wyobrazić...

Na przykład dzisiaj o 5.10 już byłam na siłowni, a wczoraj zaspałam i wstałam o 6.30, bo moje głośne odliczanie przegrało z „jeszcze chwilkę” i odpuściłam ważną czynność (do której się przyzwyczajam, choć nie lubię jej robić).

Nie chce mi się, ale chcę, by moje życie było coraz lepsze. Dlatego na głos odliczam 5,4,3,2,1 i robię to, co w głowie odkładam i odkładam.

Robię, co robię, bo oswajam lenistwo, które jest bardzo kreatywne. Nie walczę z nim. Oswajam jak dzikiego kota… Robię to, chociaż wolałabym leżeć w łóżku. Żeby nie było, na to też sobie pozwalam.

Tak czy inaczej… właśnie dlatego wstaję o 6 rano, jestem, bo mi się nie chce. Równocześnie postanowiłam, że będę wzorem dla swoich dzieci, które widzą mnie każdego dnia. Chcę inspirować i je, i siebie. Poranne wstawanie jest bardzo ciężkie. Gdy za kilkanaście (lub kilkadziesiąt lat) będę umierać, uśmiechnę się i powiem do siebie; no Krawiecka, zrobiłaś ze swojego życia arcydzieło.

Dla wielu z Was jestem dziwna. Żeby nie było - dla siebie czasem też. Ale nauczyłam się być swoją przyjaciółką, a nie swoim wrogiem, więc robię rzeczy dobre dla mnie, które nie każdy rozumie. Nie musi.

Dyscyplina kojarzyła mi się z biciem, karą i czymś nieprzyjemnym. Dzisiaj postrzegam ją jako szacunek do siebie. To robienie rzeczy, które są dla mnie dobre. Robię rzeczy, które pewnego dnia zaowocują.

I wtedy będę wdzięczna, że mi się nie chciało, a wytrzymałam. Tego życzę też Tobie.

19 stycznia

Życzę Ci szalonych pomysłów, które sprawią, że serducho zabije mocniej.

I otwartego umysłu, byś negowała, ciągle się uczyła, sprawdzała, testowała i doświadczała.

I odwagi, byś zdanie zmieniać miała siłę.

Rąk, które przytrzymają, gdy ciężko i częstują kawą z życzliwością bez względu na pogodę.

Umysłów, które zainspirują i zmuszą do myślenia o wielkich rzeczach.

Słów, które zmienią rzeczywistość. Przecież fakty to tylko innych ludzi opinie. Rozmów, które nauczą myśleć, a nie tylko zbierać śmietnikowe informacje.

Oczu, które zrozumieją.

Widzenia rzeczy, które większość pomija. I mnóstwo życia w życiu.

20 stycznia

Bycie „przy kości" (plump) bywa trudne. Bycie bardzo szczupłym też takie bywa. I bardzo wysokim bycie. I ponadprzeciętnie niskim. Ludzie oceniają nas wtedy przed pryzmat swoich własnych braków. Często wartości, które mamy do przekazania schodzą na drugi plan, bo inni widzą nasze opakowanie, które nie jest takie, jak na wyretuszowanym Instagramie i nie są zainteresowani niczym innym.

A nasze ciało jest do bólu prawdziwe. I wrażliwe. I nasze.

By polepszyć samopoczucie „życzliwych" (pewnie sami też tak robimy od czasu do czasu), wbijają nam szpile, żeby samemu poczuć się lepiej. Nie wiedzą, że bycie grubym jest konsekwencją niekochania siebie, a nie przyczyną... To ogromne nawarstwienie bólu, który chroni przed rzeczywistością. Kłopoty z odżywianiem to tęsknota za mamą.

I nawet jeśli takie osoby schudną, to nie akceptując siebie, nie dość, że przytyją - to dalej będą swoimi największymi wrogami, karząc się za swoje niepowodzenie. Mówię to ze swojego doświadczenia; jeśli Twoje jest inne, ogromnie Ci tego gratuluję.

Ktoś mądry powiedział, że chudnięcie nie zaczyna się od diety. Ani od ćwiczeń. Od pokochania siebie się zaczyna. Gdy kochasz siebie, zaczynasz podejmować decyzje, które są dla Ciebie trudne, ale dobre. Wytyczasz granice. I sobie. I innym. Przestajesz wtedy porównywać się z innymi. Urywasz znajomości, które bazują na operowaniu poczuciem winy.

Zaczynamy nowe i zamiast do modelek i celebrytek, zaczynamy się porównywać z samą sobą, oglądając zdjęcia sprzed roku.

Zapisujemy się na tę nieszczęsną siłownię, bo wiemy, że pomoże nam zyskać zdrowie (a nie wagę, którą możemy się popisywać przed koleżankami).

Przestajemy obgadywać tych, co robią znacznie więcej niż my i zaczynamy angażować się w pracę nad swoim podwórkiem.

Chociaż schudłam w rok mniej niż pięć kilo - kupuję ubrania mniejsze o 2-3 rozmiary! Według tabelek WHO dalej jestem otyła... Moje poczucie własnej wartości jest tak ugruntowane, że żadna liczba nie będzie mnie identyfikowała jako człowieka. Człowieczeństwo nie ma rozmiaru. Ani wzrostu i koloru.

21 stycznia

Z kim się dzisiaj skontaktujesz, by powiedzieć: „Dziękuję za to, że jesteś w moim życiu. Dziękuję, że mnie wspierasz. Że słyszysz, a nie tylko słuchasz. Jesteś przy mnie, choć możesz być w fajniejszym miejscu. Bezinteresownie tu jesteś. Bez względu na to, czy Ci się to opłaca, czy nie. Dajesz mi kawałek siebie i nie prosisz o nic w zamian. Dziękuję, że jesteś lojalny i nie obmawiasz mnie za plecami, udając przyjaźń. Dziękuję, że mogę widzieć Twój rozwój. Dziękuję, że jesteś!

Równocześnie życzę Ci, by ktoś zadzwonił do Ciebie z podobną wiadomością. Dziękuję, że tu ze mną jesteś".

Kasia

22 stycznia

Kilkanaście lat temu powiedziałam sobie: Krawiecka, jak schudniesz, będziesz mogła iść na basen bez wstydu. Będziesz mogła nosić mniejsze ubrania i wreszcie będziesz coś warta. Będziesz warta tego, by cię ktoś pokochał. I warta tego, żeby być szczęśliwa, bo teraz delikatnie mówiąc to, jak wyglądasz, jest dramatem.

I było. Na siłowni w cztery miesiące zgubiłam trzynaście kilogramów. Osiągnęłam cel – i powinnam być szczęśliwa, bo wreszcie byłam szczupła. Nie byłam. Na basen oczywiście nie poszłam, bo wciąż było coś nie tak. Nie robiłam też tego, co sobie obiecywałam... Nie wiedziałam czemu, ale wciąż nie byłam wystarczająco dobra... Zrozumiałam wtedy, że chociaż miałam mniejsze ciało, w mojej głowie dalej byłam brzydką, grubą i nikomu niepotrzebną babą.

Postanowiłam eksperymentować. Zdecydowałam, że gdy będę chciała coś zrobić - po prostu to zrobię i nie będę czekała, aż spełnię taki czy inny warunek.

Kilogramy wróciły, a jakże – to przecież było oczywiste. I wiesz, co wtedy gruba Krawiecka zrobiła? Przestała stawiać warunki, chociaż nie ukrywam, nie było łatwo i pełna akceptacja siebie zajęła mi kolejne trzynaście lat. Jestem wdzięczna, ten proces już się zakończył. Ten spokój jest nie do opisania!

W międzyczasie - zamiast robić kolejne wymówki i warunkować siebie - zaczęłam zwiedzać Anglię, robić zdjęcia (które uwielbiam robić) i wszystko, co zawsze chciałam (bez względu na to, czy według siebie byłam wystarczająco dobra, czy nie). Nawet do Polski sama z dwójką małych dzieci pojechałam litrową Toyotą Aygo (22-godzinna jazda, 3 godziny spania, bycie gościem na weselu na Woodstocku, zaginięcie syna na koncercie i wiele innych wspomnień były również nieplanowane). Zamiast porównywać się z innymi, chce być zdrowsza w swoim własnym tempie. Dbam o siebie (w weekendy także), pije wodę z odrobiną kłodawskiej soli (gdy pamiętam), suplementuję (gdy nie zapomnę), ćwiczę (gdy znajdę strój i chęci) i jestem dla siebie życzliwa (nawet jeśli jest łatwiej powiedzieć, że i tak nie dam rady). A jak nie dam rady, to nie dam rady - i to też jest w porządku. A przez lata czułam, że muszę być silna. Nic nie muszę. Bycie słabą też do mnie przynależy.

Pomogły mi też bardzo ustawienia systemowe. Okazało się, że moja otyłość była ochroną... traumą, która chroniła mnie przed bólem, który był w naszym rodzie. Moja otyłość była też kumulacją smutku i tęsknotą małej Kasi za mama, która miała mnóstwo swoich problemów i próbowała wszystko pospinać. Bo każda mama przecież robi wszystko, co umie i jak umie najlepiej dla swoich dzieci, mimo że czasami przekracza jej to siły. Mamy oddają nam część swojego życia. Przez wiele lat nie umiałam być za to wdzięczna… bo nie była taka, jak sądziłam, że powinna być. Jestem mamą i już to rozumiem.

Po co robię to wszystko? Bo jestem wystarczająco dobra taka, by być dla siebie ważna - i już nie odpuszczać... Nie lepsza niż inni – ani gorsza od nikogo. Równa z Tobą. Mimo że zgodnie z obowiązującymi trendami wciąż ważę ponad trzydzieści kilo za dużo - patrzę na siebie przez pryzmat mojego uśmiechu. I kurwików w oczach - takie jak kiedyś u Renaty Beger. I jeśli przyjrzysz się uważnie, też je znajdziesz u siebie.

I przez piegi na moich ramionach, których kiedyś nie znosiłam, a dziś żałuję, że nie mam ich więcej. I przez kobiecość, którą zamiast chować pod wyciągniętym swetrem, celebruję sukienkami w kwiaty.

Co dla mnie jest ważne i co być może też pomoże Tobie, jeśli masz podobne kłopoty? Patrzenie w lustro, telefon, selfie, odbicie w witrynach sklepów – i dostrzeganie w sobie choć milimetra dobra. Bo ono tylko czeka na to, by je odkryć.

Wpatrywanie się w swoje źrenice i mówienie (na siłę na początek) frazy „Kocham siebie. Kocham ludzi. Kocham Świat". Sonia Szramek - Karcz opowiedziała mi o tej technice (jeśli chcesz zrobić naukowy research, dodam tylko, że bazuje ona na poliwagalnej teorii stosowanej, która jest coraz bardziej popularna).

Patrzenie na siebie w lustrze bez obrzydzenia i poczucia wstydu było dla mnie ogromnie trudne. Za pierwszym razem wytrzymałam kilka sekund. Bez doczepianych rzęs (które bardzo regularnie uzupełniam) i bez makijażu było to prawie niewykonalne. Ćwiczyłam to... robiąc transmisje na Fejsbuku! Tak! Nie myślałam o osobach, które będą się ze mnie śmiały po drugiej stronie. Skupiłam się na patrzeniu w swoje źrenice. Z czasem oswoiłam się i zaczęłam zauważać uśmiechnięte oczy. Najtrudniejsze było zobaczenie siebie taką, jaką jestem: bez filtrów, z bruzdami i nierównościami. Przez wiele lat porównywałam się z idealnymi kobietami w social mediach i zauważenie wartości w tym, jak wygląda każda z nas w rzeczywistości – jest kluczem.

Bardzo pomogło mi też praktykowanie cudownej uzdrawiającej techniki Ho'oponopono. Jest to bardzo stara technika, która została stworzona na Hawajach. Nie sprawdzałam dokładnie źródeł, ale wiem, że dzięki niej wyleczono nieuleczalnie chorych pacjentów w hawajskim szpitalu psychiatrycznym i w konsekwencji szpital zamknięto. Polega ona na tym, że bierzemy część odpowiedzialności za to, że osoba, z którą mamy „na pieńku" jest taka, jaka jest (przecie jesteśmy swoimi lustrami i ta osoba „tylko" pokazuje nam to, co mamy w sobie). Druga część polega na zatrzymaniu się i wymawianiu sekwencji jednych z najbardziej wysoko wibracyjnych słów przez kilka dni. Niektórzy mówią, że 21 dni jest odpowiednie. Jakie to słowa? Takie, które każdy chce usłyszeć...

„Proszę, wybacz mi. Przepraszam. Dziękuje. Kocham cię".

Za każdym razem, gdy czujesz, że chcesz sobie dopiec, gdy czujesz ucisk w gardle - albo komuś innemu... Gdy czujesz się beznadziejnie albo gdy masz przed sobą ważny dzień. Wypowiedz na głos cztery frazy, które mają bardzo wysokie wibracje - których być może nikt Ci od lat nie mówił... albo nigdy... To cudowna metoda, dzięki której możesz uleczyć i siebie, i ludzi, z którymi masz niezałatwione sprawy.

Trzy razie dziennie, przez trzy tygodnie... Ustawiłam sobie zegarek z przypomnieniem, a dzisiaj mam tapetę w telefonie (bardzo łatwo zrobić ją w darmowym programie Canva), i gdy zerkam na telefon i wcale nie myśląc – uzdrawiam. Tej metody używają (między innymi) Beata Pawlikowska, Dorota Ziemba-Miłek, Magda Miloś z Klubu 555 i cudowna Doktor Miłość. A o samej metodzie dowiedziałam się „przypadkiem" od Emilki z Krakowa, która do mnie podeszła, bo czuła, że coś ją do mnie ciągnie. Oczywiście przegadaliśmy całą noc i miałyśmy wrażenie, że znamy się od zawsze.

Jeśli zaakceptujemy nasze wielkie nosy (ja mam taki, jak klamka od zachrystii), niski wzrost (150 cm w kapeluszu), i wszystkie mankamenty... będziemy mogli skupić się na tym, co jest naprawdę ważne, a nasze powody do wstydu staną się powodami do dumy. Kanony piękna zmieniają się, moda mija, social media pokazują fikcje. Po wielu latach zrozumiałam, że najbardziej liczy się spojrzenie w lustrze, które czeka, aż je wreszcie zauważymy. Tak, wierze w to bardzo. Zauważ wreszcie siebie. Czekasz na to całe życie przecież...

23 stycznia

Największe odkrycia przychodzą do mnie rano, gdy przeważnie siedzę w wannie. Dziś zamyśliłam się tak bardzo, że nie zdałam sobie sprawy z tego, że wanna wypełniła się wrzącą wodą. Gdy było za późno, uświadomiłam sobie, że nie mogę się ruszyć. Moja skóra była prawie purpurowa i najmniejszy ruch, by odkręcić zimną wodę, powodował przeszywający ból.

Gdybym nalała wannę pełną wrzątku, jest mało prawdopodobne, że weszłabym do niej z własnej woli (chociaż jak pewnie zauważyłaś, mam coś z masochistki, więc kto mnie tam wie...)

To kojarzy mi się z sytuacjami, w które świadomie się wpieprzamy i budzimy się, gdy jest za późno i często nie wychodzimy z tego całe i winimy wszystkich - zapominając o sobie. Różnica jest taka, że ignorujemy znaki ostrzegawcze; przeczucia, że coś nie gra, wypełniamy je wymówkami lub wymowną ignorancją.

„No co ty, inne mają gorzej, jakoś to będzie, przestań wymyślać..." Te podpowiedzi są dla NAS, byśmy uciekły od sytuacji i nie cierpiały. Byśmy przyznały się, że warto zrobić coś trudnego, a nie wygodnego, bo wszyscy tak robią. Że gdy po raz kolejny wejdziesz do tej samej rzeki, nic się nie zmieni i znowu będzie tak, jak zwykle (chyba że obie strony osobno przerobią swoje zmory). Byśmy przyjrzały się sobie, czego tak naprawdę się boimy, że zagłuszamy dobre podpowiedzi...?

Dlaczego boimy się iść swoją drogą i co musi się stać, byśmy się pokochały oraz były dla siebie na tyle ważne, by słuchać same siebie?

Wspaniałego dnia, nawet jeśli jest trudny i wymaga wysiłku. Każda decyzja, a także udawanie, że nie ma wyjścia albo że inne mają gorzej to też decyzja i brak działania, to zaowocuje - czy tego chcemy, czy nie.

24 stycznia

Chciałabym napisać o tym, żeby zamiast pchać się w związki, aby nie być samej, łatwiej jest nauczyć się słuchać siebie. Nie jestem żadnym autorytetem w tej dziedzinie i mówię o tym tylko dlatego, że w swoim życiu wpakowałam się w możliwie wszystkie kłopoty i popełniłam wszelkie błędy (odnoszę wrażenie, ze wszystkie części Bridget Jones są po części moją biografią).

Dzisiaj już wiem (mądra Krawiecka po „szkodach"), że jedyne, co mogłam zrobić to, zamiast oczekiwać, żeby mężczyźni spełniali moje zachcianki - poznać siebie i swoje potrzeby i sama sobie dać wszystko, czego potrzebuje - bez żadnych pretensji do innych. I właśnie to robię. To, czego nie dadzą nam rodzice, gdy jesteśmy dziećmi, staje się naszym oczekiwaniem wobec partnerów. Różnica jest taka, że same możemy zaopiekować się naszym wewnętrznym dzieckiem. Gdy to zrobimy, nie będziemy miały deficytu, za który będziemy winić partnera.

Dziwnie było mi się nauczyć skupienia na tym, co mogę sobie sama dać – a nie obrażać się na innych, że nie dają mi tego, co sobie właśnie wymyśliłam. I, że jeszcze się nie domyślił, że chcę to, a nie co mi kupił!

Musiałam odpowiedzieć sobie na pytanie, czego tak naprawdę chcę. Skąd mężczyzna (przecież nie szukam faceta, tylko prawdziwego mężczyzny) ma wiedzieć, czego chcę, skoro sama tego nie wiem? Jak mam być szanowana skoro sama nie szanuje mężczyzn, bo przecież oni nie nadają się do niczego? Jak mam poznać pewnego siebie mężczyznę, skoro sama pozwalam, żeby inni ludzie wchodzili mi na głowę? Przecież im na to pozwalam! Nie umiałam stawiać ludziom granic. Sobie też jakoś niespecjalnie.

Jestem w trakcie poznawania moich upodobań i zachcianek. Ustaliłam wartości, które są dla mnie ważne i stały się dla mnie ramą, stelażem, kręgosłupem. I zrozumiałam, że mój tata często chorował i zapisałam sobie program: mężczyzna, którego kochasz, zaraz umrze. Ze strachu nie pozwalałam mężczyznom podchodzić do siebie za blisko przed obawą, że będą umierać. Ba! Znajdowałam takich, którzy nie mogli albo tak naprawdę nie chcieli ze mną być. Gdy to odkryłam, poznałam mężczyznę (nie faceta), który jest na mnie gotowy. A ja na niego. Gdy zmieniamy nasze przekonania, zmieniają się nasze myśli - i tworzymy nową rzeczywistość.

Wciąż natykam się na coraz to nowe przekonania, które mnie hamują i nie wspierają (przecież te chłopy się do niczego nie nadają, a kobieta bez faceta jest jak ryba bez roweru) i zamieniam je na te wspierające. Bo mężczyźni są bardzo potrzebni. Męska energia trzyma ład i porządek. Bo mężczyźni są częścią naszych rodów i nie wolno ich ani wykluczać, ani upokarzać, ani im umniejszać. Dzisiaj już to rozumiem. Mam nadzieję, że Ty też.

Uczę się świadomie spędzać ze sobą czas i nauczyłam się lubić własne towarzystwo. Jest mi fajnie. A tak bardzo bałam się być sama. Gdy byłam samotna, uciekałam w rzeczy, które wypełniały mi czas... Byle co, byle jak, byle gdzie. Dopiero od niedawna zaczęłam pytać siebie, o co tak naprawdę mi chodzi i dawać sobie to, co jest mi potrzebne (nawet jeśli są to gofry z bitą śmietaną, malinami i karmelem). To chyba było najtrudniejsze... Odkrycie, że sama mogę zabrać się na spacer, kawę czy do kina. Kupić lilie, frezje i tulipany też mogę sobie sama. Z miłością i czułością. A nie z zemsty.

Zrozumiałam też, że przeanalizowanie i zrozumienie relacji z mamą i tatą (bez względu na to, czy wciąż żyją, czy już nie), rzutuje na to, jak sami budujemy relacje. Są one naszym punktem wyjściowym i często powielamy rodowe schematy, o których zazwyczaj nawet nie wiemy – często robimy też odwrotnie. Warto poznać te schematy i zwolnić siebie z niesienia tego, co nam nie służy. Iza Kluczewska (certyfikowana terapeutka ustawień systemowych) pomogła mi właśnie zrozumieć, że od moich byłych partnerów oczekiwałam tego, czego nie dała mi mama. A przecież mama dała mi tyle, ile umiała - i tyle, ile mogła. Cudowne jest to, że w dorosłym życiu możemy dać sobie wszystko same! Iza, z którą pracowałam prawie dwa lata, bardzo pomogła mi ruszyć z moim życiem na dobre...

Bardzo często nasze niskie poczucie własnej wartości albo (jak w moim przypadku) poczucie winy związane z podpaleniem domu jako dwulatka, kierowało większością aspektów w moim życiu. Poczucia winy miałam po kokardy i odrywałam je z siebie jak z cebuli, warstwa po warstwie. Na szczęście, gdy jesteśmy ze sobą uczciwi, dotknięcie tego, co trudne boli tylko przez chwilę. Zanim to zrozumiałam, kombinowałam jak koń pod górę i to uzdrawianie szło mi właśnie tak – po kombinatorsku. Przez wiele lat. Tak czy inaczej, uczciwość wobec siebie i chęć poznania najtrudniejszej sprawy jest pierwszym krokiem do stanięcia na własne nogi.

Wiele lat zajęło mi, by czuć, że jestem wystarczająco dobra, by żyć bez poczucia winy. Męczenie się, uciekanie, unikanie, wyśmiewanie i wypieranie pozornie ratowały mnie przed bólem. Dopiero wyjęcie wszystkiego spod dywanu takiego, jakie było, pomogło mi zauważać fakty. To, co blokował umysł, wymagało kilkudziesięciu godzin pracy, odwagi i wprawy. To pomogło mi zrozumieć, ukochiwać – i zmieniać siebie. Wyobraź sobie, że czujesz spokój – moc i siłę, której nie musisz pokazywać innym. To dużo ważniejsze niż pokazywanie nieistniejących ideałów w relacjach na Insta.

25 stycznia

Gdyby kilkadziesiąt lat temu pewna bardzo dzielna dziewczynka nie przetrwała obławy w lesie pełnym naostrzonych siekier...

Nie mogłabym dzisiaj głaskać mojego czarnego kota.

Nie mogłabym słuchać „Feathers' Novo Stelli ze łzami w oczach. Nie zbierałabym rumianych rumianków, ani nie miałabym ogródka pełnego życia i nie narzekałabym na korki w mieście.

Na pikniki pełnych radości bym nie jeździła. Ani nad morze, które tak wszyscy kochamy.

Mama nie nauczyłaby nas wspaniale gotować.

A tata nie nauczył jeździć samochodem. Spontaniczności też pewnie nie. Nie uczyłabym się cierpliwości przy moich dzieciach.

Ani prawdziwych przyjaźni przy bardzo ważnych ludziach.

Kochane rączki nie pokazywałyby mi namalowanych uśmiechniętych buziek. Nie mogłabym wzmagać się ze swoimi słabościami

Ani rozmawiać o „upupianiu" i wolności słowa. Nie nauczyłabym się wdzięczności za przyjaciół.

I za wszystko, co mnie otacza. I kogo spotykam.

I za to, że po prostu jestem.

Historii kłaniam się na sekundę. Nie rozdrapuję jej niepotrzebnie. Dziękuję i śmiało idę dalej.

Martwych pomników nadmiar, polko-polskich sporów też. Czas zacząć żyć. Wyłączam propagandowy nonsens.

Rozpuszczone słońce wlewa się przez okno na stół, na którym zaraz podam śniadanie.

Dziękuję Babciu. Mam tą możliwość dzięki Tobie.

Nasza babcia i babcia moich dzieci robią najlepsze pierogi z jagodami.

Babcia Janka pisze wiersze i robi cudowne bukiety. Babcia Stefcia oprócz wysublimowanego poczucia humoru ma ogromny talent do robienia koronkowych i wełnianych cudów... Gdy ją odwiedzałyśmy, robiła okropnie słodką herbatę i grzanki nacieranie solą i cebulą...

Babcia Danusia, babcia z wyboru, miała wyjątkową życzliwość i ciepło dla każdego. I do opowiadania życiowych bajek... I kieszenie pełne Kinder Bueno lub wypchane słodkościami, przesyłanych od pani Ani z Niemiec. Jej dyplomacja i umiejętność nieoceniania będą tym, co zawsze będzie mi o niej przypominać.

Za co Ty pamiętasz i podziwiasz swoje babcie? A dziadkom? Za co im podziękujesz? Mam nadzieję, że masz jeszcze szansę, by im powiedzieć o swoich odkryciach. A jeśli nie, powiedz o tym swoim bliskim. Być może rozpoczniesz inspirująca rozmowę o niezwykle ważnych ludziach. Gdyby nie oni czy pojawiłabyś się na świecie? A może zrobienie drzewa genealogicznego albo opisanie kilku wspomnień, które nosisz w sercu, mogłyby być podziękowaniem?

26 stycznia

Usiadłam przed lustrem i poczułam się nieswojo. Moja twarz różniła się bardzo od ostatniej idealnej fotki na fejsie.

Przebarwienia. Zmarszczki, które wypadałoby wypełnić. Cienie pod oczami. Denerwujące zaczerwienienia...

Mimo wszystko uśmiechnęłam się do siebie.

Mimo wszystko podoba mi się ten nieidealnie idealny widok mojej twarzy bez makijażu.

Z coraz większą empatią przyglądam się moim oczom - tym razem bez parasolu sztucznych rzęs. I bez henny. Są tak samo zielone, choć bez wygładzająco-wyostrzającego filtra trzeba uważności, by ją dostrzec.

Zastanawiam się, skąd ten opór przed zrobieniem sobie zdjęcia. Kim jestem bez markowego podkładu i czerwonej szminki?

Jak bardzo pozwoliłam na to, by wyprano mi mózg?

Czy jestem wystarczająco dobra, by pokazywać się taka, jaka jestem?

Chociaż czuję się nieswojo - robię zdjęcie. Tym razem tylko jedno, zamiast dziesiątek selfie.

Chociaż niejedna życzliwa stwierdzi pewnie, że wyglądam obrzydliwie.

Jestem stara.

Niewystarczająca.

To obciach.

A ten nos to już bez komentarza.

Dla siebie jestem wystarczająca. Każda zmarszczka to tylko zmarszczka. Każda niedoskonałość to moja lekcja pokory...

Zrobiłam to zdjęcie, bo uczę moją córkę, że jest cudowna taka, jaka jest. Bez filtrów. Bez iluzji. Bez tej cholernej nierealnie wyidealizowanej iluzji.

Jestem wystarczająca. TY TEŻ!

Odważysz się na pokazanie światu swojej buzi takiej, jaka jest? Zachęcam Cię do tego serdecznie.

YOU ARE ENOUGH MY LOVELY! ♡

27 stycznia

Miłość jest wtedy, gdy z uśmiechem patrzysz w lustro i nie pozwalasz, by Tobą manipulowano memami w internecie i próbowano wpędzić Cię w przekonanie, że inni liczą się bardziej niż Ty sama.

Miłość jest wtedy, gdy dajesz komuś odejść z wdzięcznością za czas, który był wam dany. Chcesz, by był szczęśliwy, nawet jeśli inne ręce będą muskać jego czoło i że inna kobieta z miłością będzie mu parzyć kawę co rano. A nie manipulować i siać intrygi. To nie jest kochanie. Niefajne to. Dzisiaj to wiem. A Ty jakie masz przekonania?

Miłością nie jest rezygnowaniem z siebie, by dać komuś wszystko, co się ma albo znacznie więcej niż się samemu ma. To maskowanie i oszukiwanie siebie, by być komuś potrzebnym. By nie być samemu. To nie miłość. Już to wiem. Wszystko, co dajemy na kredyt (czyli, gdy dajemy więcej niż same mamy) będziemy musiały spłacić. Możemy na przykład wtedy zacząć chorować.

Miłość to dawanie bezwzględnej wolności. To nie konkretna osoba, a stan, w którym jesteśmy... to wszystko, co mamy w sobie. Dziękuję, że mogę kochać.

28 stycznia

Mam nadzieję, że nawet gdy bywa trudno, znajdziesz powód, by przetrwać.

Że zauważysz, że najbardziej szary odcień chmur delikatnie odbija drobinki nadziei od cierpliwie czuwającego słońca. Ono wie, co jest dobre i zawsze Cię bezbłędnie poprowadzi. Wszystko jest dla Twojego wyższego dobra...

I że z dystansem oglądasz wszystkie emocje na swoim niebie, nie tylko te, które są „pozytywne" dla innych.

Tak jak samoloty z ludźmi śpieszącymi do ważnych miejsc i ludzi, nasze ciała są pełne emocji, które są perfekcyjnymi drogowskazami domagającymi się uwagi... pokazują wydarzenia, na które boimy się spojrzeć. Takie to trudne, dopóki nie stanie się proste podobno...

Porządki z emocjami. Odnajdywanie swojej siły w słabościach. Ramach. Porządku. W Swoim rodzie.

Piosenki, których słuchasz, z cudownym uśmiechem porywają do tańca, nawet jeśli nikt inny ich nie słyszy. Nikt nie musi tego robić. Nikt niczego nie musi... Ty też nie musisz...

A gdy czasem opadasz z sił... wykończone już serce tulisz, jak największy skarb i słyszysz, że opatulone uwagą i czułością bije coraz pewniej i równiej. Ono zawsze będzie przy Tobie... do ostatniego oddechu.

Że widząc w lustrze rozmazaną maskarę, wiesz, że to wszystko minie. I że ta zwariowana odwaga jest punktem zwrotnym, za który kiedyś sobie podziękujesz. Czujesz to, prawda?

Że uśmiechasz się do przechodniów, gdy masz na to ochotę i gdy tak czujesz, chowasz się w zacienionym sadzie. Liczysz oddechy, o które nie musisz wcale walczyć.

Wdech. Przyjmuję. Wydech. Odpuszczam.

Proszę, wybacz mi. Przepraszam. Dziękuję. Kocham cię. Dziękuję, że mogę Ci to dziś napisać.

29 stycznia

Czasem jedyne co możemy zrobić to wtulić się i być. Tarmosić za uszy i przeczekiwać deszczowe dni.

Płakać i smutać. I przeżyć.

Kawę uważnymi, małymi łyczkami w obecności rozumiejących oczu i słyszącej pary uszu pić.

Usłyszeć szeptane zwykłe święte słowa, które wyłapać pokornie z zapartym tchem trzeba raz po raz. I gdy nie ma gdzie iść być w ważnym miejscu.

Pozwolić sobie nie wiedzieć, co będzie jutro. To zwykle wystarczy, żeby doczekać jutra.

Dziękuję, dziś szeptem.

1 lutego

Mówcie, co chcecie, ale myślę, że lockdown był nam wszystkim bardzo potrzebny (wyjątkiem przedsiębiorcy, którzy zawsze mają niestety pod górę).

Byśmy mogli przejść przez trudne momenty w skupieniu. Posiedzieli sami ze sobą i mogli stwierdzić, że jesteśmy silniejsi, niż nam się zawsze wydawało.

Żeby zamiast marnować bezcenny czas w centrum handlowym, mogli posłuchać szumu rzeki i ogrodu pełnego życia.

Żeby wrócić do gotowania, które wymaga myślenia i planowania, którego tak czasami nie lubimy.

By przestać odkładać siebie na później, jak te kiecki, do których nigdy nie schudniemy, choć obiecujemy to sobie od lat.

By móc najzwyczajniej w świecie się ponudzić. Bez gwaru i tłoku. Bez nudy kreatywności przecież nie ma.

By wsłuchać się w swój oddech i zaakceptować rzeczy, które po prostu są, jakie są i nasze tupanie nogami tego nie zmieni.

Potrzebujemy lockdownu, żeby przypomnieć sobie o piosenkach, o których zapomnieliśmy i książkach, których już nie znamy. I o ludziach, którzy umierają z tęsknoty na drugim krańcu świata.

Warto byłoby je pewnie poznać na nowo. Gdy wrócimy do nich po latach, będziemy mogli znaleźć w nich takie skarby, jak w najcudowniejszej wiosce, w której mieszkają: Lasse, Bosse, Olle, Anna, Lisa i Britta. I ten kochany pies, który nie jest już bity...

To czas, w którym warto dzwonić do osób, dla których nie mamy pięciu minut, chociaż spędzamy na fejsbuku kilka godzin dziennie.

To czas częstego tulenia ważnych osobowości, dziękowania za domy, w których mieszkamy i życie, które daje nam niespodziewanki.

Bo szczęście to nie tylko spełnione marzenie o totolotku. To czas, który jest nam dany, abyśmy mogli się z niego cieszyć.

Tego Ci życzę na ten i każdy następny lockdown (bez względu na to, w jakiej formie będzie nam zaserwowany).

1 lutego

Luty to dziwny okres. Każdy dzień wydaje się odbiciem poprzedniego. W moim odczuciu to najtrudniejszy czas w roku. Doszliśmy do siebie po świętach i w zawieszeniu czekamy na wiosnę, której wcale się nie śpieszy, jakby utknęła w garderobie i nie mogła się zdecydować na kolor palta.

Dni dłużą się, choć wciąż są krótkie. Noce długie, choć marazm i lenistwo wygrywają z postanowieniami noworocznymi.

Krawiecki, dziadek moich dzieci, tak właśnie coś o tym wspominał:

„Kasiu, życie właśnie takie jest: niby cud, niby bezcenny dar, a gdy je masz, nie ma często pomysłu, jak wypełnić te uwierające i wpędzające w poczucie winy luki" Dziś, gdy już go nie ma z nami, zaczynam rozumieć, co tak naprawdę chciał mi przez to powiedzieć.

Czas ucieka mi przez palce na odhaczaniu niekończących się list z zadaniami „na wczoraj". Jestem mamą, która chce mieć czas, by bawić się ze swoimi dziećmi. Gdy go wreszcie znajdywałam – wpadałam w panikę, bo okazywało się, że nie umiała się z nimi bawić, ani nie miałam na to często ochoty – byłam przemęczona pracą, gotowaniem, sprzątaniem i zdalną nauką. Bywałam mamą, sprzątaczką, nauczycielką i każdym, gdy wymaga tego sytuacja. Tatą nie, bo to nie moja kompetencja. Tak czy inaczej, to często za dużo na półtora metrową Krawiecką. Gdy nabrałam szacunku do siebie, zaczęłam też szanować moje dzieci. A one nauczyły mnie tego, jak się z nimi bawić.

Dziadkiem i babcią też nie umiem być. Bycie dziadkiem i babcią to dawanie czasu, którego już nasz Krawiecki nie ma. A Babcia? Stara się bardzo i jestem jej ogromnie za to wdzięczna. Dziękuję, że wciąż jest z nami, mimo że łatwiej jest czasami się poddać. Niech będzie w naszym życiu jak najdłużej, bo bardzo jej potrzebujemy.

Zamiast skupiać się na brakach, wzięłam odpowiedzialność za czas, który mogę dać swoim dzieciom. Robimy razem pączki. Czytamy razem. Rysujemy (nawet, jeśli jedyne co umiem to kot i świnka z liter) i bawimy się słowami. Nic też robimy, wtulamy się w siebie pod wełnianym kocem (co kończy się przeważnie tym, że wszyscy zasypiamy na sofie i budzę się jak z kilkudniowymi zakwasami).

Wcale nie muszę być dziadkiem ani babcią, ani supermamą. Krok po kroku uczę ich tego, co przychodzi mi łatwo. Empatia, życzliwość, dawanie wartości i pomaganie. By, gdy skończy mi się czas nie czuć żalu, że tyle mogłam zrobić, a udawałam super zajętą. Nie ukrywam, tak było przez zbyt długi czas. A babciom i dziadkom Świadomego Czasu dla stęsknionych rączek, które rosną bardzo szybko. Za szybko. Szczególnie gdy my – nie-supermamy próbujemy to wszystko idealnie spiąć.

2 lutego

Maski. Maski i filtry wszędzie. Co to będzie? Co to będzie?

Zapisujesz się na portalu randkowym i szukasz fotki, by zwaliła wszystkich z nóg. Chcesz odświeżyć zdjęcie profilowe lub po prostu chcesz wrzucić swoją buźkę do sieci. Szukasz, wertujesz i dochodzisz do wniosku, że setka słit foci, które zrobiłaś w tym miesiącu, do niczego się nie nadaje, bo masz za bardzo spiczasty nos i ziemistą cerę. Nie podobasz się sobie i już.

„Wstyd pokazywać się publicznie" - mruczysz do siebie.

Robisz makijaż i cykasz nową fotkę. „Nie, nie tak..." Wchodzisz w ustawienia i w mgnieniu oka wybierasz filtr, który rozmywa zmarszczki i rozświetla twarz. „No... Jest nieźle..." myślisz i uśmiechnięta wrzucasz efekt swojej pracy, by świat mógł zobaczyć „taką, jak wyglądasz naprawdę".

Dlaczego tak wiele z nas uważa, że wygląd naszej buzi, gęby, facjaty, pysia, paszczy czy oblicza jest niewystarczająco dobry bez upiększeń, które mamy w programach do zdjęć?

Dlaczego nie potrafimy pokazywać ich w sieci bez alarmującego uczucia, że ktoś nie zaakceptuje tego, jak wyglądamy? Dlaczego boimy się negatywnych komentarzy? Czy naprawdę jest z nami tak źle, że nie możemy stanąć przed lustrem i uśmiechnąć się do siebie z sympatią?

Wszystkie aktorki i wszelkiego rodzaju celebrytki (które coraz częściej są sławne dzięki temu, jak wyglądają) są „zrobione" do sesji zdjęciowych czy na plan filmowy przez zespół ekspertów. Odsysanie tłuszczu, masowe operacje zmniejszenia żołądka, najnowsze lasery, wizażystki, dyscyplina i rutyna... Każda musi wyglądać idealnie, bo są na tak zwanym świeczniku (chociażby dlatego, że to część ich stylu życia albo taki wygląd jest wymagany ze względu na zawód, który wykonują).

Gdy wygrałam metamorfozę kilka lat temu (sesja zdjęciowa, profesjonalny makijaż, fryzura, ubrania) - u samej fryzjerki (która jest fantastyczna i chodzę do niej od wielu lat) spędziłam siedem (!!!) godzin, a mój makijaż był tak mocny, że mój syn zapytał, czy nie jestem chora. Chociaż bardzo trudno było go zmyć, zdjęcia wyszły piękne. To doświadczenie nauczyło mnie, że żeby naturalnie wyglądać muszę wstawać codziennie trzy godziny wcześniej... Widocznie nie nadaję się na gwiazdę, bo zamiast siedzieć o czwartej rano z prostownicą wolę sobie najzwyczajniej w świecie pospać. Poza tym, gdy zaakceptowałam, że moje włosy są z natury falowane i zaczęłam o nie odpowiednio dbać (regularne podcinanie, olejowanie, seria kosmetyków Can.., rozczesywanie tylko na mokro) – odwdzięczają mi się lokami i falami. Ba! Najlepszy efekt jest, kiedy chodzę w mokrych włosach spać! Albo, gdy jadę z otwartymi szybami. Tyle kobiet męczy swoje włosy. Robiłam podobnie, katowałam swoje tylko dlatego, że wszyscy dookoła robili podobnie. Dałam im spokój, a one mi za to dziękują każdego dnia.

Nie wiem, czy o tym wiesz, że większość osób, których filmiki oglądasz w internecie, używają specjalnych świateł, które sprawiają, że buzia promienieje, że zmarszczki i worki pod oczami - w połączaniu z perfekcyjnym makijażem - są niewidoczne. Oczy błyszczą, wydają się szczęśliwe, nawet gdy nie ma do tego powodu. Na płatnej wersji Zooma jest opcja wyboru koloru szminki, a także odcienia i kształtu brwi! Oniemiałam (trochę też z wrażenia, bo pewnie z lenistwa zacznę ich używać i na ulicy mnie już nikt nie pozna).

Takie osoby przeważnie występują, by zachęcić Cię do skorzystania z jakiegoś serwisu czy usługi i ich wygląd jest po to, by Twój mózg pomyślał:

„Lubię ją". Gdy to zrobi, to jest bardziej prawdopodobne, że kupisz reklamowany przez taką osobę produkt. Gdyby wyglądała przeciętnie, nie zrobiłaby zamierzonego efektu.

Malujemy się, bo makijaż zawsze doda nam uroku. Pamiętajmy jednak, że nasza siła tkwi w czymś innym. Jeśli lubisz siebie taką, jaką jesteś, makijaż to podkreśli, nie będziesz musiała go zakładać, jak maski, za którą możesz się schować, by uniknąć odrzucenia.

Jeśli lubisz siebie, tylko gdy jesteś umalowana, istnieje duże prawdopodobieństwo, że nauczysz swoje dziecko ukrywania się, bo bycie sobą nie jest fajne. Możesz przypadkowo sprawić, że będzie myślało przez całe życie, że nie jest wystarczająco dobre. Już chyba rozumiesz (mimo że mnie od tego próbowano odwieść) powód, dla którego pokazuje się z makijażem, jak i bez niego. Żyjemy też w czasach, gdy nasze dzieci żyją wrośnięte w telefony... Często nie ma z nimi realnego kontaktu. Jak nauczyć nasze dzieci, że to, co widzą w ekranie, jest kreacją?

Być może pomyślisz teraz, że przesadzam, bo przecież codziennie mówisz swojemu skrzatowi, że go kochasz. A czy poleciłabyś grubej trenerce fitness ułożenie programu odchudzającego dla siebie? Albo nauczycielce angielskiego, którą musisz poprawiać, bo pisze niegramatycznie? A czy zapiszesz się na kurs hiszpańskiego, wiedząc, że nauczyciel nie mówi w tym języku? A czy wejdziesz bez obrzydzenia do restauracji, gdy widzisz przez szybę, że kelner grzebie w nosie i myśli, że nikt tego nie widzi? Rozumiesz teraz, o co mi chodzi? Czemu nasze dzieci mają nam ufać, skoro mówimy jedno, a robimy zupełnie coś innego.

3 lutego

Jakiś czas temu wiozłam moją prawie nastolatkę z jej kolegami z klasy. Trzyosobowy skład CIA zaczął rozkminiać, ile lat ma mama Anniki.

„Pewnie z piętnaście" powiedział jeden.

„Nie! Na pewno więcej. Daję jej szesnaście! Look at her, she is ancient!"

„To moja mama i wiem najlepiej. Dwadzieścia dwa".

Przytaknęłam, a jakże... Tym bardziej, że gdy kilka dni wcześniej Annika zapytała mnie o wiek, bez mrugnięcia oka powiedziałam, że dwadzieścia dwa. Nie spodziewałam się jednak, że będę musiała to jakoś weryfikować.

Kilka dni później byłam świadkiem kolejnej sprzeczki o mój wiek; tym razem między upartą jak osioł córą a wszechwiedzącym synem.

Mama ma trzydzieści dziewięć

Nie ma mowy Jamie! Dwadzieścia dwa. Mówię Ci - upierała się przy swoim. To moja mama. Myślisz, że nie wiem, ile ma lat?

Byłam z niej dumna. Broniła swojego zdania jak lwica... Z drugiej strony miałam wyrzuty sumienia, że tak ją wmanewrowałam. Moje niewinne naciąganie prawdy (tak zwane white lie) zaczęło wymykać się spod kontroli.

Wyjaśniłam im wtedy, że mam dwadzieścia dwa lata plus VAT, więc razem trzydzieści dziewięć. Na szczęście nikt nie zapytał, czym jest ten VAT i czemu jest taki wysoki (jak tak dalej pójdzie, to pewnie będzie to Polska).

Czemu o tym wspominam?

Bo tych lat przybywa. To wcale nie brzmi jakoś tragicznie... Ale gdy zmienię perspektywę...

Ponad osiemnaście lat temu obchodziłam swoją pierwszą osiemnastkę.

Tyle rzeczy mi nie wyszło

Tyle niespodzianek mało przyjemnych.

Tyle czasu zmarnowałam na bycie swoim największym wrogiem. Tyle szans zmarnowałam.

Ale wciąż tu jestem... A mogło mnie nie być już od wielu lat...

Żeby było ciekawiej, już nie próbuje nikomu udowadniać, że nawet jeśli popełniłam głupie błędy i niesłuszne decyzje - jestem wystarczająco dobrym człowiekiem.

Każdego dnia uczę się cierpliwości, by nie wyjść z siebie i nie stanąć obok, gdy mój syn zadaje mi pytania, na które chyba nikt nie zna odpowiedzi.

Zapisałam historię swojej rodziny, by była do użytku publicznego na kolejne wielokrotności moich osiemnastek. By „Janka. Opowieść, której nie znacie" wydawnictwa Zen zainspirowała Was do tego samego (a nawet dużo większych rzeczy). I bym zrobiła porządek we własnej rodzinie i pomogła zrozumieć rzeczy, które nie mieszczą się w głowie.

Nauczyłam się bezwarunkowej życzliwości, z której korzystam (prawie) każdego dnia. Nie powiem, czasem jest trudno, chociaż wszelkie próby manipulacji i kontroli rozpoznaję już bez większych kłopotów. I ta odwaga powiedzenia „nie" z uśmiechem (zdarza się też bez uśmiechu i przeważnie tyczy się kombinatorstwa osób, którym przez lata uchodziło to na sucho)? To jest dla mnie bezcenne. Stanięcie po swojej własnej stronie.

Problemy, które były nie do rozwiązania kilkanaście lat temu jakby trochę wyblakły. Tyle razy myślałam, że to już koniec... A tu proszę. Światu nawet nie przyszło na myśl, by się zatrzymać. Ba! Wiele problemów rozwiązuje się samo.

Czas leczy rany - jeśli na to pozwolimy. Polecam jednak oczyścić je ze wszelkich emocjonalnych gangren. Sprawdziłam na własnej skórze, że zrozumienie kontekstu prowadzi do zaakceptowania i wybaczenia. Dokopanie się do źle zrośniętej zakażonej rany boli jak jasna ciasna. A przecież nasza dusza przyszła tu, by doświadczać. Szczególnie to, co trudne buduje nas najbardziej. Warunkiem jest niestawianie się nad innym człowiekiem, tylko zrozumienie jego historii - i wrócenie do naszej. W każdym człowieku możemy przejrzeć się jak w lustrze. Pozwólmy sobie na to.

Jestem diamentem, a diamenty trzeba szlifować. Te trudne momenty to właśnie ten proces. Boli i puszcza. To odpuszczenie przynosi spokój i szacunek. Nowe możliwości i relacje. I nowe życie.

Życzę sobie, bym miała zaszczyt przeżyć następne lata wśród ludzi, którzy, chociaż pojawiają się i znikają dość często, uczą mnie pokory i wdzięczności za każde życiowe doświadczenie. Szczególnie te trudne, bo rozumiem ich wagę.

4 lutego

Gdy byłam w wieku Anniki, myślałam, że jak ktoś ma trzydzieści lat, to już jest stary. A gdy słyszałam, że ktoś umarł w wieku pięćdziesięciu pięciu lat, to byłam zaskoczona... już na niego czas był przecież.

Dzisiaj chciałabym to wszystko oficjalnie odwołać. Dziś rozpoczynam prawie czterdziesty rok życia i zgadzam się z moją babcią Stefcią, która we wrześniu skończy osiemdziesiąt dziewięć lat.

Jestem młoda. Dopiero zaczynam żyć. Jeszcze tyle przede mną. Dopóki serce bije, mogę zacząć od nowa.

Ból mija. Tak jak wszystko z resztą, chociaż kiedyś mogłabym dać sobie ręce uciąć za moje przekonania.

Moje ciało nigdy nie było piękniejsze. Poważnie! Wbiegam po schodach bez zadyszki. A moja głowa jest tak spokojna. I ja tak otwarta na nowe :)

Wspaniałych ludzi poznaję: życzliwych, uśmiechniętych, rozumiejących, że jesteśmy częścią czegoś większego.

Rozpoznaję coraz więcej iluzji. Przekonań. Emocji, chociaż tu jest wciąż mnóstwo codziennej pracy do wykonywania. Rozumiem ciut więcej. I mniej już się upieram przy najmojszej racji.

Jeżdżę nad morza, które kocham. Zostałam wybrana na mamę przez niemożliwie kochane i wymagające dzieciaki.

Jak dobrze, że jestem... a przecież mogłoby mnie już dawno nie być. I dobrze, że Ty jesteś... Nawet jeśli czasem trudno zwlec się z łóżka.

Dziękuję, że mogę Ci to dziś napisać.

5 lutego

Kobiecość
nie ma rozmiaru
Nie ma koloru. Ani rasy.
Ma figlarne oczy, za którymi w ogień wskoczysz
zapach piżma waniliowego ciasta
Sensualny wisiorek na piegowatej szyi Rumiane rumianki
I rozwiane włosy

To delikatność z własnym zdaniem

Siła schowana pod pierzyną wrażliwości Kobiecość to empatia

Zgoda zamiast kłótni Niebo nawet w piekle Artystyczny nieład Słońce w deszczu

To spokój i cierpliwość Święty chaos

Kojący uśmiech Spontaniczność niepojęta Cierpliwość

I ta wdzięczność, którą nie sposób wyrazić, gdy na nią patrzysz...

6 lutego

Zegary odliczają czas. Samoloty zabierają do ważnych miejsc. Telewizory pokazują świat, w który mamy uwierzyć. Koty śpią całymi dniami, uważne jak nikt inny. Groszek rośnie pod płotem, czekając na lato. Czas goni ludzkie szczury na Victoria Station. Morza melodie nieskończone szumią.

A człowiek?

Popłakać w ciszy musi czasem. Zostawić w cholerę go trzeba na kilka chwil. Albo nakrzyczeć na niego i trzymać, by nie uciekł.

Czasem zrobić kilka kroków do tyłu, by móc zauważyć co się dzieje dookoła niego. I jak jego przekonania i myśli robią sobie z niego żarty. I wciągające do grobu dramaty.

Zatrzymać się musi. Robić wolniej, a dokładniej. Albo nic nie robić i obserwować bez otwierania ust, by wreszcie inni mogli cokolwiek powiedzieć. A on po prostu to zauważył.

By zobaczył, kim już nie jest i gdzie nie należy. Każdy przecież chce coś znaczyć. Cokolwiek. Dla kogokolwiek.

Czarodzieje, pielgrzymi, królowe i tak najzwyczajniejsi ludzie. W ledwie wyczuwalnym biciu serca czasem odnajdą sacrum.

Oczy są do patrzenia i zauważania ważnego spojrzenia.

Kwiaty nie biegają za pszczołami. One po prostu są. To pszczoły przychodzą do nich, gdy te są gotowe kwitnąć.

Do słuchania są oczy.

Niechciane rady są wkurwianiem innych ludzi.

Próby bycia rodzicem dla rodzeństwa jest naruszeniem porządku, nawet jeśli chce się najlepiej na świecie. I stawianie się ponad własnymi rodzicami też. Każdy brak pokory ma swoją cenę.

Świat poczeka.

Takie to trudne, a takie proste.

7 lutego

Esencja

Gdy czas się ludziom kończy, żałują rzeczy, które pominęli...

Mogli być odważni, mówić trudne słowa. Być na końcu świata

Zbierać głupie kwiaty

Mieć wszystko, co potrzeba, by powiedzieć „nie" i tak...

Być rozwiązaniem, a nie problemem, jak przeważnie.

Tulić nikomu nie potrzebne koty i wytęsknione dzieci.

Do rana tańczyć reggae przy blancie na plaży przy gwiazdach Żyć po swojemu, gdy inni wiedzieli lepiej.

W niebo wlepiać roześmiane oczy

Szukać sensu, gdzie go nie ma Nadziei tam, choć żyć się nie chce

Słuchać głupiego serca I rozumu czasami

Płakać z bezsilności

Żyć w zgodzie ze sobą walcząc o siebie do końca

Miniówki nosić, choć wstyd rumienił policzki. Łowić ryby

Stawiać mosiężne płoty I drewniane mosty

Mówić prawdę

Dbać o siebie

Uśmiechem siać szczęście I łez się nie wstydzić

Dotykać aksamity Smakować słodkie usta Gryźć cierpkie cytryny

Tulić jedyne ramiona Zostawiać pamiątkę skórze Inspirować prawdziwością

Zawalać terminy, by to co ważne robić

Przerobić impostoryzm, by przestał przeszkadzać Za plecami o innych zawsze dobrze mówić

Sięgać po najlepsze, po chwiejnych drabinach Trudne wybierać, choć tak bardzo się nie chcę

O sobie najbardziej, nawet gdy nikt nie widzi

Pisać długie listy, zamiast sms-ów Krytyki nie słuchać

Dumę schować w kieszeń, chociaż ego wściekłe

Robić swoje dla tych, co zawsze czekają

Krok za krokiem stawiać, nawet gdy się nie chce Jedną srokę za ogon złapać uważnie

Czynić wiosnę jedną jaskółką, bo ktoś na nią czeka

Malować włosy

I paznokcie na czerwono nigdy błysku w oku nie stracić zmarszczki nosić dumnie

Żyć i dać żyć innym

Odejść póki czas i zostać na zawsze Poddać się i walczyć do końca

Dać odejść z godnością, chociaż nie byłoby łatwo

Rodzić dzieci, nie mieć ich wcale Udawać, że nie boli, czuć całą sobą
Być. Trwać. Dzień. Po. Dniu.

Gdy każdy oddech boli jak życie choć serce bije

Cieszyć się życiem, gdy czasu jest wciąż mnóstwo

By nie było po ptakach

By zaszczytu nie zmarnować, By nie płakać z bezsilności,

By zajęci do granic życia nie przegapić

8 lutego

W chmury wpatrywać oczy I śmiać się nimi często.

Nosić za krótkie sukienki, choć blizny rumienią policzki i dzień psują niejeden.

Uśmiechać się często. A gdy powodów braknie odnajdywać je jak pogubione rękawiczki.

Zdecydować się na niewyobrażalną trudność bycia sobą. Niech inni patrzą, kpią i bawią się przednio. To nie Twoja Już sprawa.

Odważyć na wątpliwie wygodną prawdę, gdy nikt nie patrzy - i to, co trudne.

Każde niewinne oszustwo, mydlenie oczu czy przekręt mają krótkie nogi, nawet jeśli wytrzymałe.

Kolorowe baloniki i mdłe słowa jak z rękawa na zamówienie w kieszeniach trzymasz, zaczną pękać jeden po drugim...

Zaufać sobie i mieć odwagę odejść od wszystkiego, co Ci nie służy i niszczy. I niszczyć przestań, niefajne to przecież.

Byś udawać nie musiała na Instagramach, że tak słodko, a gdy nikt nie patrzy w lustrze, nie rozpoznawała już siebie od zapłakanych oczu.

Iść na kawę do znajomej ot tak Upiec bezę z malinami.

W ciszy posiedzieć.

Rumianki i maki zbierać, choć chowają się dzielnie. Ufać

I być godną zaufania, gdy dachy się walą.

Być światełkiem w tunelu i latarnią, gdy trzeba.

Pomagać innym, ego odłożyć na bok.

I telefon, by z potrzeby serca, a nie dla lajków pokazywać swój mały-wielki świat.

9 lutego

Zauważyłam, że gdy więcej przestrzeni daję innym kierowcom na drodze, tym mniej paliwa spala moja Astra i jestem spokojniejsza. Gdy nie jadę zbyt blisko drugiego auta, mam więcej czasu na hamowanie. Nie muszę też tak bardzo koncentrować się na minimalnym nawet ruchu drugiej strony. Manewry innych ludzi nie mają na mnie wpływu. I już nie drę japy, gdy ktoś myśli inaczej, śpieszy się lub jeszcze nie rozumie, że można spokojnie jechać i dotrzeć do tego samego miejsca bez pokazywania wszystkim międzynarodowego znaku pokoju…

Gdy jest duży ruch na drodze, puszczam wielu kierowców przede mną. Wielu też wpuszcza mnie, chociaż to ich zwalnia i wydłuża dojechanie do miejsca, do którego zmierzają. Jest to miłe tym bardziej, że gdy robię to sama - nie oczekuję tego od nikogo w zamian.

Nie mam już ciśnienia, żeby być najszybszą na drodze - ani pierwszą. Moje auto nie musi być szybsze i nie muszę nikomu udowadniać tego, jak cudowne jest... Zabiera mnie od punktu A do punktu B.

Gdy samochód znajomego zepsuje się na drodze, zwalniam, pomagam i ruszam dalej. Nie rezygnuję z własnych planów i podróży, by zaofe-rować pomoc komuś, kto niekoniecznie jej chce. Moje auto jest sprawne i bezpieczne. Regularnie robię naprawy i serwis.

Coraz częściej dostrzegam pewne analogie... Na drodze i w dobrym życiu panują bardzo podobne zasady! Dawanie przestrzeni innym - i sobie, by mieć czas na własne reakcje i panować nad swoim życiem. Dbanie o bezpieczeństwo innych, i - przede wszystkim swoje. Dbanie o swoje zdrowie. Życzliwość. Spokój. Zrozumienie.

Dobrego i bezpiecznego tygodnia dla nas wszystkich. Użytkowników wszelkich dróg. Dla tych, którzy jadą bez GPSa na oślep. Dla tych, co złapali gumę w szczerym polu. Dla tych, co zasięg zgubili. I dla początkujących kierowców. Dla nerwusów. I dla tych, co zajeżdżają drogę innym.

10 lutego

Nawet jeśli pseudo znajomi szukają spisku w tym, co robisz i czepiają się bardziej niż teściowa (nie umniejszając żadnej z nich).

Jeśli Twoja życzliwość jest brana za podstęp, bo przecież to nienormalne jest troszczyć się o innych, a Ty na pewno czegoś chcesz. To nienormalne przecież oczekiwać rewanżu, gdy będziesz w potrzebie.

Nawet jeśli ktoś ma Ci za złe, że robisz rzeczy po swojemu, chociaż wszyscy robią to, co pan w telewizji karze albo wierzą w plotki i pomówienia.

Nawet jeśli inni nie rozumieją, że Twoje granice są po to, by mieli możliwość bycia w Twoim życiu - a nie być z niego wykluczeni.

Jeśli ktoś jest zły, że mówisz z pokorą o pokonywaniu swojego strachu.

O trudnej drodze. O pokonywaniu swoich słabości i walce ze swoim lenistwem. O wychodzeniu z uzależnienia, toksycznej relacji (która okazała się ważnym doświadczeniem) lub niszczącego związku (za który mimo wszystko jesteś wdzięczna).

Jeśli nie wtrącasz się w sprawy, które bezpośrednio Cię nie dotyczą, chociaż nie podoba Ci się, że ktoś obmawia innych, bierze zaliczki i urywa kontakt.

Jeśli ktoś ma do Ciebie żal, że stajesz w swojej własnej obronie. Mówisz dobrze o ludziach za ich plecami. Zamiast manipulowania, obraźliwych postów w social mediach wybierasz dialog i szacunek. Bez względu na to, co myślą inni…

Jeśli mówisz „jest mi przykro, gdy tak robisz; proszę, nie rób tak już więcej, bo źle się z tym czuję", a ktoś śmieje Ci się w twarz albo próbuje zakrzyczeć i nastawia innych ludzi przeciwko Tobie.

Jeśli jesteś inna i dobrze Ci z tym, a inni ze złością Ci dopiekają, bo sami nie mają jaj, żeby zrobić coś ze swoim życiem i łatwiej koncentrować się na kimś innym.

To nie jest Twój problem… Rób swoje i nie zmieniaj się nic a nic! Hejterom podziękuj z uśmiechem. To tylko kwestia czasu kiedy zatrują się swoim własnym jadem.

Wściekają się, ale tak naprawdę wcale im nie chodzi o Ciebie, tylko o fakt, że niespecjalnie lubią swoje życie. I siebie. Nie musisz im niczego tłumaczyć. Odebraliby to jako herezję i kolejny atak. I mają swoją prawdę. A przecież możemy dyskutować o faktach, a nie o opiniach.

Podziękuj za to doświadczenie. Życz im wszystkiego najlepszego. Z szacunku do siebie odejdź z życzliwością i uśmiechem.

11 lutego

Gdy chcesz zjeść całe salami na raz, jest prawie pewne, że się udławisz i skutki tego będą, delikatnie mówiąc, opłakane. Jeśli natomiast pokroisz je na cienkie plasterki i zjesz 2-3 dziennie będziesz mógł rozkoszować się ich smakiem.

Tak samo jest z wdrażaniem nowych rzeczy. Gdy chcesz nauczyć się nowego języka, warto spędzić nad tym 10 minut dziennie przez pół roku niż 2 godziny na raz w tygodniu.

Usłyszałam o tym dzisiaj rano i pomyślałam, że to zapiszę, żeby mi się utrwaliło. Pisząc to, olśniło mnie! Już rozumiem, dlaczego wpadamy we wszelkie nałogi… Podobno lepiej upić się raz na miesiąc niż codziennie w ramach resetu serwować dwa piwka do obiadu.

Albo raz w tygodniu pozwolić moim dzieciakom jeść tyle słodyczy, ile zmieszczą niż codziennie przyzwyczajać je do cukru, który uzależnia na całe życie i sieje spustoszenie w całym organizmie. Robiąc rzeczy stopniowo, wyrabiamy długotrwały nawyk, który będzie nam towarzyszył przez lata.

Decydujmy mądrze bez wymyślania cudownych wymówek, zganiania na przeszłość, ludzi z naszego otoczenia, geny czy meble.

Może oni się przyczynili w przeszłości do tego, co robiliśmy, ale gdy to czytasz, każdy z nas podejmuje ostateczną decyzję o swoim działaniu. Ba! Wymówkoza i brak działania to też decyzje. Wymówki są genialne, odkryłam to bardzo dawno temu – łatwiej zgonić winę na innych niż samemu wziąć odpowiedzialność za to, co robimy. Skąd to wiem? Rozpuściłam swoje 4 litery jak mało kto! Winiłam innych za moje lenistwo i moje okropne roszczeniowe zachowanie! Po latach przyznaję się, że bardzo testowałam cierpliwość innych.

Równocześnie zamiast karania się, życia przeszłością i wiecznego dołowania nauczyłam się wyciągać wnioski i przyznałam się przed sobą, co zrobiłam. Trudne było przed sobą przyznać się, co mogłam zrobić lepiej i co popsułam. Dzisiaj jestem za to wdzięczna.

Usłyszałam kiedyś, że gdy podejmę decyzję, która płynie z serca, moje otoczenie zacznie się przerzedzać. Nowe będzie związane z nawykami, nad którymi będziesz pracować każdego dnia na swoje wspaniałe życie. Bo już jestem na nie gotowa. A przecież mogłoby mnie tu już nie być...

12 lutego

Zapraszam do mojego życia wszystkie możliwe doświadczenia. Nigdy nie wiem, które obudzą we mnie nieoczekiwaną siłę.

Bez smutku nie zauważyłabym radości.

Bez poczucia, że tak mało ode mnie zależy, nauczyłam się wierzyć, że jestem częścią znacznie większego niż ja sama. I mimo tego, że jestem jak nic nieznacząca molekuła - tak wiele mogę.

Bez strat nie widziałam, jak wiele wciąż mam. Bo mam - nawet jeśli inni widzą coś zupełnie odwrotnego.

I tracąc grunt pod nogami, zrozumiałam, że jedynym pewnikiem w życiu są zmiany.

Wszystko mija i jest cykliczne. To dobre. To złe też. Tak, jak w naturze. Trudności są wpisane w nasze życie. I dobroci też.

Każda sytuacja jest możliwością, jeśli przyglądam się jej z otwartym umysłem. Kłopoty też.

I że wszystko w naszym życiu to dar. Nawet jeśli wydaje się utrapieniem. Albo końcem świata.

Końce świata też coś zaczynają... Kochane życie. Jestem na Ciebie gotowa.

Dziękuję, że postanowiłaś to dzisiaj przeczytać.

13 lutego

Ta dziewczyna wcale nie potrzebowała mniejszego nosa. Nie musiała być wyższa. Nie musiała katować się dietami. Nie musiała zakrywać swoich piegów ani prostować niesfornych loków, bo loki były przecież niemodne.

Nie musiała się ubierać w niewygodne ubrania, wstrzykiwać botoksu i innych cudów, by wyglądała tak, jak wszyscy. Nie musiała mieć perfekcyjnego makijażu. Nie musiała bywać w towarzystwie, które przyprawiało ją o mdłości.

Nie musiała wychodzić z domu i spełniać zachcianek innych. Nic nie musiała. No prawie nic.

Musiała jedno. Słuchać i słyszeć. To takie trudne... Ten wewnętrzny głos stawał się coraz głośniejszy i nie mogła go już dłużej ignorować. Mogła wyciszać go psychotropami albo innymi chwilowymi cudami. Słuchała. Słyszała. Pisała. Dzięki temu stała się dla siebie ważna. Wystarczająca na tyle, ile umiała. I kochana taka, jaka jest, na ile to możliwe. Godzinami tuliła koty, częściej odpoczywała. I po prostu była. To wystarczyło. To naprawdę wystarczyło... Nie musiało, a wystarczyło...

14 lutego

Zakochanych Dzień... Poświęcasz mnóstwo swojego czasu, by go zaskoczyć. Bilety do kina, rezerwacja w najlepszej restauracji, wyszukany gadżet. Twoje oczekiwania są proporcjonalne do wysiłków, które wkładasz. Kocha, niech też się wykaże, myślisz... Wkładasz najlepszą sukienkę. Dla niego. Odchudzasz się od stycznia. Dla niego. Chcesz, by miał wspaniały dzień. Kochasz go i to jest ważny dzień - chcesz, by dziś poczuł się wyjątkowo. Przecież jest wyjątkowy. Tym razem wiesz, że jest tym jedynym. Dla siebie jednak zrobiłaś niewiele.

A jaka jesteś sama dla siebie, gdy nikt nie patrzy? Życzliwa i dobra? A może upokarzasz siebie na każdym kroku i dogadujesz sobie, gdy tylko masz okazję? Za gruba, za głupia, to jakiś koszmar...

Akceptujesz swoje odstające uszy, piegi i obwisły brzuch czy czujesz się nieswojo, gdy patrzysz w lustro, bo przecież pokochasz się tylko wtedy, gdy spełnisz listę wymagań, często nierealistycznych? Albo, dopiero gdy będziesz szczupła po zmniejszonym żołądku, z powiększonymi ustami i całą listą poprawionych niedoskonałości.

Spotkałam się z takim stwierdzeniem, że kochając siebie taką, jaką się jest, przyciągniesz do swojego życia osobę, która kocha samą siebie. Tak bezwarunkowo. Ja rozumiem to tak; nie kochając siebie, jest niemal pewne, że przyciągniesz partnera, który twierdzi, że kocha Cię najbardziej na świecie, ale nie będzie kochał siebie. Pewnie pomyślisz, że zwariowałam (co do tego pewnie nie ma wątpliwości, normalna nie jestem na pewno). Pozwól, proszę, że wyjaśnię, co mam na myśli.

Taki partner, chociaż pozornie jest bardzo pewny siebie, bywa często bardzo zazdrosny, gdy wychodzisz ze znajomymi. Nie ufa Ci, być może często kontroluje, sprawdza i próbuje decydować w sprawach, które powinny być Twoimi wyborami... Przecież to, jak się ubierasz czy jaką szminkę używasz, gdy wychodzisz z koleżankami, powinno zależeć tylko od Ciebie. A może w ogóle nie lubi ich i na dyskoteki nie wolno Ci wychodzić wcale, bo na pewno go zdradzisz albo inni mężczyźni będą się na Ciebie patrzeć. Jeśli się mylę, bardzo się z tego cieszę.

Jeśli jednak tak jest, to w moim odczuciu jest bardzo prawdopodobne, że boi się, że jest niewystarczająco dobry i obawia się, że jeśli nie będzie Cię kontrolował - poznasz kogoś innego, a nie masz takiego prawa, bo przecież należysz do niego (albo wbija Ci do głowy, że nikt normalny z tobą nie będzie i ten pan robi Ci ogromną przysługę, że z Tobą jest). W głowie tego nieszczęśliwego mężczyzny czarne myśli i scenariusze kłębią się jak dementorzy w Harrym Potterze. Za każdym razem, gdy nie odbierasz telefonu, dostaje szału, robi rozróby, a Ty ciągle czujesz, że to Twoja wina i robisz wszystko, żeby odebrać ten nieszczęsny telefon, gdy już łaskawie pozwolił Ci wyjść. A może już zauważyłaś, że coś jest nie tak i wciąż przekonujesz się, że tak ma być, bo się kochacie i tak się okazuje miłość. Naprawdę w to wierzysz?

Być może o tym wcześniej nie myślałaś; jeśli sama traktujesz tak swojego partnera, z partnerstwem ma to mało wspólnego. A może tak naprawdę myślisz, że jesteś lepsza od niego, wiesz, co dla niego jest lepsze i ma robić to, co mu „zasugerujesz". Być może nawet nie zdajesz sobie sprawy, że jest to spowodowane tym, że się boisz, bo nie lubisz siebie. Ja tak robiłam...

Umniejszałam mężczyznom, bo sama czułam się niewiele warta. I bałam się kochać mężczyzn, bo miałam w sobie przekonanie, że jeśli kogoś pokocham, to ta osoba umrze (tak, jak bałam się o tatę, który bardzo chorował i spędzał w szpitalu mnóstwo czasu).

A być może jest to powielenie schematu, które wyniosłaś z domu? Mama była szefową i tylko jej zdanie się liczyło przy podejmowaniu jakichkolwiek decyzji? A może po prostu nie szanowała ani taty, ani żadnego mężczyzny i dzisiaj jest to umiejętność, którą przejęłaś? Przez wiele lat nie umiałam szanować mężczyzn. Ba! Byłam dla nich okrutna i przyszedł czas, gdy musiałam się nauczyć tego szacunku. To była bardzo ważna seria lekcji dla mnie. I nie ukrywam, bardzo bolesna.

A może mama była dla Ciebie chłodna i dzisiaj (na poziomie, do którego być może jeszcze się nie dokopałaś) oczekujesz, by partner dał Ci wszystko, czego nie dała mama?

A może niech od dzisiaj będzie inaczej... Jak? Z ogromną życzliwością stań, proszę przed lustrem. Uśmiechnij się do siebie (nawet delikatnie). Wyszepcz: Kocham Cię uparciuchu mój. Cieszę się, że jesteś. Jesteś dokładnie taką, jaka masz być. Długo czekałam na ten moment. Chcę inaczej. Po swojemu. Ze szczęściem w kieszeniach. Podziękuj wszystkim kobietom w swojej rodzinie (mamie, babciom, prababciom), że nauczyły Cię tego, co same umiały, a pewnie zbyt kolorowego życia nie miały.

Zrozum, proszę, że kobieta i mężczyzna są tak samo ważni w związku i kontrolowanie i upokarzanie kogokolwiek nie prowadzi do niczego dobrego. Bo miłość to dawanie wolności i szacunku drugiej stronie. I sobie. Bo miłość to spokój w sercu. Bo miłość to życie w radości. Takiej miłości Ci życzę. I dzisiaj, i każdego dnia w roku. Gdy uaktualnisz przekonania, Twój partner się zmieni. Albo, jeśli jesteś sama, poznasz mężczyznę, który przejrzy się w Tobie, jak w lustrze i ze spokojem i pewnością zbudujecie relację opartą na szacunku, ufności i miłości.

15 lutego

Kilka dni temu doświadczyłam czegoś, co mną – delikatnie mówiąc - wstrząsnęło. Wyglądali na parę, chociaż, mogli być też znajomymi. Pan powiedział do pani z pogardą, że wygląda okropnie... Dodał jeszcze, że jeśli nie zacznie o siebie dbać, to on będzie musiał „to wszystko" przemyśleć.

Nie jestem specem od mody, jak pewnie już zdążyłaś się domyślić, do modelki jest mi daleko, ale ta ich rozmowa totalnie mnie zaskoczyła. Kobieta była zadbana, wysoka, zgrabniusieńka, z perfekcyjnym (nie za mocnym) makijażem. Żeby było ciekawiej, on był od niej o głowę niższy, trzy razy tęższy i miał bezobjawowo czyste buty.

Jako osoba, która ma opinię (delikatnie mówiąc) „oderwanej od rzeczywistości", zaczęłam się zastanawiać, jak to jest możliwe, że tak często boimy się pokazać, że jesteśmy wystarczające i nie musimy zgadzać się ani na poniżanie, ani na to, żeby ktoś mi mówił, jakie powinniśmy być. Wiem, że w każdej kobiecie drzemie siła i duma, które, gdy zostaną odkryte, sprawią, że świat będzie lepszym miejscem. Naprawdę w to wierzę.

Gdy byłaś małą dziewczynką, jak mówiła do Ciebie mama? Kto w rodzinie Cię wspierał, a kto krytykował i ciągle z Ciebie kpił i obrażał? Czy krytyk w Twojej głowie nie przypomina Ci kogoś z tamtego okresu? Kogo? Kim jest osoba, która, chociaż pewnie miała dobre intencje, być może przez przypadek nauczyła Cię, że jesteś niewystarczająca? Zamknij oczy i przypomnij to sobie. Zastanów się, proszę czy ta osoba mówiła Ci przykre rzeczy, bo chciała Cię upokorzyć czy zależało jej na tym, żebyś dobrze wypadła i nie umiała tego powiedzieć w sposób, który nauczyłby Cię odwagi, której być może Ci teraz brakuje?

Przypomnij sobie, co powiedziałaś do siebie, kiedy ostatnio przejrzałaś się w lustrze. Czy ostatnio, kiedy się w nim przeglądałaś, uśmiechnęłaś się do siebie czy mruknęłaś „jeny, porażka", „ale masakrycznie wyglądam" albo „z kruka orła nie będzie"? Czy dodałaś sobie otuchy i uśmiechnęłaś się, bo nawet nie do końca się jeszcze obudziłaś?

Jeśli sama siebie nie lubisz, jak chcesz nauczyć akceptacji swoje dzieci? Mama mojej znajomej paląc papierosa, namawiała ją do rzucenia palenia. Śmialiśmy się z tego często. Ona nie widziała w tym nic demotywującego.

A czy masz już dość zapraszania do siebie osób, które Cię nie szanują? Kiedyś zapraszałam wiele osób do domu, bo tak przecież wypada. W środku skręcało mnie, bo wiedziałam o tym, że mnie obgadują, a mimo wszystko nie umiałam postąpić inaczej. Na samą myśl czułam ogromne poczucie winy. Trwało to kilka lat... Dzisiaj spotykam się z osobami, z którymi wzajemnie się szanujemy; ufamy sobie i swobodnie rozmawiamy.

Czy kiedykolwiek zastanawiałaś się, jak bardzo zmieniłoby się Twoje życie, gdybyś postanowiła stać się najważniejszą osobą w swoim życiu? Gdybyś zaczęła wyznaczać granice ludziom, którzy obrażają Ciebie i Twoich bliskich. Którzy zawsze mają coś negatywnego do powiedzenia na temat prowadzenia Twojego życia. Którzy najlepiej wiedzą, co powinnaś zrobić. Pomyśl, proszę, czy to będzie możliwe?

Jak prawdopodobne będzie powiedzenie przez Ciebie „STOP" „źle się czuje z tym, co mówisz na mój temat", „nie zgadzam się" skoro nie masz nic miłego do powiedzenia sobie, gdy patrzysz w lustro? No jak? Pytam Cię o to dlatego, bo sama nie mogłam na siebie patrzeć... Bo sama zmieniałam swoje plany, bo plany innych były dużo ważniejsze. Usprawiedliwiałam ludzi, którzy kradli moje pieniądze, oszukiwali i śmiali mi się w twarz. Jak pewnie możesz sobie wyobrazić lista znajomych została „delikatnie" okrojona.

Jeśli ciężko jest Ci pomyśleć o sobie dobrze, być może pomoże Ci ćwiczenie, które pomagało mi. Musiałam się do niego przekonać, bo myślałam, że to jakiś banał.

Pomyśl, proszę o kimś, kogo kochasz: partnerze, zwierzaku, dziecku, kochanej książce, przyjaciółce, kwiatach. Co czujesz, gdy wyobrazisz sobie, że ich tulisz? Dokładnie opisz to uczucie na kartce. Najdokładniej jak potrafisz. Czy chciałabyś czuć takie ciepło, gdy myślisz o Sobie? Wyobraź sobie, że tak się już stało. Wyobraź sobie, że tulisz Siebie, a Twoje oczy śmieją się za każdym razem, gdy zerkasz w lustro... Zapisuj wszystko! To, co widzisz, dokładnie opisz: zapachy, dźwięki, które cię otaczają, I uczucia. Ta metoda zadziała. Pamiętaj, proszę, że nie stanie się to przez dzień czy tydzień. Regularność i życzliwość są kluczowe. Życzliwość do siebie... takie to trudne bywa czasami. Najtrudniejsze!

Zrozumiałam, że moja wartość zależy tylko ode mnie. Doktor Miłość pięknie podkreśla, że to, że żyjemy jest największą wartoscią - bez względu na to, gdzie pracujemy, ile zarabiamy i jak często myjemy okna. Bardzo rezonuje ze mną to przekonanie. W moim świecie już nie ma czegoś takiego, jak bycie lepszą czy gorszą, bo wszystko jest względne. Dodam tylko, że poczucie wartości nie ma nic wspólnego z arogancją i poczuciem, że jesteśmy lepsze niż nasze „koleżanki-rywalki" (kimkolwiek są).

Głęboko wierzę, że umniejszając i poniżając inne kobiety, poniżamy same siebie. Gdy widzimy wartość w sobie, zobaczymy też piękno w innych kobietach. Nie musimy z nikim rywalizować, bo każda z nas jest inna, w zupełnie innym momencie w życiu i nasze dusze są tu, by zebrać zupełnie inne doświadczenia. Nawet bliźniaczki, chociaż wyglądają tak samo, podświadomie odziedziczyły inne rzeczy (dziedziczenie, o którym tu mówię, dotyczy założeń nowej germańskiej medycyny, które jest niezwykle ciekawe i trafne).

Tylko my same możemy dać sobie prawo do bycia ważnymi. Żaden inny człowiek nie może tego zrobić za nas. Nikt inny też nie może nam tego prawa zabrać. Dzisiaj rozumiem, że mężczyźni nas nie poniżają. Oni odbijają w sobie nasze przekonanie o nich. Gdy jedna z celebrytek kilka lat temu mówiła o tym, że wszystko zaczyna się od podjęcia decyzji, myślałam, że to niemożliwe... Ona ma odwagę wizualizować i podłączać się pod wysoką energię i kreować nowe koncepty. Coraz więcej kobiet też ma odwagę. Ja też. Mam ogromna nadzieje, że Ty też.

16 lutego

Gdy Twój wewnętrzny głos zacznie Ci dogadywać i dołować mówiąc, że inne kobiety są ładniejsze, a Ty najlepiej nie wychodź do ludzi, połóż rękę na sercu, weź kilka głębokich wdechów i powiedz: „Przepraszam, Proszę, wybacz mi. Dziękuje. Kocham Cię". Dodaj „jestem tu i moje serce bije dla Ciebie. Jestem tu, będę tu zawsze dla Ciebie"

Ktoś określił to bardzo trafnie: „odpierdol się od siebie". I tak... są piękniejsze kobiety niż my. Zgrabniejsze. Szczuplejsze. Mądrzejsze. Co to może znaczyć? Że na świecie jest miejsce dla nas wszystkich. I dla Ciebie. I dla mnie. Dla pięknych kobiet. Dla tych piękniejszych też.

Na Instagramie, Fejsbuku, Snapchacie, na każdej platformie... inni często pokazują nam siebie takimi, jakich sami chcieliby, byśmy ich zobaczyli. To ich poglądy, to ich bajka, która z Tobą ma niewiele wspólnego. Gdy odłożymy nasze telefony, nikt z nas nie jest perfekcyjny i myślę, że życie byłoby dość monotonne, gdybyśmy wszyscy byli tacy sami super świetni.

Chociaż nie mieszkam w Londynie, często tam jeżdżę. Uwielbiam to miejsce za to, że nie spotkałam tam nigdy dwóch tak samo wyglądających osób; czarni, bladzi, mulaci, piegowaci. Uwielbiam przyglądać się ludziom, gdy jeżdżę metrem, zauważać ich kolor oczu, włosów, idealne fryzury i te zadziwiające, zapachy, które noszą, piegi, pieprzyki. A ubrania? Jedni w turbanach, inni na różowo. „Bogaci" siedzą obok „zwyczajnych", starzy obok biednych. Korporacyjni obok artystów. Pan z jedna noga, pani z piątką dzieci. A gdy zamkniesz oczy, słyszysz różnorodne barwy głosu, języki, dźwięki wymieszane z zapachem i charakterystycznym dźwiękiem metra. W wielu krajach ludzie wyglądają bardzo podobnie lub prawie tak samo się ubierają. Uwielbiam otaczać się różnorodnością i bardzo ją doceniam; nie w każdym miejscu na świecie ludzie mają komfort bycia tym, kim chcą. Ba! Za oglądanie ulubionych seriali trafiają do więzień, ich małżeństwa są zaplanowane i nie mogą mówić tego, co myślą. Często są okaleczane, nie mają dostępu do edukacji, są gwałcone i nieszanowane.

Do czego zmierzam? Pragnę, byś uwierzyła, że jesteś na tyle dobra, by być sobą – i wcale nie musisz mieszkać w miejscu, w którym mieszka ponad osiem milionów ludzi. Nawet jeśli myślisz, że koleżanki zaczną traktować Cię z dystansem czy drwiną. Swoją drogą, czy one są Twoimi prawdziwymi koleżankami, jeśli nie zaakceptują Cię taką, jaką jesteś albo chciałabyś być? Jeśli odpowiedziałaś sobie „nie", zastanów się, proszę, czy naprawdę chcesz takie mieć wokół siebie? (Pamiętaj, jesteś średnia pięciu osób, z którymi przebywasz).

Nie wszyscy mnie lubią; byłabym zdziwiona, gdyby tak było. Nie jestem Nutellą, by każdy się mną zachwycał (ten olej palmowy wymieszany z cukrem, po prostu cud!) . Tak samo nie wszyscy są w moim guście. Szanujmy wybory innych i dajmy sobie odejść, by znaleźć to, co nam odpowiada.

Jeśli osoba, którą znasz, odważy się być sobą i zrobi coś inaczej, po swojemu pogratuluj jej, zamiast poniżać (nawet jeśli to drugie jest łatwiejsze do zrobienia). Być może Ty też się kiedyś na to odważysz (jeśli już to osiągnęłaś, biję Ci owacje na stojąco). Jeśli jeszcze nie, tego życzę z całego serca.

17 lutego

W tym momencie jest około 9 miliardów ludzi na świecie. Miliony z nich jeździ do pracy w zatłoczonym metrze.

Niektórzy piją kawę na balkonach, gdy pogoda im pozwala. Inni kłamią bez mrugnięcia, kontemplując iluzje tego świata.

Inni celebrują życie kolejnym ostatnim papierosem.

Niektórzy pogodzeni z losem uśmiechają się delikatnie przy każdym podmuchu wiatru.

Niektórzy nie mają siły na nic.

Są tacy, co wolą puste plaże od tych na Ibizie.

Są pseudo celebryci, co tylko bywać umieją i deser przed przystawką dawać. I dzieci, którym czas się kończy za wcześnie.

A czasami wszystkim, czego potrzebujesz, jest tylko jedna, by wszystko nabrało sensu.

Aby wiosna przyszła.

18 lutego

Czy wiesz, że nawet mały człowiek może zmieniać świat? Mały, nijaki, ten gdzie nigdzie nie pasuje.

Ten ze spuszczoną wiecznie głową zgarbiony jak swój własny przodek.

Ten, co myśli, że nic nie umie ani nie może - i ten, który myśli, że do niczego się nie nadaje.

Ten, co płacze w ukryciu przed światem. I ten, co udaje, że ma już wszystko, choć kupił wszystko i więcej nie może.

Ten, co żyć już nie ma siły, i ten, co przecież na świat się nie prosił.

I chudy, który głodzi się tak bardzo, żeby wreszcie zniknąć i nie przeszkadzać

I ten, co upijanił się tak mocno, że zapomniał, jak się nazywa i chce, by tak już zostało.

Ten, co ma głowę chorą, bo za dużo widział. Ten, co ma dość siniaków i blizn.

Ten, któremu za smutno żyć na tym durnym udawanym świecie.

Ten, co martwy jest za życia i ucieka od siebie we wszystko, co popadnie.

Ten, co mówi, że kocha, a nie umie spojrzeć na siebie z życzliwości odrobiną. Każdy z nas zmieniać świat na lepsze może.

19 lutego

Z instagramowego punktu widzenia mam niedopuszczalną wagę. I blizny na kolanach, które podobno bardzo mnie szpecą. Moje kolana nie mają uszu i nie słyszą żadnych docinek i nie przeglądają się w lustrze, więc słusznie podejrzewasz, że mają się świetnie.

Mam mnóstwo ważniejszych rzeczy powodujących uśmiech niż przejmowanie się wysoką wagą (zaczęłam ćwiczyć, żeby być zdrowsza, a wagę oddalam). Jakich?

Przyjaciele, którzy są blisko, nawet gdy mieszkają setki kilometrów od mojego domu. Morze, które zawsze na mnie czeka. Dzieci. Bo tak. Odwaga, której mam mnóstwo. Kraj, w którym żyję spokojnie i nie jestem niczyim wrogiem. Możliwości, których jest zawsze sporo. Rozwiązania, które pojawiają się zawsze, gdy jestem na nie gotowa. Mama, z której jestem mega dumna. Siostry, które mają prawo do swoich decyzji. Życie, które każdego ranka daje kolejne szanse. Szanse na upieczenie cudownych Krawieckich-wcale-nie-odchudzających ciast.

A Ty? Jakie są Twoje powody do uśmiechu? Zapisz je koniecznie na kartce. Dodawaj jedno dziennie do listy i trzymaj je w widocznym miejscu. Gdy jest smutniej, zerkaj tam często. Polecam umieścić Ci swoją listę w miejscu, w którym często przechodzisz – Twój ukochany umysł będzie sobie przypominał o każdym dobrym słowie, nawet jeśli nie będziesz zwracała już na nią uwagi.

20 lutego

Łatwiej jest pisać na pustej kartce.

I nalać dobrej kawy jest łatwiej do pustego kubka.

Dużo lepiej też smakuje, gdy nie jest wymieszana z resztką poprzedniej. Nie pytaj, skąd wiem. Słyszałam i już.

I o rozwiązanie prościej, gdy głowa przewietrzona z nadmiaru życia i pofałdowanych łańcuchów trosk świata i okolic.

Spokojniej jest żyć bez przywiązań i nadmiarów. Zbędnych pretensji, założeń, emocji.

Zewnętrzne rzeczy. Śnienie snów cudzych.
Cudze pragnienia i zasady...

Im mniej ich, tym własnego bogactwa więcej. Własnej własności.
Ciszy wartej miliony słów. Spokoju.. Spokoju. Siły.
I wdzięczności

21 lutego

A co, gdyby odmierzać czas kwiatami?
Krokusy i nieśmiałe przebiśniegi, Gdy zima, choć śniegu nie ma

Tulipany takie jak u mamy i tony żonkili, Gdy wiosna
Cudowne magnolie, co oczy cieszą
I słodko-różowe jabłonki, które lubimy wszyscy.

W maju wszystko wariuje kwitnie wszystko na raz
Czeremcha... choć w dzień jak okropne badyle,
Wieczorami szumią kochane duszne historie.

Kasztany, bzy i głogi
Gałęzie lepem oblepione bieli wspaniałością

Stokrotkowe dywany zalewają rzeką kwiatów nudne trawniki,
byś uśmiechała się zawsze

gdy jedziesz do pracy i nie masz powodu.

Świergoty i krzyki trzpiotów skrzydlatych
Życie niosące z trzepotem kochanym Sacrum w czystej postaci.
Sielanka święta, co w głowie wciąż siedzi.

I tylko niezapominajka z nadzieją spogląda
na ciebie z ukrycia jak mantrę powtarza, w myślach raz po raz;

Pamiętaj o nas zawsze.
Nie zapominaj nigdy.

Raz po raz czekamy, Byś nauczył pamiętać o nas tym,
którzy nas jeszcze nie znają I przypominać tym,
co już zapomnieli...

Byśmy mogli im pomagać w czasu odliczaniu
gdy zegary i mapy przestaną dawać wartość

Specjalnie zgubione, bo za nowoczesne
i jakoś tak straszne.

By kłamać nie musiał
że pamiętasz, choć płaczesz z przeklętej niemocy.

22 lutego

A gdy w niebo spojrzysz, wodospady gwiazd zobaczysz. Balon, który uciekł niezdarnym rączkom i spłakanej buzi. Szerokie ramiona, które tulą, gdy smutno.

Setki okien w zagadkowym blokowisku, które niewyjaśnioną tęsknotę budzi.

Chmur oceany, czekają, byś je dojrzał i zachwycił się nimi. Dotyk rumianego i uważnego słońca, które tka koronkę z cienia słomkowego kapelusza.

Burze, po których zawsze przychodzi spokój.

Księżyc, co oprócz pływów bezpardonowo dokuczliwo-bezsenne noce przynosi.

I na cztery łapy spadające koty, na szczęście podobno.

Samoloty co lecą tam, gdzie ludzie podobno są szczęśliwsi, choć płacą za nie słono.

Fajerwerki odmierzające kolejny rok.

I nadzieję, że wszystko jest dokładnie takie, jakie ma być.

23 lutego

Gdziekolwiek jesteś, zostawiaj nieśmiałe drobinki blasku, by inni mogli zauważać, przeglądać się w nich i rozpromieniać.

Gdziekolwiek jesteś, zostawiaj nadzieję, by inni mogli znajdować je, zaglądając do mrocznych i głębokich studni życia, myśląc, że czeka ich tylko rozpacz.

Gdziekolwiek jesteś, zostawiaj życzliwy uśmiech, by rozjaśniał mglisto-szare poranki ludzi, którzy czekają na przystankach. Podobno jadą przecież do arcyważnych miejsc.

By gdziekolwiek jadą, zauważali:

uśmiech odbijający się od zaparowanej szyby.

rączki i ręce, dla których są całe światem.

kawę z cynamonem w zielonookim towarzystwie. - małe kroki, które wymagają nadludzkiego wysiłku.

że wszystko, przez co przeszli doprowadziło ich właśnie do tego miejsca...

swój własny blask. Dziś. Jutro. I już zawsze.

24 lutego

Nie oglądam wiadomości, Trudnych Spraw, M jak Meczu, Transmisji ze spotkań religijnych. Nie oglądam niczego, co sprawia, że się denerwuje... Nie czytam też codziennych gazet.

Dlaczegóż to? A toż dlatego, że nie wnoszą niczego dobrego w moje życie. Programują nas na strach i niemoc. Co to znaczy? Że w kółko oglądając trudne rzeczy, na które nie masz żadnego wpływu, zaczynasz tracić wiarę, że warto żyć i że świat jest bezpieczny. A wierzę, że świat jest dobry. Coraz więcej ludzi się budzi i chce coraz bardziej świadomego życia. To wspaniała wiadomość.

Nie mogę zmienić tego, co się pokazuje w telewizji. Gdybym mogła, byłoby więcej dobrych informacji o świecie. O ludziach, którym się chce robić to, co trudne. O pasjach. O maciupkich cudach.

Wolne media są ważne. Arcyważne! Czwarta to władza przecież. Ale chyba już nie istnieje... Życie bez telewizora jest chyba jeszcze piękniejsze... Tak piękne, że wolę patrzeć na drzewa w lesie niż na reklamy, które namawiają do kupowania leków na wszystko, zamiast wziąć odpowiedzialność za codzienne wybory, które mogą wielu chorobom zapobiec lub je zniwelować. A Ty? Jeśli myślisz, że przesadzam, zapraszam Cię do eksperymentu. Przykryj telewizor chustą (albo zwykłym prześcieradłem) na tydzień i oznajmij rodzinie, że przez tydzień będziecie żyć bez telewizora. W tym czasie też nie czytaj żadnych wiadomości. Zobaczysz, jak wiele zyskasz czasu i jaka staniesz się spokojna. Nie wierzysz mi? Masz do tego absolutne prawo…

25 lutego

Czy wiesz, że gdy ktoś obsesyjnie o Tobie myśli (albo tylko o Tobie pomyśli przez ułamek sekundy) „podłącza się pod Ciebie" i to, co masz najcenniejszego. Twoją energię! Gdy ktoś ma złe intencje, możesz zacząć się źle czuć, miewać chandry, a nawet bardzo uciążliwe bóle głowy. Ba! Możesz się nawet bardzo rozchorować.

To nie żadne wróżenie ani zgadywanie; przeprowadzono wiele doświadczeń na ten temat (o czym wspomniałam wcześniej). Być może znasz eksperyment z dwoma słoikami. Wsypano do nich sypki ryż. Do jednego słoika mówiono wysoko wibracyjne słowa (kocham cię, jesteś świetny, lubię cię, puszczano wysokowibracyjna muzykę, etc.) a do drugiego mówili niskowibracyjne frazy (zabiję cię, nienawidzę cię, wojna, puszczano muzykę pełną nienawiści). Po kilku tygodniach słoik „któremu dogadywali" zaczął gnić, ten pierwszy z kolei sfermentował tak, jak założono. Naukowcem, który przeprowadził to doświadczenie, był Tezy Emoto.

Dźwięki to również wibracje. Jest mnóstwo badań na ten temat! W dodatku nasze ciało składa się z około 70 procent wody, więc bardzo ważne jest, jakimi dźwiękami się otaczamy. Sposób, w jaki do siebie mówimy, piosenki, których słuchamy i wszelkie dźwięki, którymi się otaczasz, mają określone wibracje, które mają na nas ogromny wpływ.

Wodę pochodzącą z tego samego źródła poddawano oddziaływaniu różnych czynników, różnych rodzajów muzyki, naklejano na pojemniki napisy o różnym zabarwieniu emocjonalnym, ustawiano naczynia na różnych fotografiach i po jej zamrożeniu okazywało się, że obraz krystaliczny jest w każdym przypadku inny. To potwierdziło, że woda ma właściwość zapisywania w swojej strukturze dźwięków, obrazów, myśli i emocji. Zamrożoną wodę zbadano pod mikroskopem. Tej, której puszczano muzykę poważną, wyglądała, jak idealne płatki śniegu. Struktura „wypełniona nienawiścią" była ciemna i rozpadała się. To sugeruje, że nie tylko inni ludzie mają na nas wpływ. Sposób, w jaki do siebie mówisz, piosenki, których słuchasz i wszelkie dźwięki, którymi się otaczasz, mają określone wibracje, którymi przesiąkasz. To ogromnie wpływa na samopoczucie całej rodziny.

Gdy ktoś Cię nienawidzi albo nie podoba mu się Twoja decyzja, może wdrukować Ci swoje myśli i często nie czuć, że coś jest nie tak, ale nie będziesz wiedzieć, co się z Tobą dzieje. Możesz nawet zacząć mieć myśli samobójcze lub czuć, że nic w życiu dobrego Cię nie spotka.

Warto nauczyć się zatrzymywać i rozpoznawać wszystko, co należy „do nas". Możemy też nauczyć się blokować to, co nam nie służy.

Jeśli chcesz zgłębić ten temat, zachęcam do wyszukania informacji o poziomach energetycznych, wibracjach oraz wibracjach wody. Dla mnie to było odkrycie Ameryki. W połączeniu z odkryciami, które wymieniłam, wykłady Oprah Winfrey, Gosi Górnej, Zbyszka Popka (oraz wielu innych) moje życie zaczęło być coraz bardziej świadome.

26 lutego

Dojrzewałam do tego latami. Dziś to chyba ogarniam. Równocześnie rozumiem i szanuję, jeśli masz inne zdanie na ten temat. Rodzice nie są od tego, żeby ich czcić. Stwierdzam to jako rodzic, a także jako dorosłe już dziecko. Nie musimy ich wybielać, kłamać za nich, tłumaczyć ich wybory, zawiści i podłości. Tak samo nie ma co wybielać nas, nawet jeśli na to liczymy.

Nie musimy zgadzać się na niesprawiedliwe traktowanie. Ani na zganianie na nas nie naszych win. Byliśmy dziećmi. Teraz jesteśmy partnerami do rozmowy - żadnymi workami treningowymi ani czarnymi owcami! Kiedyś też byliśmy, ale pewnie mało kto miał potrzebę poznania, że też mamy głos... Chrońmy siebie i swoje zdrowie psychiczne. To nasz obowiązek.

Często wymagają od nas szacunku i oddania traktując nas często jak obcych ludzi. Na szacunek każdy człowiek musi zapracować sam; bez względu na to, czy mówimy o sąsiedzie, pani z telewizji, czy rodzicu właśnie.

Nie musimy się dla nich poświęcać, tak samo jak nasi rodzice nie musieli poświęcać się dla nas. Tak wybrali. My też robimy rzeczy po swojemu. Możemy się poświęcać, jeśli czujemy taką potrzebę, jednak jeśli czujemy przymus - warto zastanowić się jak długo nami manipulowano i dlaczego się czujemy podle, gdy chcemy powiedzieć, co naprawdę czujemy. To tyczy się też naszych dorastających łobuzów.

Tak jak my możemy się rozwijać i zmieniać, to samo mogą robić nasi rodzice. Wszyscy mamy dostęp do wiedzy i informacji. Odłóżmy wymówki na bok. Przestańmy już dorabiać jakieś ideologie... Nie zmieniają się, bo nie chcą i już. Wiek nie jest wymówką. Lenistwo i autorytet tym bardziej.

Rodzice pokazywali nam świat. Uczyli nas ważnych podstaw. Wyznaczania granic. Zauważania konsekwencji naszych wyborów. Uczyli nas wszystkiego, tak jak umieli. Tak, jak sami byli nauczeni. Ich pewnie nikt też nie uczył; ich rodzice nie umieli odnaleźć się po wojnie, na której doświadczyli często niewyobrażalnego.

Nasi rodzice też się bali. Być może byli bici i wyzywani. Oddawani do tygodniowych żłobków w zapomnienie... Być może byli niekochani miłością, jakiej potrzebowali (takiej, jakiej sobie wyobrażali). Być może noszą wiele traum, w tym wojennych. Jeśli chcą - znajdą sposób na spokój w sercu. Praca z wewnętrznym dzieckiem przyniesie skutek w każdym wieku. Zrobienie porządku. Spojrzenie tam, gdzie ciężko jest spojrzeć.

Rodzice są od wspierania i kochania. Uczenia samoakceptacji i tolerancji. Uczenia pokochania siebie, by nie musieć zachowywać się w określony sposób, żeby być cokolwiek wartym. Przynajmniej w teorii...

Podziękujmy im za wszystkie podarunki, które dawali nam przez całe życie. Weźmy ich specyficzną miłość i trzymajmy w sercu. Równocześnie oddajmy im wszystko to, co nam już nie służy. Zwróć im wszystkie niechciane i niszczące prezenty.

Mają prawo nasi rodzice odciąć się i żyć swoim życiem. Czy się nam to podoba - czy nie. My też mamy prawo to zrobić, jeśli nas niszczą mentalnie. Jeśli prowokują do nienawiści, kłótni i wyzyskują. Lub jeśli ich uzależnienia zaczynają nas niszczyć. Pamiętajmy, że to my mamy zrobić w ich stronę pierwszy krok. Bo żyjemy dzięki nim. Oni tego kroku zrobić nie mogą, bo zaburza to porządek rodowy. Rodzić nie może wisieć na dziecku.

Rodzic. To brzmi tak dumnie... Mam nadzieję, że kiedyś stanę się taką mamą, która da swoim dzieciom mocny kręgosłup moralny. Nauczę je wszystkiego, co sama wiem (pewnie nie będzie to sprzątanie ani malowanie). Gdy będą gotowe z miłością i wdzięcznością dam im pofrunąć. Będą wiedziały, kim są. Nauczę je, by miały odwagę obrać kierunek, na który się zdecydują.

Dam im szansę uczyć się na błędach i by zawsze wiedziały, że mogą wrócić, gdy zabłądzą lub coś spieprzą. Z szacunkiem. Jak partnerzy dążący do win-win, nawet jeśli dzieli nas światopoglądowy ocean.

A ja zawsze będę im kibicować. Bo jestem ich mamą. To ogromny zaszczyt mieć taką możliwość. To też rozumiem po latach pretensji.

27 lutego

Kiedyś bym napisała, że masz absolutny obowiązek być szczęśliwą. Masz obowiązek dbania o siebie i swoich bliskich. Nie masz takiego obowiązku. Tak naprawdę nie musisz robić niczego. Ale możesz.

Kiedyś bym myślała, że życie jest tak idealne, jak to na Fejsbuku i że wszystko jest piękne i słodkie. Na całe szczęście nie jest. Życie jest po to, by doświadczać wszystko, co nas rozwija, niekoniecznie to, co jest łatwe i miłe. Po kilkunastu latach wycierania mleka, które rozlałam (a udawałam, że go nie widzę, więc niewytarte zaschło), i musiałam je zdrapywać nożem, żeby zeszło – już to rozumiem.

Odważyłam się i sprawdziłam, co jest po drugiej stronie strachu. Mam nadzieje, że też spróbujesz. Ściskam Cię mocno.

28 lutego

Kilkanaście lat temu po raz pierwszy zostałam mamą. Zostałam najważniejszą osobą, czując, że sama jestem warta tak mało. A może i mniej niż mało...

Nie rozumiałam, że poznałam człowieka, w którym mogę odbijać się, jak w lustrze. W lękach, w tupaniu o uwagę, w życiu, którego uczymy się oboje.

I że tylko pracując nad własnymi demonami, a nie rozkazując, mogę czegokolwiek Ciebie nauczyć cudowny człowieku. Pokazujesz mi wszystko, na co sama nie miałam odwagi spojrzeć przez wiele lat. Tak, uczysz mnie odwagi. Stawania do życia, gdy łatwiej było mi do zmarłych. Stawania za sobą, gdy łatwiej było uciec. Konsekwencji, która jest mega trudna.

Te góry prania kiedyś się skończą.

Ślady rączek zamienią się w wypolerowany stół. Porysowane ściany sztuką na kolejne pokolenia.

Rozsypane zabawki, o które potykałam się nocami, zaskoczą swoim brakiem. A korale z makaronu zastąpią okropną modą z internetów i okolic.

Pytanie o wszystko odbijającą się od ścian ciszą.

Niezjedzone obiady, kwestionowanie wszystkiego, dziwna moda, wagary, prace domowe błagające o litość - miną bezpowrotnie...

Niezrozumiane minie, zanim zdołam cokolwiek pojąć.

Lekcje, które pokazujesz mi czy tego chcę, czy nie. Twoja wyrozumiałość i cierpliwość na moje głupoty. I moja cierpliwość na to, czego jeszcze nie rozumiem.

Jesteś moim największym nauczycielem synku.

Na te i każde kolejne urodziny dziękuję, że właśnie mnie wybrałeś na swoją mamę.

Mama

1 marca

Przez wiele lat czułam się jak tchórz. Było mi wstyd, że żyję w kraju, w którym mam łatwiej niż moja rodzina, która została w Polsce. Czułam się winna, że mam możliwości, których nie miałabym, gdybym została nad moim najpiękniejszym morzem na świecie.

Przyjechałam do Anglii kilkanaście lat temu. Jestem wdzięczna, że mimo paraliżującego niepokoju wyjechałam do kraju, który stał się moim domem.

Za to, że mimo śmieciowego jedzenia i rozleniwiającego systemu ludzie nie są prześladowani ani wykpiwani przez inne narodowości za to, że robią rzeczy po swojemu (podobno to robią tylko zazdrośni Polacy, których kole w oczy to, że inni mogą ruszyć swoje cztery litery i robić więcej niż oni. Nikt inny nie wytknie nam błędu gramatycznego, polskiego akcentu i tego, że niepoprawnie używamy Present Continuous).

Gdybym nie wyjechała z mojej magicznej wioski, dalej byłabym zakompleksioną, płaczliwą, zrzędliwą i nieszczęśliwą kobietą, która zawsze szukałaby winy w innych. Nie musiałabym tłumaczyć się z mojego chamstwa, biernej agresji ani z poniżania innych. Nie musiałabym stawić czoła moim traumom.

Pewnie bym się już wypaliła zawodowo i utknęłabym w mule monotonnej codzienności. Bycie nauczycielka w Polsce jest nie lada wyczynem.

Zazdrościłabym innym odwagi. Byłabym kłótliwym obgadująco-zrzędząco-kombinującym psem ogrodnika z nosem w telewizorze, którego pewnie ślepo bym słuchała. W zupełnie nowym środowisku okazało się, że wiele moich przekonań bardzo szkodziło i mi, i ludziom, którzy byli koło mnie. Na szczęście żadnego z nich nie straciłam, chociaż bardzo ich testowałam (i sama pewnie bym na ich miejscu odeszła). Nauczyłam się empatii, win-win, synergii, zajęcia swoimi sprawami i pracowaniem nad własnymi słabościami, których jest więcej, niż kiedykolwiek przypuszczałam.

Byłabym zgorzkniała od wiecznej walki z systemem, który na każdym kroku ubliża nie tylko kobietom „dającym w szyję" i na pewno zapijałabym swoje frustracje...

Pewnie nie pisałabym. Nawet bym o tym nie marzyła. Ani nie cieszyła się z małych rzeczy. Dzieci byłyby powodem do narzekań, a nie do coraz bardziej świadomej nauki cierpliwości.

Plączący się pod nogami kot byłby powodem do przeklinania, zamiast do czułości. Nie odnalazłabym siły, którą odkryłam dopiero wtedy, gdy już nie chciałam się więcej obudzić.

Ani nie poznałabym historii mojej rodziny. Nie nauczyłabym się życzliwości dla innych. Ani dla siebie.

A może gdybym została w Polsce, byłoby podobnie, a może nawet lepiej? Na tym chyba polega piękno i przekleństwo podejmowanych decyzji. Chociaż według Dolores Cannon, podejmując decyzje A, symultanicznie żyjemy na równoległym poziomie świadomości, w którym podejmujemy decyzje B i żyjemy w alternatywnym wariancie, który wybraliśmy.

Tak czy inaczej, na tym „ziemskim" poziomie podejmując decyzje A, nie wiem, co by było, gdyby... Na tym polega piękno naszego życia. A może w Polsce żyłoby mi się lepiej niż w Anglii? Może kiedyś tam wrócę i będę najszczęśliwszym człowiekiem na ziemi? Kto wie...

2 marca

Dla mnie odwaga to nie tylko skakanie po wysokich dachach.

To wstawanie, gdy każdy oddech boli i dusi niewidzialnym łańcuchem.

To zrywanie niezapominajek, które kochasz z dzieciństwa, gdy inni oczekują, że przyniesiesz im tulipany.

To spoglądanie w lustro i dojrzenie milimetrów niebieskiego nieba, gdy chmurzy się od tygodnia.

To mówienie trudnych słów, które zawsze chciałaś wypłakać, a czułaś, że nie było Ci wolno. I zrozumienie, że kiedyś być może byłaś małą dziewczynką i nie Ty zawiniłaś, a sytuacja, w której się znalazłaś, nie powinna się wcale wydarzyć i mimo wszystko fantastycznie sobie poradziłaś. A może nie było niczyjej winy i każdy próbował przetrwać i robił wszystko tak, jak najlepiej umiał.

To krzyczenie i głośne mówienie o tym, co ważne, gdy nie wypada, bo trzeba być grzeczną dziewczynką. Te ściśnięte gardło wykrzyczeć wypada przecież.

To zrozumienie, że jesteś wystarczająco dobra taka, jaka jesteś. Że każdy fuck up, który wypierasz to też część ciebie i wypierając go - wypierasz cząstkę siebie. I że bez zaakceptowania tego nie ruszysz ani na milimetr. Albo, jeśli ruszysz i zdobędziesz życiowe Kilimandżaro – będziesz wciąż musiała wrócić do punktu A, bo być może tego nawet nie zauważysz.

To poproszenie o pomoc. Nawet jeśli myślisz, że Ci jej odmówią. Nawet jeśli jesteś super-matką-Polką. Nawet jeśli nie wypada zawracać gitary i wstyd przyznać się, że nie masz już siły. Uwierz mi, proszę, wszyscy o tym wiedzą i zastanawiają się, ile jeszcze będziesz przed sobą wypierać.

To trwanie, szukanie, choć grama potwierdzenia, że mimo wszystko warto - szczególnie, gdy w środku skręcasz się z rozpaczy.

Bo przecież warto… nawet jeśli jeszcze tego nie widzisz serducho…

3 marca

Dajmy przestrzeń ludziom, którym brakuje czasu na nas. Którzy są za bardzo zajęci, by się z nami skontaktować, a odpisują tylko, dlatego że napisałyśmy pierwsze. Którzy nie znajdują minuty w ciągu doby, aby odpisać na SMS-a – ani godziny w ciągu miesiąca, by napić się z nami kawy. Być może skończyły się wam tematy do rozmów... a my tego nie zauważyliśmy albo nie chcemy się do tego przyznać.

Nie ma potrzeby wpędzania innych w poczucie winy: każdy ma swoje zabiegane życie i każdy ma prawo spędzać je tak, jak tylko chce. Każdy niesie to, co trudne i próbuje sobie radzić z życiem tak, jak umie.

Może ktoś zwyczajnie nie ma ochoty się z nami kontaktować? Może głupio się wycofać ze znajomości z nami; bo to rodzina, bo obiecała coś pod wpływem chwili i teraz nie wie, jak się wycofać z tej sytuacji, żebyś przypadkiem się nie obraziła... Bo to, co was kiedyś łączyło, nie jest już takie ważne i trudno się do tego przyznać.

Albo ma dług wdzięczności, którego nie potrafi spłacić i ma dość płaszczenia się przed tobą?

Być może to my się zmieniliśmy – sama być może pomyślałaś, że odkąd mamy nowych znajomych – kontakt bywa wymuszony i pretensjonalny.

Być może moje poglądy, które narzucam przy każdym spotkaniu, mają coraz mniej wspólnego z neutralnością i dystansem, który tak przyciągał innych. Albo odwrotnie... Zamiast przytakiwać, nauczyłam się i bronię swojego zdania – co wcale nie jest proste – i już nie pozwalam, by inni ludzie byli obrażani w mojej obecności. Czasem z godnością, czasem z krzykiem, ale nareszcie staję po swojej stronie.

Być może coś się po prostu wypaliło; wspólni znajomi lub nowi partnerzy ciągle się kłócą, podjudzają i dopiekają, a ja w środku zamiast chęci szczerej rozmowy... czuję obojętność i spotykanie się z nimi, jest ostatnią rzeczą, której chcę.

Kiedyś pewnie zrobiłabym z siebie ofiarę, przecież jak tak można – dzisiaj robię coś innego - Dziękuje za wszystkie dobre chwile. Tak ich dużo było przecież.

Z całego serca życzę Ci jak najlepiej – i być może po raz pierwszy od lat zajmuję się swoim życiem. Daje sobie przestrzeń do bycia sobą, nie umniejszając ani nie wyolbrzymiając sytuacji. Pewien etap się kończy i to też jest w porządku.

Unikam niewypowiedzianych pretensji, goryczy i panoszącej się roszczeniowości. Wiesz, co jest w tym najpiękniejsze?

Nikomu nic nie muszę mówić. Każdą sytuację rozwiązuje tu i teraz. W mojej głowie. Piękna jest dualność człowieka.

Odejdź i daj swoją nieobecność ludziom, którzy chcą żyć po swojemu. Mają do tego prawo, tak samo, jak i Ty. Podobno, żeby otworzyć nowe drzwi, zamknięcie poprzednich pozwoli uniknąć chaosu. I pożegnać się (być może tymczasowo) z godnością i szacunkiem. Bo one należą się nam wszystkim.

4 marca

A w kalendarzu zobaczyłam, że dziś jest dzień gramatyki (nuuuda) i dzień otyłości. Nie jestem gramatyczną nazistką i jakoś nie mam potrzeby poprawiania innych, żeby podreperować swoje ego... Kiedyś tak było i na szczęście już mi przeszło.

Ale przyczepię się do dnia grubasowania. Kto normalny świętuje otyłość? Czemu z nią walczymy, zamiast spróbować się z nią wewnętrznie skontaktować i zrozumieć jej przyczyny (które często nie należą do nas)? Przecież już samo pojęcie „walki" nas sabotuje i podświadomie stawiamy jej opór.

Czym ona jest dla mnie? Politowaniem innych, bo nie ogarniałam, a udawałam (najbardziej przed sobą), że jest super hiper zajefajnie.

Bywała wstydem, szczególnie wtedy, gdy jedyne, w co się ostatnio mieściłam to buty, szalik, i kolczyki.

Konsekwencją nieradzenia sobie z emocjami i brakiem adekwatnej komunikacji do mojego wieku.

Brakiem pokochania siebie. Oderwaniem od rzeczywistości. Przecież lustro kłamie, a ubrania skurczyły się w praniu. 40 kilo nadwagi to sporo, a gdy udawałam, że jej nie ma, miałam wrażenie, że dużo więcej.

Traumą, która chroniła mnie przed światem. Smutkiem, który zalegał w moim ciele, bo nie czułam się bezpiecznie w moim życiu. O tym dowiedziałam się na jednej z sesji u terapeuty (nie zmieniając w sobie nic, w tydzień ubyło mi kilkanaście centymetrów).

Moją ignorancją. Dopiero dziś rozumiem, co narobiłam, zapychając się, nie odżywiając. Lenistwem; jedzenie byle jak, byle gdzie, byle co.

Szukaniem drogi na skróty zamiast powolnej zmiany pod okiem profesjonalisty. Kogoś, kto ma o tym pojęcie... na zawsze, zamiast na chwilę.

Połową mojego życia.

I wiesz co? Mimo wszystko moja waga nigdy nie była wymówką, żeby nie pływać w morzu. Ani żeby podróżować, tańczyć, zwiedzać czy poznawać nowych ludzi.

Była brakiem wiedzy, konsekwencji, dobrych nawyków... ogromnym zaniedbaniem. Była też brakiem (i dalej potrzebuję) życzliwości do najważniejszej osoby w moim życiu. Dzisiaj rozumiem, że potrzebowałam skupienia, szacunku i czasu, by usłyszeć swój wewnętrzny głos...

Kiedy zaczęłam szukać rozwiązania? Gdy już nie miałam siły, żeby żyć od tego dźwigania życia. Tak naprawdę rozwiązanie przyszło, gdy byłam na nie gotowa.

Zrozumiałam, że zdrowie jest jedną z rzeczy, których nie można kupić. Nie powiesz przecież pani Chodakowskiej: Ewka, masz tu kasę, weź za mnie schudnij. Bo to codzienne dbanie o siebie. Szczególnie wtedy, gdy się nie chce. To szacunek do bólu, robienie czegoś bardzo niewygodnego, czegoś zupełnie nowego. Podobnie jest, gdy idziemy do lekarza. Traktujemy go przedmiotowo, oczekujemy, żeby tabletka nas uzdrowiła, nie biorąc odpowiedzialności za nasze codzienne wybory.

Obchodzę ten dzień jako dzień świadomego zauważenia i dbania o siebie. Moja waga przy tym nie ma już większego znaczenia. Ba! Ona nie ma żadnego znaczenia!

5 marca

Dziś rano trafiłam na film Jonny Jinton, szwedzkiej artystki mieszkającej na końcu świata. https://www.youtube.com/watch?v=UqU-19dR0bFE Układała kamienie... Jeden na drugim, znajdując między nimi balans. Czasami zajmowało to kilka minut, a czasami kilka godzin... Każdy, nawet najmniejsze zachwianie wpływało na całość...

Opowiada o unikalności i fenomenie tworzenia tego typu sztuki.. Podobnie jak w naturze, w życiu jedyną stałą jest zmienność... Nawet jeśli jesteśmy przekonani, że mamy wszystko pod kontrolą, w ułamku sekundy sytuacja może odwrócić się, nie pytając nikogo o zdanie.

Uśmiecham się do siebie i z całego serca zapraszam Cię do obejrzenia procesu tworzenia niemożliwego.

Koncept robienia rzeczy niewykonalnych przywołuje mi w pamięci momenty, w których mój tata powtarzał, że naukowcy udowodnili, że delikatne skrzydełka bąka nie są proporcjonalne, a on sam jest za ciężki i nie ma opcji, żeby poleciał. Bąk o tym jednak nie wie - i lata. Kiedyś śmiałam się, bo to przecież był żart... Dziś widzę w tym dużo więcej. Dla mnie to klucz do bycia sobą...

Jeśli myślisz, że stoisz w miejscu i nie ma wyjścia... ten krótki filmik może bardzo otworzyć Twój umysł i pozwoli zatrzymać się w automatycznym życiu.

Złapiesz oddech i usłyszysz siebie... Wyjście istnieje, nawet jeśli Ty go jeszcze nie dostrzegasz - lub Twój umysł nie dopuszcza opcji, którą podpowiada serducho.

Jonna robi coś, co przez lata uważałam za niemożliwe. Przecież te kamienie są klejone! Photoshop! To jakieś sztuczki- wymądrzałam się na lewo i prawo...

Analogicznie w życiu też podobnie odnosiłam się do sytuacji, które spotkały innych... Do czasu, gdy sama znalazłam się w sytuacjach, które wymagały ode mnie wsłuchania się w siebie i odrzucenia tego, co myślą najmądrzejsi tego świata. Do trudnych czasów, gdy musiałam się wyciszyć i wykazać niebywałą cierpliwością i wytrwałością. Moje wymądrzanie się, wywyższanie i manipulowanie sobą i innymi musiałam zamienić na solidne fundamenty... To wymagało mnóstwo pracy. I pokory.

Po latach walczenia ze sobą rozumiem, że moje myśli są tylko myślami, które ktoś mi wcześniej (świadomie mniej lub bardziej) wdrukował - i mogę zmienić razem z przekonaniami, przez które byłam swoim największym wrogiem.

Z całego serca życzę Ci, byś uwierzyła w niemożliwe. Film Jonny mogą zapoczątkować w Tobie coś wspaniałego.

Bardzo polecam Ci jej film z dźwiękami pękającego lodu na jeziorze oraz ten pod tytułem „A message that will Change your life". Gdy zdobyła 4 miliony subskrybentów, zapytała ich jaką wiadomość dla świata by przekazali dla 4 milionów ludzi. Dostała wtedy tysiące filmików i skompilowała je w jeden z ważniejszych filmów, które obejrzałam w sieci. Ten film pokazuje, że jesteśmy jednością. Że nie jesteśmy sami... Chciałabym, żeby trafił do całego świata i mam nadzieję, że też go obejrzysz.

6 marca

Możemy oszukiwać wszystkich dookoła. Znajomych. Partnera. Siostrę. Mamę. Dzieci (te duże i te małe zresztą też bez mrugnięcia okiem). Filtrami możemy zamaskować każdą niedoskonałość. Rozpacz wyuczonym uśmiechem. Fałdę dobrze skrojoną kiecką.

Siebie też możesz, nie na dłuższą metę jednak.

Nawet jeśli udajemy przed znajomą, że trzymamy się diety, ale nie chudniesz przez hormony- dokładnie wiemy, ile zjadłyśmy czekoladek. Mamy ich przecież całą tajną skrytkę. Znamy ich dokładną kaloryczność. Poczucie winy wydaje się mniejsze, gdy przed sobą udajemy.

Kolorowe drinki, po których ciut za często urywa się film albo pobolewa głowa, choć udajesz, że to nieprawda.

I udawanie przed przyjaciółkami, że mąż jest cudowny, a tak naprawdę przegrał w ruletkę wasze oszczędności życia. Trudno o tym mówić. Trudno o tym jest myśleć. Poza tym to nie jest niczyja sprawa.

Kontrolowanie partnera na każdym kroku. Okłamywanie go. I siebie, że jesteś szczęśliwa. Bo mama i babcia też udawały, chociaż chodziły z siniakami pod oczami i wtedy w domu było tak cicho, że aż strasznie... Nikt nie wiedział, o co chodzi, a wszyscy doskonale wiedzieli...

Obgadywanie ludzi za plecami, bo nie możemy się powstrzymać - a najlepszą przyjaciółkę, której obrabiamy 4 litery - pocieszamy z udawaną życzliwością.

Tak trudno skoncentrować się nam na własnym życiu (bo gdzie dotkniesz, tam się sypie), że lepiej skupić się na życiu innych.

Zmiana zaczyna się w nas. We mnie. W Tobie. W przyznaniu przed sobą, że dałaś plamę. Że jesteś słaba. Że jest za trudno, by już udawać.. Że coś zabetonowało Ci nogi.. Że jest coś znacznie większego niż my. I że czasami potrzebujemy pomocy, żeby nie zwariować.

Uczciwość przed sobą nie sprawi, że zaczniesz być uważna. I ważna dla samej siebie. Zamiast upodlić - da Ci siłę i stworzy przestrzeń, by zaczęły dziać się cuda.

By zauważać swoje emocje i poznać ich przyczynę - i wyuczone reakcje. Jeśli się odważysz, zaczniesz szukać sposobów, by je zacząć zmieniać. Często te reakcje nie są adekwatne do wieku. Gdy tata na nas krzyczał - albo na naszą mamę - zmroziło nas. Uciekałyśmy do swoich pokojów albo truchlałyśmy i poza płakaniem nie mogłyśmy nic zrobić. Dziś, chociaż jesteśmy dorosłe, w podobnych sytuacjach wiele z nas reaguje tak, jakby część nas wciąż była dzieckiem. Tam część nas się zatrzymała. Warto się temu przyjrzeć, by móc zintegrować swoją dziecięcą część i nauczyć powiedzieć „proszę, nie rób tak; to mnie bardzo boli".

Stań się uczciwa. Dla siebie. By móc się kochać najbardziej na świecie

♥ 7 marca

Dom to nie wypucowana kuchnia bez smug. To ludzie. Uśmiechy. Poranki.

Zaspane marudne buzie rozpromieniające się na widok naleśników. I kawa, która zaprasza do stołu. Artystyczny bałagan. Van Ghogi na ścianach. Rozrzucone czasem książki i ubrania. Odbite łapki na lustrzanej szafce. Niekończącą się lista rzeczy do zrobienia. Oglądanie tych samych filmów i bajeczek.

Kłótnie o sprzątanie. Krzyki i przepychanki. To rysunki w cudownych ramkach mieszkające. Rozsypane brokaty i różowe wstążki. To czas i uważność. To przyjaciele i czas spędzony w zielonym ogródku. To tajemnice szeptane przy kawie z cynamonem.

To rzucanie talerzami, by móc się pogodzić.

To wyjazdy, by móc zatęsknić za czarnym kotem. To trudne rozmowy uczące pokory.

To duma, którą chowamy po kieszeniach.

To nasza idealna ułomność, która sprawia, że to wszystko ma sens. Dom to my.

8 marca

Kobieta jest piękna, gdy patrzy czule na siebie. Gdy jest dla siebie dobra.

Gdy podejmuje trudne decyzje, które ją rozwijają (a rozumie to często po wielu latach).

Gdy stawia granice innym. A sobie pozwala na to, czego podobno nie wypada.

Gdy mówi NIE wszystkiemu, co jej nie służy.

Gdy mówi TAK, bo czuje, że to dobry wybór i nie umie tego logicznie wyjaśnić.

Gdy dba o swoją energię.

Gdy ma odwagę odciąć się od wszystkiego, co ją okrada ze spokoju. Gdy sięga po wszystko, co ją buduje i pomaga zrozumieć świat.

Gdy jest silna w środku i nie udaje kogoś, kim nie jest. Gdy jest słaba i nie udaje siłaczki.

Gdy umie poprosić o pomoc.

Gdy umie dystansować się do swoich emocji. Gdy ma odwagę być inna, jeśli tego chce.

Jej szczęście widać na zewnątrz, gdy jest szczęśliwa od środka.

Nie potrzebujesz niczyjego pozwolenia - poza swoim. Od niego wszystko się zaczyna przecież.

9 marca

Czasem tracę cierpliwość. Podnoszę głos. Gdy się uspokajam, przepraszam. Bo to moja wina, że nie do końca panuję nad emocjami.

Jeśli chcę nauczyć nasze dzieci spokoju, opanowania i skutecznej komunikacji ze sobą i światem - najpierw powinnam znaleźć spokój w sobie. Bez robienia wymówek i obwiniania kogokolwiek.

Bicie to przemoc. Krzyki też. I popychanie, drapanie. Ubliżanie. Wyzywanie. Ignorowanie.

Może warto zamienić „Ty idioto, debilu, jesteś jak ojciec, nie nadajesz się, nie myśl" zamień na „jak możesz zrobić to inaczej? Jak się z tym czujesz? Jak mogę Ci pomóc? Jesteś dla mnie ważny. Źle się czuję z tym, co zrobiłeś, etc.".

Każde słowo zostanie z Twoim dzieckiem na całe życie. I każda obelga. Klaps. Siniak. Nawet jeśli są niewidoczne na skórze i już o nich nie pamiętasz.

Przesadzam? Zróbmy doświadczenie, zamknij oczy i wyobraź sobie, kto na Ciebie najbardziej krzyczał? Kto podniósł na Ciebie rękę? Mimo że zdarzyło się to kilkadziesiąt lat temu, pamiętasz to uczucie, gdy trzęsłaś się z przerażenia.

Uczmy się siebie. Rozkmińmy, co doprowadza nas do szewskiej pasji i wyprowadza z równowagi. Zamiast wyzywać i zganiać na dziecko, być może warto z kimś o tym porozmawiać, by uświadomić sobie, że jak funkcjonujemy. Czasami rozwiązanie jest przed naszymi oczami, jednak jest to za blisko, by to dostrzec. Perspektywa kogoś przenikliwego może bardzo pomóc.

Róbmy to, co jest trudne, by być dla siebie dobre.. I dla dzieci, które tak bardzo kochamy.

10 marca

Jak co roku o tej porze robię miejsce Co niepotrzebne oddaję

Buty, torebki, paski, bibeloty, zabawki i książki

Ubrania, do których schudnę kiedyś, jak co roku Wszystkiemu znajduję nowe domy.

Żegnam znajomych na Fejsie, których nie znam wcale.

Daję odejść tym, którzy czekają, aż polegnę, by sami mogli się lepiej poczuć, że nic nie robią ze sobą.

Ze szczerym uśmiechem macham na do widzenia (bez żadnego sentymentu) pseudo znajomym, którzy marnują swój cenny czas na bycie w pobliżu, choć męczą się przy tym bardzo.

Zrzucam zdjęcia z telefonu na dyski, sortuję, układam i drukuję staranne albumy dla Babci

Dokańczam kursy, na które brakuje czasu od miesięcy.

Przebieram foldery i pliki z pomieszanymi z ukochanymi listami i starymi fakturami.

Układam, zabezpieczam i żegnam te, które trzeba.

Pojedyncze skarpetki prowadzę do kosza, choć wiem, że kiedyś znajdę zaginione...

Pożyczone książki też oddam za kilka chwil. Sprawdzę wizyty. Zaplanuję kolejne.

Listy bez odbiorcy wrócą skąd przyszły.

Odchwaszczam natłok myśli namolnych, by dupy nie truły już więcej. Odcinam troskliwie każdy atak, jeden po drugim.

I odpieprzam się od siebie raz na zawsze.

Niech wszystko, co dostaję od innych, wróci do właścicieli ze zdwojoną mocą.

To, co mi nie służy, wrzucam: złość, gniew i to, co czasem boli przy dotyku. Pakuję do plecaka: potrzebną wiarę, życzliwość i wytrwałość.

I krok po kroku ze skupieniem idę dalej.

11 marca

Annika ułożyła koty w rzędzie, by był porządek. Niby każdy z innej parafii, a jednak każdy z nich daje jej szczęście.

Kubeczki w szafce przyglądają się sobie i nie mogą się nadziwić, że trudno im znaleźć kogoś do pary. Każdy z nich ma inne wzory, napisy. .. Z niekrytym zdziwieniem obserwują gości, którzy raz po raz wpatrują się w nie i zamyślają się z uśmiechem.

Przypadkowe ramki na zdjęcia tworzące spójność, niepasujące meble rozpraszające wielu, pstrokate kolory tworzące nielogiczne harmonie...

Przypadkowości tworzące porządek świata. Szydełkowe koce dające ciepło serca.

Zwyczajności zapakowane w kanapki podobne do tych, które robiła babcia.

Taki jest mój dom. Takie jest moje życie. Roztrzepane, choć harmonijne. Chaotyczne, choć uporządkowane i wszystko jest takie, jakie ma być (co okazuje się po czasie). Wszystko przecież jest prowadzone.

Do pięknej zwyczajności nie potrzebuję upiększających filtrów. Wszystko jest tak, jak ma być.

Życzę Ci wspaniałej zwyczajności pełnej cudów.

14 marca

Mówią, że ten, komu zależy znajdzie sposób - nie powód.

Determinację zamiast wymówki. Szklankę pełną do połowy zamiast pustej. Promień nadziei, gdy czarno za oknem.

Dobre słowo, gdy cisza dusi bez litości. Drobinki żaru w popiele.

Uśmiech, przez łzy by nikt nie widział prawdy. Trudne powroty z duszą na ramieniu.

Szum deszczu co po palcie i sercu stuka, jak te obcasy, co po nocach echem odbijają się od pustych ścian...

A gdy się budzisz, wiesz, że to już nie te.

Lornetkowy widok, by dojrzeć cokolwiek. Cień. Ułudę. Ciebie. Jest tak samo przecież, a odwrotnie wywrócone.

Nic się nie stało, nawet jak stało?

A co, jeśli dobra wymówka jest wystarczającym powodem? Czy skok ze skrzydlatych dachów nauczy nas latać?

Czerwona krew na śniegu białym Okna bez perspektyw

Spojrzenie bez wyrazu.

Mijają się jak obcy ten z panią pan

Choć na kochane kroki na schodach wciąż czekają.

14 marca

Każdy święty ma swoją przeszłość, a największy grzesznik przyszłość.

Każde wybaczenie było końcem życia kiedyś, a zapomnienie pamięta kogoś, kto z sił opadł.

Nieznajomy pan kiedyś całym światem był. Wiosna - zimą.

Życie - śmiercią.

Lekkość myśli - ołowiem na szyi. Miłość - jednostronną pustką.

Krzyk - milczeniem...

Każdy święty ma swoją przeszłość a największy grzesznik przyszłość.

15 marca

Żyjemy za granicą. Albo w Polsce. Chodzimy do pracy - albo jakoś nam nie jest do niej po drodze. Mamy dzieci - albo z różnych powodów nie decydujemy się być rodzicem. Żyjemy z Excelem w ręku albo jak wolne ptaki.

Niektórzy mówią: „Bo tutaj jest, jak jest" Niektórzy mają pełno marzeń, inni są w przysłowiowej czarnej dupie i się w niej nieźle urządzili.

Bez względu na to, czy mamy 20, 35, 47, 125 lat – i w jakimkolwiek momencie swojego życia jesteśmy – warto zadać sobie następujące 3 pytania:

Kim jestem?

Kim chcę jeszcze w życiu być? Kim się stać?

Co chcę jeszcze w życiu zrobić?

Co chcę posiadać?

Jeśli dawno tego nie robiłaś - lub jeszcze nigdy - proszę zrób to proszę dzisiaj - zapisz i pytania, i szczere odpowiedzi. Przyjrzyj się swojemu życiu. W przeciwnym wypadku może się okazać, że obudzisz się za kilka lat i rozpłaczesz z bezsilności. Będziesz żałowała, że zmarnowałaś swój potencjał!

Zamknij oczy i wyobraź sobie różowy piasek przesypujący się przez klepsydrę, jej cichy szum... Dokładnie on jest z Twoim czasem. Chociaż tak naprawdę nie wiemy, jak długo jeszcze będziemy żyć, mamy jeszcze czas, by robić cudowne rzeczy. Albo takie, na jakie mamy ochotę. Albo te trudne. Albo wszystkie na raz.

A może warto skończyć z wymówką na każdą okazję, wymawianiem się tym, co wypada, a tym, co nie, bo przecież co inni ludzie powiedzą. .Bo jesteśmy za starzy albo za młodzi. Bo mamy jeszcze mnóstwo czasu.

Kim chciałabyś być? O czym od zawsze marzysz? Gdzie pojechać byś chciała? Co zobaczyć? Kiedy skończysz z wymówkami? Masz jeszcze czas.

Jest go mniej, niż myślisz – choć wciąż więcej niż wielu ludziom było dane. Dziękuję za to, że to dzisiaj czytasz.

17 marca

Skoro ta trudna sytuacja jest na Twojej drodze, to znaczy, że masz możliwość nauczenia się czegoś ważnego, nawet jeśli teraz myślisz, że na pewno z tego nie wyjdziesz żywa i na pewno jest to koniec świata.

Jeśli z tego nie korzystasz i postawisz się w roli ofiary - sytuacja pojawi się ponownie - zmieni się jej tylko tło; miejsce, ludzie, którzy tak samo Cię „zawiodą".

Jeśli ten problem pojawił się na twojej drodze, to znaczy, że masz w sobie wszystko, czego potrzebujesz, by go rozwiązać.

Oddzielną sprawą jest to, czy dostrzegamy rozwiązania, które są na wyciągnięcie ręki... Czasami potrzebujemy perspektywy, której nie widzieliśmy wcześniej. Rozmowy czy wskazówek, które pojawia się, gdy o nie poprosimy. Rozmowa z terapeutą, przyjacielem, ustawienia systemowe, listy, uważność, wpatrywanie się w płonącą świecę, regularne drzemki, pisanie, spacery, bosakowanie, wypełnianie światłem, praca z wibracjami - jest mnóstwo narzędzi na wyciągnięcie ręki!

Możemy robić wymówki (jak ja przez wiele lat) i udawać, że rozwiązania nie ma, choć w sercu dokładnie wiesz, co masz zrobić...

A co, jeśli zmiana myślenia jesteś rozwiązaniem na Twoje kłopoty?

Nie osądzaj. Nie krytykuj. Nie obrażaj. Ani siebie, ani „sprawców". Każdy ma swój punkt widzenia, swoje powody i swoje prawdy. Każdy ma swoją historię, o której nie mamy bladego pojęcia.

pojawią się szybciej, niż się możesz spodziewać. Sprawdziłam sama. Ściskam przemocno.

21 marca

Uprzejmie donoszę, że zaczynam najbardziej świadomy okres w naszym ogródku.

Wymaga planowania, koncentracji, słońca, wody, troskliwości i systematyczności.

Ciepła i miłości.

Tak, jak w dbaniu o dzieci. Tak, jak w dbaniu o siebie.

Jakie masz ogrodowe plany w tym roku?

Czy twój ogród będzie pełen kwiatów, skrzydlatych gości, delikatności i troskliwości? Czy może raczej chwastów, dołujących myśli i zapomnienia?

22 marca

Smutek. Zawieszenie. Pustka. Zwątpienie. Cisza. Odcienie szarości Szare chmury. Czekanie. Pusty dom.

Zwolnienie tempa. Rezygnacja. Wspomnienia. I ten przeszywający ból...

Wszystkie są potrzebne by się zatrzymać. Przewartościować. Złapać oddech Popłakać. Odpocząć. Zdystansować się.

Zatęsknić. Uwolnić się. Rozluźnić zaciśnięte pięści

Zatrzymać. Robić tylko jedna rzecz na raz. Obserwować swoje myśli bez reagowania na nie.

Rozpoznać co naprawdę czujesz. Zaakceptować i wypowiedzieć na głos, by przyszło nowe.

Zrobić krok do tyłu i do życia wrócić, gdy już będziesz gotowa.

Jak to mówią Chińczycy: żeby zaszła jakaś zmiana, musi w życiu być aż tak źle... Musisz o dno się oprzeć, żeby mieć się od czego odbić.

23 marca

Czasem widzisz las, a nie widzisz drzew. Czasem drzewa, zapominając o lesie.

Słyszysz krople wody. Czasem sztorm. Rwący potok.

Możesz mieć rację, wcale jej nie mając i nie mieć racji, nie będąc w błędzie.

Z upartością osła zamykać się na nowe, bo twoja prawda jest najmojsza przecież.

Etykietować. Poniżać. Gardzić. Za plecami obmawiać. Dzielić. Brać. Zabierać. Nienawidzić.

Możesz też szanować drugą stronę, nawet gdy nie wypada, bo się nie zgadzacie. Dziękować za trudny dialog.

Milczeć też masz prawo. I odejść, gdy czujesz dyskomfort lub poprosić o chwilę dla siebie też. I uważnie myśleć. Łączyć, a nie dzielić. Dawać, nie zabierając godności. Zauważać potrzeby innych nie rezygnując ze swoich. I prosić o wsparcie, gdy jest trudno.

Możesz też nauczyć się nie mieć potrzeby wytykania innym błędów. Da się. Sama sprawdziłam.

Nauczysz się tego, gdy zrozumiesz, że życzliwość zaczyna się od Ciebie. Że obrażanie zagubionych nie sprawi, że jesteś ważniejszy czy super-hiper jakiś.

Zbuduj siebie przez uczciwość. Proponuję zacząć od swojego podwórka.

24 marca

Znasz stolice Europy.

Umiesz ugotować danie, które znika w mgnieniu oka.

Wiesz, że nie masz sobie równych w rysowaniu / jeździe samochodem /wymyślaniu zabaw dla dzieciaków.

Wiesz, co zrobić, żeby nie wybuchnąć płaczem przed swoim byłym Wiesz, jak zbudować stronę internetową.

Jak wykonać perfekcyjny makijaż - dużo bardziej szykowny niż niejedna celebrytka.

Wiesz, jak zorganizować wycieczkę do Hiszpanii bez biura turystycznego. Znasz niezawodny sposób na wywabianie plam.

Znasz wszystkie zabytki Paryża, najpiękniejsze miejsca w Szwajcarii i najbardziej urokliwe amsterdamskie kafejki.

Doskonale wiesz, jak zrobić awanturę i jak ją zakończyć z klasą. Genialnie orientujesz się w terenie.

W mgnieniu oka rozpoznajesz gatunki ptaków i roślin w parku. Mówisz biegle w trzech językach i jest to dla Ciebie normą.

Albo mówisz w jednym i nawet nie chce Ci się otwierać buzi.

Jest jednak coś, czego o sobie nie wiesz... To coś, czego nikt Ci nigdy nie powiedział... Wiesz co to?

JESTEŚ CUDEM!!! Bez względu na to, co umiesz i z czym Ci nie idzie. Bez względu na to, co myślisz o sobie.

Jesteś c u d e m.

Nie ma takiej drugiej osoby jak Ty na całym świecie.

Pomyśl, ile wspaniałości by się nie wydarzyło, gdyby Ciebie nie było? Mogą być podobne, ale TY jesteś wyjątkowa.

Zawsze o tym pamiętaj.

Szczególnie gdy myślisz, że wszystko jest to dupy.

Ściskam Cię ogromnie.

29 marca

Żyj tak, by kochając nikomu się nie narzucać.

By z serdecznością delikatnie rozświetlać innym drogę.

Pomagać, tylko gdy jest się o to proszonym i gdy druga strona jest na to gotowa By wszystkim żyło się łatwiej i by żyć się wszystkim chciało.

By zawsze było z kim napić się kardamonowej kawy i zjeść cudowną malinową bezę. A nawet jeśli nie ma z kim, by herbata smakowała równie dobrze w pełnej rozgadanej ciszy. Przecież cisza nie jest brakiem dźwięków. Tam słychać najwięcej.

By druga strona czuła się w pełni akceptowana - bez względu na to, kim jest - co je ani z kim jest. I bez względu na to, w którego boga wierzy i jakie ma przekonania.

I by odejść z wdzięcznością za czasem, gdy ten mija i nasza dusza potrzebuje nowego.

Przyjaźń i miłość to nie warunkowania, plotki, konkurowanie czy zazdrość, gdy drugiej stronie wiedzie się lepiej. To nie wymaganie lojalności i wyłączności. To miłości zaprzeczenie, tak wierze w to bardzo.

A kochać jak? Tak, by miłość była też wolnością. I nielogiczną, niewytłumaczalną pewnością. Zaufaniem, że los ma dla nas dokładnie to, czego mamy doświadczyć, nawet jeśli jest to chwila. Wsparciem niech jest kochanie i kwitnące sercem.

Żeby nikt nie musiał wybierać ani czuć się winny, gdy chce żyć po swojemu. Być może ma ciut inny pomysł na siebie i potrzebuje więcej przestrzeni - nikt nie powinien czuć się winny, by z niej korzystać. To nasze prawo. Pamiętaj, proszę, że Twoje też.

Jeśli chcesz z kim być i jesteś gotowa na swoją prawdę, odnajdziesz ją na pewno - bez względu na to ile mórz i oceanów mentalnych was dzieli.

Miłość to nie nakazy, zakazy, wybuchy zazdrości, manipulacje i dzikie szantaże. To jej zaprzeczenie. Prawdziwa miłość to wolność i zaufanie. Bardzo w to wierzę.

31 marca

Nie tylko pocovidowa rozkmina. Siedzisz w domu od tygodnia. Trochę bawisz się z dzieciakami (które stanowczo za szybko się nudzą), trochę sprzątasz. Planujesz większe porządki i to nieszczęsne odmrażanie coraz głośniejszej lodówki, którą odkładasz na później od co najmniej roku.

Ściana w salonie błagalnym spojrzeniem wzbudza poczucie winy za każdym razem, gdy przechodzisz obok i chyba się nie wywiniesz od tego malowania (tym bardziej, że pędzle i farba, którą wybierałaś przez tydzień, zaczynają się kurzyć). Fachowiec miał przyjść, ale jak to z fachowcami bywa, ulotnił się po pierwszej zaliczce. Chyba sama będziesz musiała się tym zająć.

Jak bez przeklinania określić stan, w którym jesteś? Wybita z rytmu...

Wybita z kolein, po których pociąg życia od pewnego czasu pędził z prędkością światła. Każda minuta dnia była dokładnie wypełniona niekończącymi się zadaniami. Każde z nich miało priorytetową rangę i nie było mowy opuszczenia któregokolwiek. Plany, które ustalasz w każdą niedzielę, są tak bardzo ściśnięte, jak ubrania, które upychasz w walizce, gdy lecisz do ciepłych krajów na wycieczkę.

Wszystko, co możliwe zwijasz w rolki, które lądują upchane jak serdelki-jedna-przy-drugiej - by nie marnować miejsca w darmowym dwudziestokilowym bagażu. Takie było twoje życie. Parząco-pilne zadania od samej pobudki. Nie ma w nich opcji o pomyśleniu o swoich potrzebach.

Zapomniałaś już o sobie i nie ma co udawać, że jest inaczej. Nie wiesz, co tak naprawdę lubisz, a co wdrukowały Ci wszędobylskie reklamy. Unikasz ciszy, by nie zastanawiać się nad tym, co jest naprawdę ważne. Cisza sprawia ból i krzyczy jak wariatka jakaś.

Twój pociąg gonił jak nawiedzony od dawna, a hamulce nigdy nie były w nim używane. Od dawna też nie sprawdzałaś, czy jedzie w kierunku, który sobie zamierzyłaś. Czy kiedykolwiek znalazł kierunek swojej podróży?

Uaktualnianie systemów dla amerykańskiej firmy. To najważniejszy projekt od ostatnich pięciu lat. To właśnie dzięki niemu twoja kariera miała wznieść się na wyższy poziom.

Trach. Chuj w bombki strzelił, choinki nie będzie! – powiedziałaby już prawie stuletnia babcia, która słynie z wysublimowanego poczucia humoru.

Human coronavirus NL63 HCoV-NL63. Przy tym C2H5OH brzmi jak wybawienie (byle był w odpowiedniej ilości i nie był za tani).

Zamknęli szkołę trójki najbardziej nieznośnych dzieci, które znasz – twoich.

Firmę zamknięto bez jakiegokolwiek ostrzeżenia. Niby na trzy tygodnie, ale w rzeczywistości możemy wszyscy pójść z torbami. Dla twojego bezpieczeństwa odizolowują się od świata. Co prawda masz poduszkę finansową, na którą ciężko pracowałaś przez kilka lat, jednak nic nie zapowiadało tego, że pędzący pociąg, razem z wagonami (których jest co najmniej trzy razy więcej, niż u Brzechwy) wykolei się.

Telefon służbowy, z którym nie rozstawał się, nawet gdy brałaś prysznic, zamilkł. To nienormalne wpatrywać się w telefon z nadzieją, że to jakiś żart. Plan dnia, który znasz na pamięć, bez uprzedzenia jest zupełnie nieadekwatny do sytuacji. Czujesz, jakby ktoś Ci odciął tlen.

Z utęsknieniem czekasz na telefon od przełożonego, który pewnie nie spał całą noc. Pewnie teraz wpatruje się w rude loki i kocio-zielone oczy swojej żony.

Tak samo, jak w twoje przez ostatnie miesiące. A dzisiaj nie umiesz nawet sobie znaleźć miejsca w swoim domu… to znaczy w miejscu, które łączy ten sam klucz z panem, którego już nie poznajesz.

Na telekonferencję z Chin też czekasz. Upinasz lśniące kasztanowe włosy. Chociaż wiesz, że nie masz dla kogo, zakładasz jedwabną niebieską bluzkę i czarne dopasowane spodnie, których prasowanie jest ceremoniałem podobnym do przygotowywania zielonej herbaty przez gejsze. Prasowanie bez wątpienia zajmuje Ci więcej czasu niż wykonanie idealnego makijażu.

Jedyną formą aktywności jest jeden z najbardziej frustrujących dźwięków – kłótnia trójki dzieci o niebieski pisak. Zerkając na stolik, momentalnie dostrzegasz co najmniej cztery mazaki, które wyglądają niemal identycznie.

Tłumaczenie i sugerowanie, że dzielenie się jest genialnym pomysłem, dodałoby tylko oliwy do ognia, bez wątpienia jest katastrofalnym pomysłem.

Włączasz BBC Radio 1, zakładasz słuchawki i delektujesz się modną kawą z drobinkami rubinowej czekolady (aka velvet chocolate), która raczej przypomina smak budyniu truskawkowego, który znasz z dzieciństwa niż smak luksusu. 9 funtów za 100 gramów jest bez wątpienia rozbojem w biały dzień.

By odmóżdżyć się do reszty, odpalasz telefon i sprawdzasz, co ciekawego dzieje się u znajomych. Jedna upiekła ciasto marchewkowe, które wygląda po prostu zjawiskowo. Druga mówi, że schudła dwadzieścia kilo, a ty zastanawiasz się, jakim kurwa cudem jest to możliwe, szczególnie po świętach i w okresie zimowym. Jest to bez, bez wątpienia, wbrew ludzkiej naturze.

Trzecie przeprowadza się do nowego domu. Nagle zdajesz sobie sprawę, że kupiłaś swój dom i planowałaś zagospodarować każdy kącik z miłością i zaangażowaniem, a czujesz się w nim raczej, jak gość. Niby social media mają zbliżać ludzi, a czujesz, że ulatuje z ciebie powietrze i momentalnie chce Ci się płakać. Nagle czujesz się przytłoczona i masz jeszcze mniej energii niż przed wypiciem super modnego Napoju Bogów."

Jak sądzisz, co wydarzy się później?

Zdajesz sobie sprawę, że, mimo że masz dzieci i męża, rasowego psa, panią, która zajmuje się domem, stan konta, o którym marzy niejeden – w środku krzyczysz z rozpaczy.

Raz w miesiącu jeździsz na mini wakacje w miejsca, które trudno wymówić. Chodzisz do modnych restauracji. Jeździsz nowiusieńkim mercedesem. Granice zamknęli. Restauracje też. Masz zakaz wychodzenia z domu. Tłum poddanych rozpłynął się z dnia na dzień.

Co ty tu do cholery robisz? – pytasz siebie z niedowierzaniem. Jak to się stało, że otaczasz się ludźmi, których nawet nie lubisz?

Nagle zauważasz kawową plamę na szafirowej bluzce. Robisz głośny wdech i niechętnie przebierasz się w wygodne leggingsy i puchaty sweter.

Podchodzisz do dzieci, które się już uspokoiły. Tulisz każde po kolei, chwaląc ich rysunki. Bierzesz do ręki pisak, o którym już dawno zapomnieli. Włączasz im grę, o którą proszą. Słyszysz ich śmiechy, jednak myślami jesteś zupełnie gdzie indziej.

Jak zahipnotyzowana przez kilkanaście minut wpatrujesz się w szarości za oknem... Podpalasz świeczkę, którą kupiłaś w Grecji, ustawiasz zegarek na dziesięć minut i wpatrujesz się w nią, by oczyścić głowę. Tak od lat robi Agnieszka Maciąg… nie dość, że zapach świecy przyprawia o mdłości, to upłynęły dopiero trzy minuty. Te gnające myśli wżerają się w skołowaną głowę, która błaga o litość. Nagle otwierasz swój planner i na środku pustej kartki piszesz:

Kim jestem bez rzeczy, które sobie kupiłam?

Co poszło nie tak, że nawet nie zauważyłam, że rzadziej się uśmiecham? Jak poradzić sobie ze swoją samotnością otoczona tłumem ludzi?

Jak mam przypomnieć sobie zapomniane spojrzenie męża, za którym kiedyś skoczyłabym w ogień?

Dlaczego tu jestem?

Dokąd pojedzie mój pociąg?

Zdajesz sobie sprawę, że zapętlił się w życie, którego pokątnie zazdroszczą Ci sąsiedzi z kamienicy, a tak naprawdę wcale go nie chcesz.

Grass is greener on the other side - mawiają Anglicy, a u nas ponuro mawia się, że wszędzie jest dobrze, gdzie nas nie ma.

Gdzie chcę być? To pytanie rozkłada Cię zupełnie na łopatki.

Budzisz męża. Prosisz, by przypilnował dzieci, bo chcesz posiedzieć sama ze sobą. Poukładać siebie planujesz.

Patrzysz na niego z czułością i jesteś zaskoczona nie mniej, niż on z tego, co właśnie zrobiłaś. Uśmiecha się nieśmiało, a ty czerwienisz się, jak wtedy, gdy go poznałaś.

Wychodzisz na balkon. Gasisz papierosa i zaczynasz pisać. Przecież kierunek pociągu sam się nie znajdzie.

2 kwietnia

W ramach pracy nad sobą, z moim mi się niechceniem postanowiłam zrobić sobie wyzwanie; przez równiutki rok będę wstawać o szóstej rano. Pracę zaczynam o 9, więc teoretycznie to mnóstwo czasu. Piąteczki, święta, wakacje - nie ma, tak tak - codziennie! Dziś wstałam po raz dwudziesty siódmy, więc zostało mi skromne trzysta dwadzieścia trzy.

Na początku było trudno. Zawsze jest trudno. Przecież nasz mózg jest od tego, żeby było miło, a nie żeby się rozwijać i będzie nas odwodził od tego nienormalnego pomysłu. Nie powiem, zaczęłam zapuszczać korzenie w ciepełku i przewygodnym łóżku otulona kotem i przygnieciona dziećmi, które w nocy przy lunatykowały z własnych łóżek.

Pierwsze kilka dni były okropne! Co ja mówię! Każdy dzień był paskudny! Wstałam i nie wiedziałam, co ze sobą zrobić... Tyle czasu! Zanudzę się na śmierć albo, co gorsza, zasnę z nudów.

By zapobiec katastrofie z klęski pierwszego dnia, każdego wieczoru przygotowuję się taktycznie: budzik na schodach, Alexa ustawiona z nieznośnym alarmem na dole na tę samą godzinę, chłodny prysznic, śniadanie. Ten prysznic jest wprost nie do wytrzymania.

Dwie najważniejsze rzeczy, które mam zrobić w ciągu dnia robię jako pierwsze.

Uzupełnienie kalendarza, żeby o wszystkim pamiętać. I jeszcze najważniejsze - pamiętać, gdzie ten kalendarz zostawiłam.

I ta myśl: moje poranne budzenie się jest inwestycją na całe życie. Bazą, która zaowocuje. To budowa mocnych fundamentów, by wznieść życie moich marzeń.

PS Wytrzymałam sto dwa dni, po czym zaserwowałam sobie kilkutygodniową przerwę - i wracam do nowego porządku, niestety wciąż w tak zwaną kratkę od trzech lat. Bez względu na wszystko jestem z siebie nieprzeciętnie dumna. PPS Przyłączysz się ze mną do klubu 555 Fryderyka Karzełka?

3 kwietnia

Moment, w którym zdajesz sobie sprawę z tego, że osoba, z którą od lat pijesz herbatę zmieniła się. Zniknęła bliskość i czujesz się coraz bardziej nieswojo...

Choć ona nie zdaje sobie z tego sprawy, ty doskonale wiesz, co mówiła (nie tylko o Tobie) za plecami. Z jaką satysfakcją krzywdziła innych i z szerokim uśmiechem na ustach rozpowiadała krzywdzące plotki.

Moment, w którym jest już jasne, że ten uśmiech jest na pokaz i jak tylko się odwrócisz, wbije Ci nóż w plecy. Równocześnie panicznie boisz się, że przeinaczy każde słowo i wymyśli kolejne kłamstwo.

Moment, w którym chce Ci się płakać z żalu, że najbliższa osoba stała się kimś, kogo już wcale nie poznajesz. A może zawsze taka była, a ty wolałaś udawać, że tego nie widzisz?

Być może całe życie taka była, a ty widziałaś rzeczy na opak, w dobrej wierze zwalając winę na innych...

Może robiłaś wymówki i zawsze ją kryłaś? Teraz to już jest nieważne.

Nawet nie próbujesz udawać, że się uśmiechasz. W oczy też nie patrzysz, bo musiałabyś wykrzyczeć jej całą prawdę... Być może wtedy znowu odwróciłaby kota ogonem, wpędziła w poczucie winy, odwróciła się na pięcie i zniknęła na kilka tygodni, jak zawsze, byś miała ją za co przepraszać.

Tym razem niech będzie inaczej. Zamiast kłótni, która nic nie wniesie, delektuj się każdym łykiem cudownej kawy. Ze spokojem i być może po raz pierwszy w życiu - z szacunkiem do siebie.

Podaruj tej pani swoją ciszę - a z czasem nieobecność, która pewnie będzie bardzo trudna do zniesienia. Pozwoli Ci jednak odciąć się od ułudy i od relacji, której tak naprawdę nigdy nie było... lub była tylko na warunkach drugiej strony.

Skup się na tych, którzy mają odwagę przyznawać się do błędów i rozmawiać, a nie tylko wydawać polecenia, rządzić, szantażować i robić z siebie ofiarę.

Masz prawo do takich wyborów. Jeśli na samą myśl czujesz się nieswojo, pomyśl o wszystkich ludziach, którzy byli ważniejsi niż Ty sama. Ile razy płakałaś w środku i chciałaś uciec, a uśmiechałaś się i przytakiwałaś sparaliżowana strachem?

Już wystarczy wiecznego lęku przed oceną za każdym razem, gdy chcesz zrobić po swojemu.

Nastaw się na to, że wspólni znajomi albo wspólnicy usłyszą plotki na Twój temat.. Na blokowanie i odcinanie każdego, kto Cię bezpardonowo próbuje wdeptać w ziemię. Na trudne decyzje, które są bardzo ważne...

Dzięki nim odzyskasz spokój w sercu. Pamiętaj też, proszę, że ignorowanie ich jest częścią Twojej siły. Pomyśl też proszę - zgodnie z zasadą lustra - co ta sytuacja chce Ci pokazać i która cząstka Ciebie ją przyciągnęła…

4 kwietnia

Serduszko moje, mam dla Ciebie propozycje. Otaczaj się pięknymi i wyjątkowymi kobietami. Mówię poważnie!

Silnymi i zarazem słabymi, by pokazały nam, że zamiast dźwigać niewyobrażalne, można odpuścić i tak naprawdę nic nie trzeba. Takie, co przenoszą góry, podejmując męskie decyzje, nie patrząc na to, co powiedzą inni. I równocześnie słabymi, które akceptują, że mogą mieć gorszy dzień, tydzień czy miesiąc.

Przepływają morza niepewności razem, gdy trudne decyzje pojawiają się na horyzoncie. Niech będą twoim światłem i nawet gdy spotykacie się za rzadko - dacie sobie wszystko, czego potrzebujecie, by ruszyć z miejsca za każdym razem, gdy w siebie wątpisz. To jest zawsze wymiana obustronna i zawsze obie strony się uczą.

Poprowadzą Cię tam, gdzie nigdy nie doszłabyś sama. Będą zawsze w zasięgu i wiesz, że możesz na nie liczyć bez względu na wszystko.

Pomogą. Doradzą. Sprowadzą do pionu. Dodadzą otuchy. Nazwą rzeczy po imieniu. Zorganizują. Podpowiedzą. Nakarmią i ugoszczą cudowną herbatą.

I dadzą Ci iskrę, która pozwoli zrobić trudny krok. I podpowiedzą, gdy poprosisz o drogowskaz - bez narzucania, wymądrzania się i oceniania.

W kobietach jest niewyobrażalna siła. Zrozumienie. Ciepło. Troska. Czułość. Nieskończone dobro. Spontaniczność. Piękno. Spokój. Wymieniajcie się wszystkim, co najlepsze. I zawsze wspierajcie.

Mów o nich zawsze dobrze, bo mówiąc niewspierające rzeczy, nie wspierasz siebie. A kobiety to ogromna duma. Ty też!

I koniecznie dziękuj im za to, że są. I sobie podziękuj, że jesteś. Nawet gdy bez większego entuzjazmu patrzysz dzisiaj w lustro. Jesteśmy średnią pięciu osób, którymi się otaczamy i warto zwracać na to uwagę.

Kiedy będziesz gotowa na bezcennie nadzwyczajne relacje z innymi? Gdy zaczniesz mieć takie ze sobą.

Takie babeczki mam przy sobie. Każdej z osobna dziękuję za to, że jesteście w mojej przestrzeni.

Odnajdziesz takie kobiety, gdy będziesz gotowa otrzymywać to, co dobre, a nie tylko dawać. Bo prawdziwa relacja to i dawanie, i branie.

Ściskam Cię najmocniej.

10 kwietnia

To, że jestem ze wsi wiedzą prawie wszyscy. Przecież tak naprawdę każdy skądś jest, nie tylko na emigracji. Kiedyś się tego mojego wioskowego życia poniekąd wstydziłam. Tego, że mieszkałam na końcu świata, a nie w mieście. Tego, że większość czasu czułam się inna i zawsze odstawałam od reszty.

Dziś rozumiem, że: trzysta sześćdziesiąt pięć dni szumu morza w tle, wiatr głaszczący zboża, że miliony gwiazd odbijające się w czerni nocy sprawiły, że byłam o wiele wrażliwsza niż wiele osób, które znam.

By sobie z tym radzić, zakładałam różne maski. By nie odstawać. By być duszą towarzystwa. By mieć. By umieć. By mieszkanie na wsi przykryć.

Po latach udawania już to rozumiem. Na emigracji los podsuwał mi ludzi, którzy, mimo że byli różni podnosili moją energię, bo czuli, że mam wrażliwość, która - gdy będę gotowa - da mi ukojenie. Miałam ją po prostu poczuć. A pokazując swoja wrażliwość, innym dam siłę. Bo to, co trudne jest często wiatrem w żagle, gdy mamy odwagę się z tym zmierzyć i ukochać.

Mieszkanie na wsi, blisko lasów zielonych, kwitnących konwalii, wody, spokoju, innych ludzi, soczystych mchów jest bardzo stabilną bazą... Uwielbiam moją Pleśną. Mam nadzieje, że bez względu na to, skąd jesteś, czerpiesz z tego i siłę, i wdzięczność.

11 kwietnia

Jaka byłam przez większość mojego życia? Roszczeniowa. Bezczelna. I wszystkowiedząca, choć dzisiaj dopiero rozumiem, że nie wiedziałam prawie nic. Przez długie lata byłam przekonana, że moja racja jest najmojsza i w moim ograniczonym myśleniu było nie do pomyślenia, że może być inaczej.

Tak robili wszyscy, których znałam. Tak było. Do momentu, gdy okazało się, że jednak świat nie kręci się wokół mnie i inni nie dość, że mają prawo powiedzieć „nie", robią to i są szczęśliwi. Bezczelne typy. Zdziwiłam się bardzo, gdy moje manipulacje i groźby, które działały przez lata, były nagle ignorowane. Chorowałam dla uwagi, manipulowałam i szantażowałam.

Okazało się, że to był jedyny model komunikacji, który znałam. Jestem zafascynowana faktem, że przez ponad trzydzieści lat nikt mi nie spuścił porządnego lania ani nie powiedział, że skorzystałabym, gdybym nauczyła się wprost rozmawiać o fundamentalnych rzeczach z najbliższymi osobami. I przede wszystkim ze sobą.

Nie nauczono mnie tego, gdy byłam dzieckiem, jednak jako dorosła kobieta (zamiast zganiania na poprzednie pokolenie, że mi było źle i niedobrze) wzięłam się za porządki. Zaczęłam wyciągać na światło dzienne to, co wiecznie zamiatałam pod dywan.

Odkryłam, że moja pewność siebie była udawana dla niepoznaki, żeby nikt nie odkrył, że tak naprawdę nie cierpiałam siebie. A gdyby ktoś inny miałby rację, okazałoby się, że to właśnie ja jestem tą głupszą... To byłoby nie do pomyślenia.

Nie rozumiałam także wtedy, że obie strony mogą mieć racje, że to nie wstyd, gdy się jej nie ma i że każda racja jest względna. Dowiedziałam się też czegoś więcej: przez lata genialnie maskowałam fakt, że wtedy nie kochałam siebie.

Zamiast znaleźć wewnętrzną siłę, skupiłam się na tym, co było widoczne na zewnątrz – na moich niedoskonałościach. Żeby odwrócić od nich uwagę, wybielałam je. Udawałam, że ich nie ma. Że moje ubrania kurczą sie w praniu, a ja wcale nie zażeram emocji. Zamiast stanąć twarzą w twarz z samą sobą, miałam ogromnie trudna relacje z jedzeniem. Albo nie jadłam wcale, albo rzucałam się na jedzenie. Jedzenie ma nas karmić, to nasz pokarm. A ja nie umiałam spokojnie jeść. Dziś już wiem, że kłopoty z jedzeniem odzwierciedlały relację z mamą, z którą wtedy nie umiałam jeszcze rozmawiać. Gdy nie umiemy jeść, nie umiemy ani dawać, ani brać z życia. A ja przez wiele lat miałam czelność stawiać się nad moją mamą. Dopiero dzisiaj rozumiem, że wszystko ma swój porządek i ja z pokorą musiałam odnaleźć swoje miejsce w swojej rodzinie. Każdy je ma, dla każdego jest miejsce i nie wolno ani nikogo wykluczać, ani stawiać się wyżej niż nasi rodzice i dziadkowie.

Otaczam się zbędnymi gratami i gadżetami, które nie były mi wcale potrzebne. Bez nich czułam się nikim. Były moją maską, pod którą chowałam się za każdym razem. Nie rozumiałam wtedy, że bezwarunkowe zaakceptowanie otyłej nieszczęśliwej, hałaśliwej dziewczynki, na którą spoglądałam codziennie, patrząc w lustro, jest fundamentem. Że bez zauważenia siebie takiej, jaka jestem, nie ruszam z moim życiem. I tak patrzyłam na kobietę, która emocjonalnie utknęła w ciele małej dziewczynki i wiele lat nie zadałam sobie trudu, by ją zobaczyć.

Zauważanie jej było najważniejszym krokiem, by zacząć żyć, by zacząć szczupleć, wstawać z radością i po prostu przestać się spinać. Zauważenie całego rodu kobiet i niesienie za nich tego, co do mnie nie należało. Złość. Lęk. Strach. Poczucie wstydu. Niewyjaśniony ciężar, którego już nie miałam siły dźwigać i za kogoś żyć.

Nie tylko zauważenie siebie było fundamentem, który musiałam wylać, by znaleźć partnera. Zrozumienie, po co jest mężczyzna, nauczenie się szacunku do mężczyzn i współpracy. Wcześniejsze związki były pełne niewerbalnej agresji, szantażów emocjonalnych i dyktatury.

Żeby do tego dojść, musiałam zrozumieć, że najpierw jestem człowiekiem, kobietą, córką, siostrą, mamą, przyjaciółką, koleżanką. Że mężczyznom można ufać i wcale nie muszę się bać o to, że gdy ich pokocham, oni zachorują i umrą. Ba! Że mężczyzn nie trzeba się bać. Że są wspaniali, kochani i mają takie same emocje co kobiety. Musiałam zrozumieć też, gdzie jest moje miejsce w rodzie. Że stałam na swoim miejscu, co rodziło we mnie ogromne poczucie winy i brak balansu w prawie każdej dziedzinie życia.

Wracając do związków, myślę, że kontrola nie jest potrzebna w żadnym z nich. Jest ona oznaką, że nasz partner jest na przegranej pozycji, bo traktujemy go bez szacunku. Jest dorosłym mężczyzną i potrzebuje partnerki, z którą jest traktowany na równi, z szacunkiem, a nie matki, nauczycielki czy strażnika, który ma dyktować, co ma robić i o której wracać do domu. Mężczyzna dokładnie wie, co ma robić. Mężczyzna nie jest też po to, by był naszym rodzicem. Jeśli „dorosła Kasia" nie nawiąże kontaktu z „małą Kasią", będzie wisiała na swoim partnerze i nie będą równi. A w związku równość jest podstawowym elementem.

Myślę, że najcięższe okresy w naszym życiu są tymi najważniejszymi; po latach często widzimy, że dzięki tym momentom, zamiast winić wszystkich dookoła – mamy odwagę pytać i szukać odpowiedzi, które zmieniają naszą rzeczywistość i pojęcie o życiu. Dzięki tym sytuacjom, gdy już ego odpuszcza (a ono odpuszczać przeważnie nie ma zamiaru i warto mu w tym pomóc), najwięcej się uczymy.

Już jest dobrze. Jestem u siebie i mam nadzieje, że Ty też. Bardzo Ci tego życzę. Ulga i spokój to wspaniałe uczucia, mimo że czasem trzeba przejść tysiące kilometrów i na chwile spojrzeć tam, gdzie wygrywa strach, by je poznać.

12 kwietnia

Zamknięte i pozornie odcięte od świata możemy odkryć, jak jest wiele do zrobienia, gdy tylko zmienimy perspektywę. Programowane przez media, a jednym pstryknięciem możemy dokonać idealnego wyboru.

„Nie wolno" mówią, a same zabraniamy sobie wszystkiego, co dobre - choć trudno przyznać przed sobą, o czym od zawsze marzymy.

Narzekamy na znajomych, a same sprawiamy, że są obok nas.

Chorujemy, ale łatwiej jest nam kupić cud-tabletki niż zatroszczyć się o pierwotną przyczynę naszego zaniedbania.

Narzekamy, że to, co dobre kosztuje za dużo, trwoniąc więcej na to, co truje.

Winimy wszystkich dookoła, udając, że nie wiemy, że to konsekwencje naszych bojaźliwych decyzji.

Chcemy więcej od życia, a potulnie zgadzamy się na wyżebrane minimum. Na ochłapy uwagi, które przestają tłumić tępy ból niezdecydowania.

Chmury przygniatają nas, raz po raz odbierając oddech i już nie wiesz, czy płaczemy, czy to deszcz ścieka po sercu.

A przecież życie pod czerwieniami nieba - przyprószone roztopionym słońcem, miłością do siebie i niekończącą się wiarą, że wszystko piękne dopiero nadejdzie - przyniesie zmiany, których tak pragniemy.

Nawet jeśli jesteśmy teraz same, masz wszystko, czego potrzebujemy, by zacząć. Spragnione życia serce.

15 kwietnia

Co wspólnego ma użytkownik FB z hazardzistą w Las Vegas?

Jak to się stało, że smartfony, o których marzyliśmy, stały się dla nas utrapieniem i nie umiemy już bez nich funkcjonować?

„Grzesiu, tylko sprawdzę pogodę i już wychodzimy" - mówisz do ubranego 5 latka, któremu obiecałaś wyprawę do parku. Wpisujesz hasło i cieszysz się, że nareszcie spędzisz czas z synkiem, za którym się stęskniłaś.

„Google, pogoda" - mruczysz pod nosem... Ale, halo, halo! Masz powiadomienie na jednej z aplikacji. Klikasz. Sprawdzasz. Komentujesz.

„Długo jeszcze?" - pyta zniecierpliwiony urwis, dla którego „już" znaczy „już".

„Już kończę... Co ja miałam? Aaaaaa, pogoda, no tak. Ależ ja to mam pamięć."

Klikasz w Google, a tam? Zdjęcie Rity Ory w kiecce za 10 patyków, w której wyglądała olśniewająco. „Tylko zerknę" - dukasz do siebie.

Z „tylko zerknę" robią się 2 minuty. Twoje dziecko zdążyło się położyć na podłodze i zaczęło brudzić ścianę butami. „Przestań być niegrzeczny!" (cokolwiek to znaczy dla dziecka) – już zapomniałaś, że sama go poprosiłaś, żeby szybko się ubrał...

Jesteś poirytowana, bo przecież dziecko ma wyrozumiale czekać, aż sprawdzisz pogodę. Świeci słońce, ale chcesz mieć pewność, że pogoda Cię nie zaskoczy.

„Po co ja wzięłam telefon do ręki?" - Twoja skleroza zaczyna Cię już męczyć - „Pogoda w Northamptonshire" Klik, klik. O! Powiadomienie na Fejsbuku.

Mijają kolejne minuty, Przykleiłaś się do telefonu na dobre. Nie masz ochoty już wyjść i wiesz, że jak tego nie zrobisz, masz gwarantowane piekło przez rozpieszczonego dzieciaka, który nie rozumie, że masz prawo zmienić zdanie. Entuzjazm opadł i zrezygnowana wychodzisz do parku.

„Mamo, pohuśtaj mnie!"

„Zaraz, tylko coś napiszę" - mruczysz - „Czy on sam się nie może sobą zająć???" - myślisz. Łaskawie wstajesz, a twoją intencją jest jedynie zrobienie fotki Grzesiowi.

Zdążyłaś poinformować koleżanki, jak bardzo dbasz o syna, meldując się w parku koło szkoły. Teraz tylko fotka i czekać na pochlebiające komentarze. Za 10 minut sprawdzisz, ile lajków dostała twoja superfotka.

Brzmi znajomo?

Jeśli Ci powiem, że zaniedbujesz swoje dziecko - powiesz, że gówno wiem, bo cię nie znam.

Jeśli Ci powiem, że jesteś uzależniona od swojego super świetnego, najnowszego telefonu – pewnie powiesz, że przesadzam, bo wszyscy tak robią. Czyżby?

Gdziekolwiek jesteś, rozejrzyj się. W parku, w sklepie, na ulicy... Prawie masz rację. Niemal wszyscy mają nosy poprzyklejane do ekranów. Ludzie nie patrzą sobie w oczy. Nie uśmiechają się.

Feeds. News. Repeat.

Gdy ktoś wyciąga telefon przy Tobie, odruchowo robisz to samo. Od dzisiaj będziesz to zauważać. Co innego możesz zrobić? Rozmawiać? Uśmiechnąć się? Kaśka, nie rób sobie jaj!

Wkurzasz się, gdy siostra, która przyjechała porozmawiać, zamiast tego robi zakupy przez telefon. Masz jej tyle do powiedzenia i to jest ważne dla ciebie. Stęskniłaś się za nią i chcesz też wiedzieć, co u niej.

Denerwuje cię, gdy w restauracji na randce czy spotkaniu dla twojego gościa ważniejszy jest wirtualny „poke" niż dotknięcie ręki osoby, która chce być z tobą w ten wieczór.

A ile razy ustawiałaś nawigację, prowadząc samochód? Ile razy powiedziałeś:

„To tylko SMS" patrząc ukradkiem na drogę?

Zastanawiałaś się, dlaczego super znajomi nie komentują twoich postów, a gdy wrzucasz „profilowe", nagle masz sto lajków? Nie dlatego, że ta fotka jest super. Dlatego, że FB tak jest ustawiony.

Logarytm na twoim profilu jest tak skonfigurowany, by uzależniał nas wszystkich od lajków i komentarzy. Uzależnia tak mocno, jakbyś grał na maszynach w Las Vegas.

Wrzucasz intymne fotki swojej rodziny, półnagie dzieci narażając je na ośmieszenie, nawet gdy dorosną. Nawet na atak pedofila narażamy swoje dzieci. Podajesz swoją lokalizację, gdziekolwiek jesteś, by poziom dopaminy skakał, poprawiał humor i podnosił niskie poczucie wartości - dokładnie jak u hazardzisty.

Specjaliści dwoili się i troili, by zaprogramować nas na regularne wracanie do tej - i coraz to nowych aplikacji każdego dnia. By nasze mózgi rejestrowały reklamy i podprogowe komunikaty bez naszej zgody czy wiedzy. Byśmy grali w odmóżdżające gry i płacił za nie... oglądając reklamy, które zmieniają nasze wybory. Byśmy byli podatni na kontrolę.

By FB wiedział o nas znacznie więcej niż rząd kraju, w którym mieszkasz.

A wiesz, co jest najbardziej genialne w tym wszystkim? Sami wszystko udostępniamy! Nikt nas o to przecież nie prosi!

Robimy to, by zrekompensować swoje niskie poczucie wartości lub wysublimowane ego. Lub z nudów na początku. Sami robimy sobie krzywdę, bo gdy zatwierdzamy posta, staje się on własnością właściciela platformy... Często wpadamy w uzależnienia (na poziomie serca), gdy tęsknimy za jednym z rodziców.

Co zrobić, gdy zaczynamy mieć problem?

Co do dzieci używających smartfony to sprawa według mnie wygląda tak. Rodzice chcą odpocząć, bo przecież pięciolatek skaczący na trampolinie za głośny i nadpobudliwy... Dostają tableta czy inną zabawkę „edukacyjną" i taka niewinna rzecz zmienia ich przyszłość.

Oprócz agresji, którą widziałam nie tylko wtedy, gdy pracowałam w szkole... jest wiele badań, które potwierdzają, że mózgi dzieci, które grają na tabletach i telefonach, nie rozwijają się prawidłowo. Nie powstają w nich nowe neurony, a co się z tym wiąże – dzieci nie poznają świata, a ich umiejętności motoryczne, przyswajanie informacji itp. są zaburzone. Rodzice często się do nich nie tulą, bo wolą tulić swoje telefony, więc te nie poznają czułości. Absolutnie nie generalizuje i nie oceniam takich zachowań (każdy wychowuje swoje dzieci tak, jak chce i umie), chciałabym zwrócić uwagę na to, że jest to coraz częstsze zjawisko.

Podobno dzieci, które spędzają czas przy laptopie, nie umieją czytać ludzkich emocji i nie znają empatii, bo niestety nie miały możliwości ich się nauczyć przez modelowanie - kontakt z drugim człowiekiem.

Już od czasów studiów, przez wiele lat byłam uzależniona od siedzenia w internecie (zaczęło się to od przesiadywania w kawiarenkach internetowych, IRCa i GaduGadu) i bardzo dużo upłynęło czasu, by zrozumieć, że wszystkie dzieci (nie tylko moje) potrzebują widzieć nasze twarze, by nauczyć się rozpoznawać emocje. Bo w życiu wszystko „kręci się" wokół emocji właśnie. Tak jak przy przymusowemu noszeniu kagańców podczas pandemii, tak przy siedzeniu z buziaczkami w telefonach – ta możliwość jest nam odbierana. Noszenie maseczek miało też inne zadanie (co wiąże się pośrednio z zagadnieniem noszenia burek przez kobiety w pewnych religiach, ale to nie czas i miejsce na rozwodzenie się nad tym).

Tak na marginesie, czy uzależnienie od technologii może być porównane do alkoholizmu, uzależnienia od zdrapek, hazardu i pokera, które były plagą poprzednich pokoleń? Jeśli ktoś nie przepracuje swojego bagażu trudnych doświadczeń, czy smartfon, czy popularność w sieci nie są najzwyklejszymi substytutami? Czy gdyby ich nie było, taka osoba nie znalazłaby sobie innego „polepszacza życia"? Czy chodzi tu o chęć bycia ważnym, czy to odpowiednik tęsknoty za jednym z rodziców na poziomie podświadomym, czy najzwyklejsza ochota odmóżdżenia po ciężkim dniu i zabicia nudy i nie powinno przypisywać się jej żadnej głębszej przyczyny?

Jestem mega ciekawa, jakie masz doświadczenia odnośnie do tego tematu.

16 kwietnia

Dzisiaj dzień mężczyzny. Bardzo ważny to dzień. Męska energia jest niezwykle potrzebna i kobietom, i mężczyznom. Jest niezastąpioną częścią życiowego balansu. Co więcej, każda kobieta ma w sobie równą ilość i męskiej, i żeńskiej energii. Męska energia to działanie, a kobieca to zatrzymywanie się z dobrocią i delikatnością (co często idzie nam opornie, a ja biegałam maratony, bo każde zatrzymywanie się po prostu mnie fizycznie bolało).

Męskość to siła i cierpliwość. Dobro i autorytet. To ramy i porządek. To ręce, które przybijają najbardziej upartego gwoździa i odkręcą najbardziej zaśniedziałą śrubę. To dumne ego. Szerokie ramiona. Upartość. Duma. I wiele innych cudowności.

Jakich mężczyzn masz dookoła siebie? Czego próbują Cię nauczyć?

Testują Twoją cierpliwość na każdym kroku, upokarzają, przekraczają granice, żebyś wreszcie nauczyła się stawiać wyraźne granice i mówić głośno „nie"?

A może są tacy mężczyźni na 150 procent... Możesz zawsze na nich liczyć, są zorganizowani, przezorni i za ogień za Tobą wskoczą, a Ty za nimi?

Dają Ci wolność czy dusisz się przy nich? Udajesz, że ich nie potrzebujesz (jak ja przez wiele lat) czy umiesz budować zdrowe relacje?

Dajesz im wolność, zaufanie i szacunek czy kontrolujesz na każdym kroku, żeby nic nie wywinęli?

Traktujesz na równi ze sobą, by stworzyć partnerski związek czy jak nieporadne dziecko, któremu matkujesz, bo sam sobie nie poradzi?

A może ich nie ma wcale, bo ktoś kiedyś odszedł i uporczywie go nie ma? Jacy są mężczyźni w Twoim świecie?

20 kwietnia

Gdy tylko odnajdę siebie, odnajdziesz mnie.

Bo już na mnie czekasz, choć już w nic dobrego nie wierzysz. Albo nie wiesz, że już wiesz i odchodzisz, by ostatni raz wrócić.

Bo to tak ma być właśnie. Wszystko jest dokładnie takie, jak być ma.

Filiżanka z kardamonową kawą uśmiecha się malowanym złotem. Ona też już rozumie, że skoro nauczyłaś się żyć bez powietrza pod zgorzkniałym niebem.

Skoro uśmiechając się do lustra, powtarzasz jak mantrę „ja cię bardzo kocham i przenigdy nie opuszczę".

Skoro bycie słabą staje się twoją siłą i nie musisz już całego świata na swoich barkach nosić jak supermenka.

Skoro kontrolujesz emocje, bo wiesz, że są ważną dla ciebie informacja. Skoro regularnie korzystasz z prawa proszenia o pomoc i wsparcia od innych.

Skoro stajesz po swojej własnej stronie i jesteś dla siebie najważniejsza w tym życiu.

Skoro użalanie się nad sobą i bycie ofiarą zamieniłaś na zrozumienie, akceptację i wdzięczność.

Skoro z radością oczekujesz tego, czego się najbardziej boisz, bo wiesz, wszystko dzieje się dla twojego najwyższego dobra.

To szykuj się moja kochana, bo na największe cuda jesteś gotowa, a one czekają na ciebie i są już za rogiem.

Obiecuję.

22 kwietnia

„Uważaj, co mówisz. Uważaj, co czytasz. Uważaj, czego słuchasz. Uważaj, z kim przebywasz. Uważaj, co robisz.

Uważaj, jak się modlisz."

John C Maxwell

24 kwietnia

Dzień wypełniony po brzegi

Mruczeniem utęsknionego kota malowaniem przedpokoju uśmiechem do lustra salsowymi wygibasami rozmawianiem z najukochańszą mamą i kwiatami mówieniem prawdy na głos i w myślach z cudowną życzliwością i trzepoczącą tęsknotą pokonywaniem słabości w stawianiu granic bezczelom przyznaniem się do błędów i powrotem do Prawd...

Jak mija Twój dzień?

25 kwietnia

Zrezygnowałam z potrzeby posiadania racji i kontrolowania innych. Zrozumiałam, że te potrzeby wynikają z niskiego poczucia własnej wartości i chęci dominacji nad innymi. Kontrola przez lata dawała mi iluzję bezpieczeństwa. I tak reagowali rodzice.

Im bardziej zmuszałam innych do robienia rzeczy po mojemu, tym lepiej się czułam. Gdy ktoś robił rzeczy po swojemu, nieświadomie nimi manipulowałam. Wpędzałam w poczucie winy, bo mogłoby się okazać, że nie jestem nic warta.

Pewnie wiesz, o co mi chodzi...

Gdy dałam sobie bezpieczeństwo przez nauczenie się serdeczności, mówienie sobie budujących rzeczy, opiekowanie się sobą stało się integralną częścią mnie.

Dawanie wolności innym nauczyło mnie też dawania wolności sobie i niezgadzania się na próby zmuszania mnie do rzeczy, na które nie mam ochoty, a przecież wypada je zrobić.

„Zmieniłaś się" słyszę. Uważam to za komplement, chociaż zdaję sobie sprawę, że intencją tego przekazu było wywołanie poczucia winy. Szczególnie gdy zaczęłam wyznaczać innym (i sobie) granice tam, gdzie zawsze się tego bałam. I tam, gdzie sama nie umiałam dawać wolności innym.

Wolność jest wspaniała. Niech nasz następny toast będzie za Wolność. Twoją. Moją. Naszą.

1 maja

W tym miesiącu bardzo ważny dzień. Każdy z nas ma (lub miał) mamę.

Bez niej nie byłoby nas, nawet gdy nie jest nam po drodze i nie możemy na siebie patrzeć.

Jaka jest Twoja mama? Ciepła, kochana i zawsze ma miłe słowo, gdy dzwoni?

Jaka jest dla Ciebie, gdy przechodzisz przez ciężkie momenty? Czy wspiera, czy nigdy nie możecie się dogadać i nawet do niej nie dzwonisz, bo zawsze czujesz się jeszcze gorzej?

Jaka jest dla innych ludzi? Jaką jesteś dla niej?

A jaką jest sąsiadką i znajomą? Jaka jest najważniejsza rzecz, której Cię nauczyła? Kiedy do niej ostatnio dzwoniłaś?

Bez względu na wszystko dała Ci najogromniejszy dar – życie. Dała Ci tyle, ile umiała. Tyle, ile mogła. Być może patrzyła na dzieci, które straciła zamiast na Ciebie. Być może niosła tak wiele, że musiała uciekać od rzeczywistości, żeby nie zwariować.

Usłyszałam, że bez więzi z mamą nie będziesz ani zdrowa, ani nie będziesz umiała żyć… Sprawdziłam. Już umiem. A Ty?

4 maja

Pogoda była powodem, dla którego wyszłam ze swojej bańki, w której jestem bezpieczna. Opowiem o tym, chociaż pisanie też jest ogromnym wyjściem ze strefy komfortu. Piszę to po co, bo kiedyś sama chciałam coś takiego usłyszeć...

Bycie grubym to nic przyjemnego. Czułam, że inni zerkali na mnie z pewnego rodzaju politowaniem, oceniając w ciągu ułamka sekundy, chociaż często nie znali nawet mojego imienia. Przecież wszyscy nas znają lepiej niż my same i są najlepszymi doradcami w sprawach, których nie mają bladego pojęcia. Zanim urodziłam syna, chodząc na siłownię, schudłam ponad trzynaście kilo.

Przecież to tylko jedno ciastko, jeden batonik... Praca za biurkiem, mało ruchu, wieczne wymówki, więc miało gdzie się odkładać. Wieczne narzekałam, że nie mam w co się ubrać i udawałam, że nie widzę, gdy kolejna para spodni kurczyła się „niby w praniu". 35 kilo nadwagi. ..Było mi wstyd, ale nie umiałam ruszyć czterech liter, chociaż w środku wszystko we mnie krzyczało. Od czego zaczęłam zmianę?

Może zaskoczy Cię to, że wcale nie od diety, a od regularnego snu i porannego wstawania. Bo moje wstawanie to jakaś komedia była... Pobudka o 7.50. Na łeb, na szyję przygotowywanie dwójki zaspanych i nieszczęśliwych dzieci, tylko dlatego, że sama byłam za leniwa, żeby wstać na czas.

Po co wstawałam wcześnie? Bo byłam tak zabiegana, że nie było mowy o skupieniu się na sobie. Ani o planowaniu żadnym. W grudniu zapisałam się na siłownię, na którą chodzenie trzy razy w tygodniu było katorgą. Wszyscy piękni, wysportowani, targają ciężary, biegną i biegną na tych bieżniach, aż na sam widok łapałam zadyszkę i dostawałam zakwasów.

Wstydziłam się tego, że tak bardzo się zaniedbałam. Zaczęłam stopniowo, w ogromnych bólach. Miałam przygotowanie merytoryczne jak mało kto. Przeszłam przez wszystkie diety świata pewnie po to, by zrozumieć, że odchudzanie nic nie da, jeśli w środku czuję się nieszczęśliwa. Po dwóch latach, gdy widzę kogoś, kto dopiero zaczyna, jestem dumna, że ta osoba chce czegoś lepszego w życiu. Nauczyłam się szacunku do pracy, którą wkładałam. Wiem też, że na siłowni każdy chodzi po coś innego i konkurowanie czy podśmiewanie jest tylko obnażeniem naszych własnych kompleksów.

Drugim krokiem było zaakceptowanie tego, że jeśli chcę, by moje dzieci znały swoją wartość, najpierw sama muszę to zrobić. Tak samo, jak do pękniętej szklanki nie nalejemy wody, nie nauczymy się kochać innych, jeśli nie szanujemy, nie akceptujemy i nie kochamy siebie. Stopniowo zaczęłam wstawać coraz wcześniej. Ogromną motywacją były codzienne filmiki Klubu 555, który na początku oglądałam na pół śpiąco o 7.30.

Z czasem wstawanie stawało się łatwiejsze i już nie budziłam wszystkich budzikiem, który nawykowo wyłączałam po 5 razy. Przestał też skakać po mnie kot o 6 rano, bo zaczęłam wstawać przed nim. Dziś wstaję o 5 i rano robię rzeczy, które są najważniejsze. A jeśli zdarza mi się wstawać później, to też jest w porządku.

Podobnie jest na siłowni. Gdy tam jestem, rozumiem, że każdy walczy ze swoimi słabościami. Kibicujemy sobie wzajemnie, bez zawiści. Jestem dumna z każdego, kto jest tam ze mną. Nabrałam ogromnego szacunku do wysiłku, dla każdej osoby, która regularnie trenuje, planuje i robi to, co trudne – przecież nam wszystkim dużo łatwiej jest robić wymówki. A wysportowana kobieta to już nie chuda „sucz", to kobieta, która bardzo ciężko pracowała, by jej ciało było zdrowsze.

Ostatnie dni były dla mnie przełomowe. W sobotę w sąsiednim miasteczku był bieg z przeszkodami, w którym brali udział moi przyjaciele. Miałam na sobie strój z siłowni, który był szczelnie schowany pod bluzą (przecież rano była mgła, a sprawdzanie pogody nie jest moją specjalnością). Było mi tak gorąco, że musiałam się rozebrać. Myślałam, że uczestnicy biegu i widownia będą się gapić i szydzić, a tu proszę! Nikt nawet nie zauważył, że jestem tylko w swoim sportowym staniku i spodniach... Nie mogłam w to uwierzyć i w mojej głowie już ułożyłam sobie plan ewakuacji.

Po południu było podobnie. W teatrze w Kettering były wybory miss i misterów kulturystki. Znalazłam się tam zupełnie przypadkiem, przecież nikt z nadwagą nie poszedłby z własnej woli na takie wydarzenie. Zamiast hejtować i udawać, że nie widzę pięknych, wysportowanych ciał, zrobiłam coś niewyobrażalnego... Zatrzymałam się i zaczęłam z nimi rozmawiać. Nie miałam śmiałości prosić o wspólną fotkę, ale wracając do domu, myślałam, że byłaby to wspaniała motywacja. Kiedyś przeszłabym na drugą stronę ulicy albo bym po prostu uciekła.

W niedzielę z kolei zrobiłam coś niewyobrażalnego! Włożyłam krótką sukienkę i obcasy. Czułam się wspaniale i cieszyłam jak dziecko. Co prawda każda spotkana kobieta mierzyła mnie i zabijała wzrokiem, ale byłam z siebie mega dumna. Życzę ci, byś też tak się czuła bez względu na to, jaki rozmiar nosisz. Bo dla każdej z nas znajdzie się miejsce na świecie, a ciało jest naszym pojazdem dla duszy. Bez niego przecież nie mogłaby niczego doświadczać.

Zrozumiałam kilka rzeczy: bycie szczupłym z wyboru to ciężka i długotrwała praca. Nawet jeśli masz dużo pieniędzy, nikt za Ciebie nie schudnie (nie, odsysanie tłuszczu się nie liczy). Bycie szczupłym to pokochanie siebie. Bycie szczupłym to wybór. I tak jak kiedyś mierzyłam wzrokiem wysportowane kobiety, dziś je szczerze podziwiam; rozumiem, ile pracy włożyły w swój wygląd. A ja mieszczę się w rozmiarze 12 (a wcześniej z trudem 18). A jak przestane się mieścić to i tak będę kochać siebie. To już wiem na pewno...

5 maja

O domu, na który narzekasz, że ma krzywe ściany. Niecierpliwość, gdy nie dzieje się po Twojemu. Wszystko, co mówisz. Skupienie, z którym robisz najzwyczajniejsze rzeczy.

Każda plotka, którą puszczasz w obieg. Każda podłość. Krzyk. Wkurw. Manipulacja. Każdy szczery uśmiech też.

Nie wszystko musi Ci się opłacać. Nie wszystko, co robisz musi być zauważone. Nie każdy musi rozumieć powody, dla których robisz to, co robisz. A Ty nie musisz się z nich tłumaczyć. Jeśli czujesz, że tak chcesz - po prostu to zrób. Myślę, że życzliwość jest wspaniała!

Ona wróci do Ciebie, gdy będziesz potrzebowała pomocy - nawet jeśli o nic nie poprosisz. Sprawdziłam kilkadziesiąt razy, działa za każdym razem.

Bądź życzliwa dla innych, bo nigdy nie wiesz, z jakimi problemami się borykają, nawet jeśli na pierwszy rzut oka na co dzień widzisz uśmiechnięte buzie. Pod uśmiechem może kryć się ogromny ból i ciężar, który łamie kręgosłup. Wiesz, o co mi chodzi, prawda?

Tak, jak ja chciałam się poddać... Zupełnie opadłam z sił, gdy mój syn miał największy kryzys w życiu (do czego ja bardzo przyłożyłam rękę, podejmując najlepsze – według mnie wtedy – wybory).

Twój drobny gest może zdziałać cuda. Tak, jak tulipany, które dostałam tylko dlatego, że jestem. Tak jak przypadkowe uśmiechy „przypadkowych" ludzi, które zmieniają dzień.

Od czego warto zacząć praktykować życzliwość? Myślę, że od cierpliwego spoglądania w lustro. Od uśmiechania się i mówienia sobie, bardzo ważnych rzeczy. Przecież jesteśmy najważniejszymi osobami w swoim życiu. Ty też! Będziesz mieszkać w różnych domach, jeździć różnymi samochodami, nosić różne ubrania. Wokół Ciebie będą przewijać się różni ludzie... Do ostatniego oddechu będziesz jedyną osobą, która przy Tobie będzie (tak, dzieci też pójdą na swoje, a z partnerami bywa różnie).

Że Twoja buzia to nie gęba, nochal to nos, gruby brzuch, którego nienawidzisz to część Ciebie. Zamiast odrzucać, przytul mocno. Odrzucając go, odrzucasz cząstkę siebie przecież.

Zrób to tym bardziej, gdy trudno Ci jest to zrobić! Tak mózg wytwarza nowe ścieżki neuronowe i wytwarza się nawyk. Tak! Życzliwość to nawyk, który wymaga czasu.

Z miłością do siebie, z życzliwością wyznaczaj granice innym, gdy czujesz, że próbują Tobą manipulować i Cię deptać. Życzę im wszystkiego pięknego - mimo że są, jacy są - i rób swoje. Mimo wszystko.

Bo życzliwość do innych zaczyna się od patrzenia w lustro z czułością, bez nienawiści do siebie. Jak? Powtarzaj za mną: Kocham siebie. Kocham ludzi.

Kocham świat. Nie działa? Zwiększ dawkę, patrząc w swoje ukochane oczy. Codziennie rano. Do skutku.

6 maja

Daj runąć wszystkiemu, co ma runąć… W naturze śmierć to zakończenie pewnego etapu. To przejściowy stan. Zmiana stanu skupienia. Transformacja energii. To rozkład, który jest budulcem nowego. W przyrodzie to część większego cyklu. Taka jest szanowana kolej rzeczy. Uciekanie przed tym to działanie wbrew naturze...

A w życiu? Znajomość, która nic już nie wnosi i zaczyna uciskać, jak za ciasne buty. Miejsce, do którego jedziesz od dziecka na wakacje. Bliska osoba, która odcina się od Ciebie, a Ty dzwonisz, chociaż wiesz, że i tak nie odbierze…

Wybielanie, ubarwianie i udawanie przed sobą, że musisz kogoś ratować, marnuje Twój czas i przeszkodzi w skoncentrowaniu się na przestawieniu drabiny do ściany budynku, który się nie zawali.

Skąd masz w sobie przeświadczenie, że trzeba ratować coś, co samo chce się rozpaść i nie prosi o pomoc? Skąd to wypieranie? Kto Ci mówił, że masz być mądrzejsza, ustępować i pomagać innym, nawet gdy sama czujesz się niedobrze?

Każdy ma swoją drogę do przejścia i ratowanie kogoś na siłę to zabieranie jej możliwości doświadczania trudów, które są podstawą rozwoju.

... bo gdy nie upadniemy, nie nauczymy się podnosić.

Jeśli nie zamkniemy jedynych drzwi, nie otworzą się drugie. Bo jeśli ratujemy na siłę innych - zaburzamy naturalny rytm...

Daj się rozpaść wszystkiemu, co ma się rozpaść. Pozwól odejść ludziom, którzy chcą odejść.

Przestań już wtaczać ten ogromny głaz pod stromą górę. On stoczy się tak szybko, jak tylko zaczniesz tracić siły.

Im szybciej to zrozumiesz, tym szybciej zajmiesz się tym, na co masz wpływ - na swoje życie, które jest najważniejsze.

7 maja

Jaka jest różnica między nami a morzem? Brzmi banalnie? Bardzo dobrze. Czytaj dalej, wyjaśnię, o co mi chodzi. Jak już wszyscy wiedzą wychowałam się nad morzem. Przeżyłam tysiące dni, gapiąc się w niebo, ale dopiero podczas ostatniej wizyty zrozumiałam coś, czym się z Tobą podzielę.

Jeśli byłaś przez kilka dni nad morzem (albo nad jakąkolwiek wodą) pewnie nie raz byłaś zaskoczona tym, że codziennie wyglądało ono zupełnie inaczej niż wtedy, gdy widziałaś je dzień wcześniej.

Czasami kolor wody jest zielonkawy.

Czasami niebieski - tak, jak na wakacyjnych pocztówkach. A czasami szary jak ponure nad nim niebo.

Pewnie wiesz, że woda nie ma swojego kształtu. Przybiera kształt naczynia, w którym się znajduje. Podobnie jest z fenomenem morza. Niebo odbija się w wodzie, nadając jej barwę. Odbija się w niej wszystko jak w lustrze.

Chmury tworzą spektakularne widoki. Czasami są ogromne i ciężkie zasłaniając desperacko przebijający się błękit.

Tuż po zachodzie, w momencie, gdy chowa się ono za horyzontem - chmury przez kilka minut grają w najpiękniejszym spektaklu natury. Nie każdy to jednak zauważa, bo boi się ciemności i ucieka do swojego miejsca. Morze ma wtedy wspaniałe kolory.

Czasami niewinne obłoki zamieniają się w siejące postrach kształty, rozciągając się i wisząc sieją grozę. Morze wtedy jest szaro-czarne, często za mgłą.

Nimbostratusy przynoszą długotrwałe deszcze, śniegi i grady. Mewy latają nisko i szukają schronienia. Hałas uderzających kropli deszczu, zapach wytrącanego jodu tworzą wybuchową mieszankę dla zmysłów.

Chmury burzowe z kolei często odbijają się od promieni słonecznych, nadając im niesamowity nastrój... A te kolory!

Podobnie jest w nocy - w każdym zakątku na świecie, jeśli niebo jest czyste, w okolicy jest ciemno a Ty masz ochotę - mleczna droga, wielki wóz i cała reszta tylko czekają, żebyś mogła je dostrzec.

Wracając do morza… Morze. Woda odbija chmury.

Wymyśliłam sobie taką analogię i chyba jest ona moją autorską, bo nigdy o takiej nie słyszałam; popraw mnie proszę, jeśli się mylę.

A co, jeśli tafla wody jest jak Twoje myśli? Wyobraź sobie, że chmury to wszystko to, czym się otaczasz… I odbijasz WSZYSTKO, nawet to, czego na pierwszy rzut oka nie widzisz?

Czy zastanawiałaś się kiedyś, jaki ma to ogromny wpływ na to, jakie masz myśli? Na to, jak reagujesz i jakie masz relacje z innymi i z samą sobą?

Jeśli otaczasz się strajkami, hejtem, polityką, odmóżdżającą telewizją (czyli czarnymi chmurami) - tak samo będziesz postrzegać świat.

Jeśli Twoi znajomi wiecznie plotkują, dołują siebie i Ciebie (nimbostratusy) - mogę Cię zapewnić, że będziesz odbijała negatywne emocje w swojej głowie.

Czy już rozumiesz, że Twoi znajomi mają ogromny wpływ na to, jak funkcjonujesz i jak myślisz?

Spokojnymi czy szargającymi Tobą jak flagą na kutrze - podczas nieprzewidywalnego sztormu? Pięknymi czy ciężkimi?

Wiesz, jaka jest różnica między Tobą a morzem? Morze odbija wszystko, co ma nad sobą; a Ty sama decydujesz, co masz dookoła siebie.

Jakimi „chmurami" chciałabyś się otaczać, by Twoje życie było piękne?

8 maja

OPOWIEŚĆ O DOKTORZE OD DUSZY (znaleziona w czeluściach w sieci). Wspaniała po prostu.

Do widzenia, kochanieńka i proszę pamiętać: wybaczać, wybaczać i jeszcze raz wybaczać! Trzy razy dziennie po jedzeniu! Zdrowia życzę! Następny!

Dzień dobry, panie doktorze…

Niech i dla pani będzie dobry. Co pani dolega?

Boli dusza. Pan jest przecież doktorem od duszy?

Od duszy. Taką mam specjalizację. Co się stało z pani duszą? Coś ją zraniło?

Nie wiem, Chyba tak. Jakoś jej nie czuję, drętwieje ciągle. I w ogóle źle się czuję. Nie potrafię wymawiać „lubię" ani „kocham".

O, to bardzo powszechna choroba. Proszę mi powiedzieć, jak się pani odżywia.

Odżywiam? Zupy jadam, warzywa, owoce. Lubię czasem coś sobie przygotować smacznego. Uwielbiam pomarańcze, kocham lody, czekoladę też kocham.

To jednak potrafi pani mówić „kocham"?

Nie zrozumiał mnie pan. Ludziom nie potrafię tego powiedzieć.

Rozumiem. Proszę oddychać. Głębiej! Po co się pani tak napina?

Nie potrafię głębiej. Zatyka mnie.

Dobrze, zapisuję: „nie pozwala sobie na oddychanie pełną piersią". Teraz proszę nie oddychać. Nie oddychać, nie oddychać... Już, może pani oddychać. To chyba już pani nawyk – nie oddychać?

Dlaczego pan pyta? Przecież jakby oddycham...

No właśnie – jakby. A w rzeczywistości tylko pani udaje. Boi się pani otworzyć drzwi. Zamknęła pani wszystkie uczucia w komórce i je tam więzi. Pilnuje pani, żeby nie wylazły. Zaciska je pani coraz bardziej.

Ale przecież uczuć nie powinno się pokazywać. Dławię je w zarodku.

No to ma pani przyczynę kłopotów z oddechem. Nazbierała pani zarodków, całe

płuca zajęte. Dławienie uczuć to zbrodnia wobec własnego organizmu.

To, co mam z nimi robić?

Uznać, że istnieją. Nazwać je po imieniu. I pozwolić im być. Zaprzyjaźnić się z nimi.

Potem się nimi zajmę, a teraz przyszłam do pana, bo nie umiem mówić

„kocham".

Proszę się wyprostować. Opukam panią.

Ojej! Auć! Proszę nie dotykać! Boję się!

Ach tak, znaczy, że tym stukaniem obudziliśmy obawy. Bardzo dobrze! Ale przecież to panią nie boli, więc czego się pani boi?

Bólu. Nie chcę, żeby bolało!

A kiedy boli?

Jak się uderzę albo oparzę, albo przewrócę... Dużo jest takich możliwości, żeby bolało...

Kochanieńka, to pani się boi miłości!

Ja? Boję się? A co miłość ma do rzeczy...

Przecież miłość to właśnie wzloty i upadki, ostre zakręty, stłuczki, płomienie i fale. Miłość nie może być ostrożna!

Wiem, doktorze... Zdarzało mi się...

I teraz się pani boi?

Tak. Boję się. Odrzucenia, zdrady, kłamstwa. Porzucenia też się boję.

Dlatego więzi pani swoje uczucia, ochrania je pani z każdej strony, ratuje przed bólem. A one gniją w niewoli, cierpią... Pani choroba jest uleczalna, ale musi pani pokochać siebie. Wówczas nie pozwoli pani, aby ktokolwiek panią zranił – to nie będzie możliwe. Będzie pani bezbłędnie dokonywać najlepszych dla siebie wyborów.

To znaczy, że teraz siebie nie kocham?

Przecież pani do mnie przyszła, więc jakiś początek już jest. Zaczęła się pani o siebie troszczyć, a to oznacza rozpoczęcie kuracji.

A jak to jest kochać siebie?

Proszę zacząć siebie słuchać. Swoich życzeń, swoich odczuć. Przecież, o co bym pani nie zapytał, to pani mówi „nie wiem", „nie czuję"...

Jeżeli sama pani się do siebie odnosi z takim lekceważeniem, to czemu inni mieliby panią traktować poważnie?

To co ja mam robić? Jak nauczyć się miłości do siebie?

Proszę się oszczędzać, wspierać, pochwalić siebie czasami… Nie przeciążać się, nie forsować. Robić tylko to, na co pani ma ochotę. Nie na wszystko ma pani ochotę? Tak zrobić, żeby ochota była, żeby radość była w każdym pani działaniu… Nie obrażać się.

Dobrze, spróbuję… kochać siebie, radość, być sobie życzliwą…

To tyle. Niedługo poczuje pani, że w środku zwolniło się miejsce na miłość. Myślę, że możemy się już pożegnać. Medycyna zrobiła swoje, teraz wszystko w pani rękach.

Panie doktorze, ale jak się to miejsce ma zwolnić, jak tam tyle tego wszystkiego?

Tak, to prawda, nagromadziła pani sporo. Kamienie… zarodki… połknięte urazy… Dużo tego.

To co ja mam z tym zrobić?

Wybaczać, wybaczać i jeszcze raz wybaczać! Trzy razy dziennie po jedzeniu! Zdrowia życzę! Następny!”

Autor nieznany

15 maja

Natrafiłam na wywiad z Seleną Gomez, w którym piosenkarka stwierdziła, że po latach zrozumiała, że bycie z nią to zaszczyt. Że bycie w jej towarzystwie to zaszczyt. Ale pojechała... nie wiem, co bierze, ale musi być mocne! - pomyślałam w pierwszej chwili.

I wtedy zrozumiałam, że to podejście wcale nie jest egoistyczne i, że jej słowa są niesamowite! To odkrycie mojej osobistej Ameryki!

Ona nie miała na myśli tego, że sława jest wyznacznikiem tym, kim jest. Tylko jej doświadczenia i wszystko, czego się dzięki nim nauczyła.

Często otaczamy się ludźmi, którzy nas nie lubią albo nie szanują. Ludźmi, którzy obgadują i poniżają, gdy mamy odwagę robić coś po swojemu. Albo każą ciszą i odzywają się, gdy mają na to ochotę.

Albo są, bo zwyczajnie się im to opłaca - albo dlatego, że dajemy im kredyt zaufania, a oni wiedzą, że i tak im wszystko wybaczymy, nawet jeśli zarzekamy się, że tym razem tupniemy nogą i albo zareagujemy, albo zamkniemy drzwi i już ich nie otworzymy.

Że tym razem odejdziemy, nie wybaczymy kolejnego oszustwa, zdrady, kłamstwa i tylko same wiemy czego jeszcze.

Co czujemy? Nie wypada nie zaprosić żony brata na imprezę, bo co powiedzą inni. Przemęczę się. Inni wiedzą lepiej, co jest dla nas dobre - ba! Co jest dla nas lepsze! Seriously?!

A co by się stało, gdybyśmy postawiły poprzeczkę tak wysoko, jak Selena?

Gdybyśmy niewidzialnym nożem poodcinały wszystko, co nam nie służy! Gdybyśmy miały odwagę na wszystko, co przyrzekamy sobie w myślach?

Co jest potrzebne w takiej sytuacji? Dużo cierpliwości i życzliwości - do siebie. Bycie dobrym - dla siebie - i stawianie się w centrum swojego życia... ucząc się równoczesnego szanowania siebie i innych.

Zamiast zaciskania zębów przy wyznaczaniu i tym razem trzymaniu się idealnego planu, który jest dla nas dobry, chociaż boli jak wszystkie cholery razem wzięte... z ogromną czułością wytłumaczenie sobie, że szanując innych, mamy prawo być po swojej stronie, zdziała dużo więcej. Wcale nie uważać się za lepszych niż inni, tylko nauczyć się być tak samo ważni, jak ludzie dookoła nas. Bez umniejszania sobie ani innym.

Bycie z Tobą to zaszczyt, a jeśli ktoś tego nie rozumie, być może to znaczy, że warto popracować nad relacją ze sobą, by kochając siebie zmienić nastawienie innych do ludzi do Ciebie. Co mam na myśli?

W swojej głowie mamy różne przekonania na każdy temat – na nasz własny też. I (zgodnie z zasadą lustra) przyciągasz do siebie ludzi, którzy pokazują Ci to, co o sobie myślisz. Czy lubisz swoje towarzystwo? Czy słuchasz siebie i świadomie ze sobą spędzasz czas? Jak to robisz? Zabierasz na spacery, do kawiarni, na zakupy? Kupujesz ulubione świeczki, kwiaty, ubrania? Medytujesz? Tańczysz? Gotujesz dla siebie? Czy wyznaczasz czas tylko dla siebie, by usłyszeć swoje myśli? Czy dbasz o swoje wibracje, uziemiasz się (chodzenie na boso albo oddychanie „od naszych korzeni") i podziękujesz za wszystko, co masz? Jeśli jeszcze tego nie robisz, zastanów się, proszę, czemu tak wiele oczekujemy od innych, nie dbając o najważniejszą osobę w tym życiu? Tak właśnie jest... Każda z nas jest najważniejszą osobą w swoim życiu.

18 maja

Bycie nastolatkiem jest łatwe. Czyżby? W porównaniu z czym? Z misją na Marsa Być może. „Ja w Twoim wieku..." Nawet nie próbuj… Pokażę Ci, jakie wyzwania ma dzisiejsza młodzież.

Gotowi?

Wyobraź sobie, że masz dwanaście lat i z dnia na dzień wyprowadzasz się do kraju, o którym słyszałaś z telewizji. Nie znasz ani języka, ani kultury – brawo my!

Nie rozumiesz, co się do Ciebie mówi. Głupio Ci chodzić do szkoły, chociaż musisz, bo, mimo że co niektórzy starają się być mili, Ty nie umiesz się otworzyć, by odwzajemnić ich życzliwość.

Z czasem niby coś rozumiesz, ale kiedy masz coś powiedzieć – szczególnie gdy inni patrzą- to już koniec.

Gdy mama pyta: „Jak tam w szkole?", odpowiadasz, że nieźle. Co masz jej powiedzieć? Że mierzą Cię wzrokiem? Że widzisz, że się z Ciebie śmieją? Przecież powie: „nie martw się"... Szkoda zachodu. Lepiej powiedzieć, że jest OK. Przypadkiem nie wspominaj, że kopią Twój plecak i Cię wyzywają.

A gdy za granicą mieszkasz, to Twój rodzic wiecznie jest w pracy, a Ty masz się uczyć języka, chociaż nie masz pojęcia gdzie zacząć, bo to wszystko to jakaś czarna magia jest!

Anglików żadnych nie znasz. A nawet jak znasz, to co im niby masz powiedzieć? A z Polakami? Przecież nie będziesz się ośmieszał i prosił o pomoc – z Nimi przynajmniej możesz porozmawiać bez ciśnienia.

Najchętniej wróciłabyś do Polski. Do domu. Do przyjaciół. Tam, gdzie możesz być sobą... Gdzie ziomki Cię znają, możesz z nimi w piłkę pograć. Albo do babci, która zawsze miała dla Ciebie czas, nawet jak ją odwiedzasz bez zapowiedzi.

Za granicą niby ludzie mają więcej kasy, niby chodzisz w wymarzonych Conversach, ale czujesz, że to nie to samo. Ludzie nie są tak serdeczni, jak w rodzinnym mieście. Niby Anglicy sympatyczni, ale czujesz, że udają. Gdy już wtopisz się w tłum, jakoś się przyzwyczaisz...

Jak się odnaleźć? Jeśli się zaweźmiesz, wyjdziesz do innych, nawet jak się boisz, że Cię wyśmieją (a pewnie i tak to robią) możesz poznać fajnych ludzi, kulturę, miejsca...

Gdy znajdziesz sposób na naukę języka (otocz się nim z każdej strony), wzrośnie Twoja pewność siebie, a rodzice będą dumni, że ich nastolatek pomaga im w ważnych sprawach.

Całe życie przed Tobą, a Ty chcesz poddać się na starcie? Im więcej włożysz dzisiaj pracy, tym łatwiej Ci będzie w przyszłości.

Social media

Bycie nastolatkiem w XXI jest przechlapane. Swoje pamiętniki pisałam od czwartej klasy podstawówki. To było chyba w siódmej... w autobusie, chłopaki zabrali jeden i przeczytali go. Następnego dnia, pół klasy robiło sobie ze mnie żarty – wliczając chłopaka, w którym kochałam się przez długie lata. Było mi tak wstyd, że myślałam, że zapadnę się pod ziemię.

Gdybym chodziła dzisiaj do gimnazjum, sytuacja wyglądałaby zupełnie inaczej.

Co najmniej trzy osoby nagrywałyby sytuację w autobusie – na pewno jedno z nagrań uchwyciłoby osobę czytającą moje tajemnice. Kolejna zrobiłaby zdjęcie czytanej strony i udostępniłaby ją na Instagramie, mając pewność, że zobaczą to osoby, o których napisałam, używając hashtagów.

Następny „życzliwy" zrobiłby selfie z zapłakaną Kaśką z opuchniętymi oczami i udostępnił na Snapie. Wisienką na torcie byłaby transmisja na żywo – na pewno byłaby niezła reakcja. Zamiast dziesięciu osób w dwa dni o sytuacji dowiedziałoby się trzysta – w dziesięć minut. To tak w skrócie, takie zajefajne życie ma młodzież.

Cały czas na celowniku, by się nie wygłupić, by być idealnym, by nie odstawać ani nie rzucać w oczy (chyba że jesteś najlepszy).

Spróbuj być inny / brzydszy / biedniejszy / niewymiarowy / dziwny / bardziej indywidualny / z innego kraju... I już możesz stać się pośmiewiskiem.

Gdy raz staniesz się „sławny” w sieci, jest bardzo prawdopodobne, że zostaniesz tam na długo, jeśli nie na zawsze. Czy zmienisz szkołę, czy wyjedziesz na drugi koniec kraju – Twoja sława Cię doścignie.

Bycie nastolatkiem jest łatwe. Tak?

Żyjemy w czasach, w których celebruje się bardzo szczupłe kobiety. Wiele osób, które znam, ma problemy z jedzeniem; wiele kobiet i dziewczyn nie ma nawet miesiączek albo ma je bardzo nieregularne.

Zamiast jeść, chcą wpasować się w idealny wygląd. Chcą wyglądać jak wyretuszowane gwiazdy z ich telefonów. Chcą być tak perfekcyjne, jak półnagie dziewczyny z teledysków. To nie jest tak, że nastolatki są, delikatnie mówiąc mało inteligentne; często to najlepsze uczennice – i uczniowie, bo problem ten dotyka też panów. Bycie seksownym, bycie szczupłym często liczy się wśród znajomych bardziej, niż inteligencja czy jakikolwiek talent.

Wygląd przysłania wszystko. Jest najważniejszy i już nacisk na niego często jest tak silny, że na nim opiera się całe poczucie wartości... Nikomu się nie tłumaczy, że nasze ciało jest naszym pojazdem w tym życiu. Że bez niego nasza dusza nie doświadczyłyby tego, co może dzięki ciału. Tak, tak... Polska to katolicki kraj i mówienie o duszy jest jak herezja... Ale ja nie o tym chciałabym opowiedzieć. O poczuciu wartości chciałabym... Problem jest bardzo poważny, bo przeważnie poczucie wartości nie istnieje u młodych ludzi.

Taka nastolatka za kilka lat stanie się mamą i będzie uczyła swoje dzieci, że muszą być szczupłe – jeśli chcą być kochane. Nawet jeśli tak nie powiedzą do swoich dzieci ani razu, te wyczują to na kilometr. Jak? Obserwując swoją mamę katującą się na siłowniach, testująca każde pigułki odchudzające czy obsesyjnie mówiąca o dietach… Tulmy nasze wspaniałe dzieci często (gdy nikt nie widzi, żeby wstydu nie narobić).

Budujmy ich poczucie własnej wartości. Jest prawdopodobne, że jego brak przejęło od nas lub naszego partnera, więc być może warto zacząć kochać siebie.

Mówmy (nie tylko naszej córce), że jest piękna bez względu na to, ile waży - nasze ciało to tylko opakowanie tego, co jest naprawdę ważne. Żeby to zrozumieć, zajęło mi to całe życie, bo zawsze byłam tą grubą, w porównaniu ze wszystkimi ślicznymi dookoła. No bo przecież musimy być do kogoś porównywani…

Dziś patrzę na kobiety z uznaniem i szacunkiem. To była długa i kręta droga…

Wracając do wątku ciała… Wiemy, że ono będzie się zmieniało cały czas, każdego dnia, do naszego ostatniego oddechu.

Nauczmy się, jak celebrować, cieszyć się tym naszym idealnie nieidealnym ciałem; jak dbać o cerę, jak zrobić delikatny makijaż... To może być pasja, która będzie oparta na wiedzy i szacunku, a nie na braku akceptacji.

Nauczmy zwracać uwagę swoich dzieci na innych ludzi. Gdy mamy gorszy dzień lepiej, zamiast użalać się nad sobą, pomóżmy sąsiadce w zakupach albo komuś, kto tej pomocy potrzebuje bardziej niż my.

Poranek, śniadanie, drobiazgi... Każdy szczegół naszego życia może być powodem do radości i wdzięczności za to, że żyjemy. Uczmy tego nasze nastoletnie dzieci, by wiedziały, że poza jego ciałem jest milion innych powodów - równie ważnych - dających szczęście.

Nauczmy swoje dziecko szanowania swojego ciała przez przykład. Kochajmy swoje ciała i cieszmy się nimi.

Spędzajmy czas ze swoimi nastolatkami - nawet kilka minut dziennie wystarczy.

Jedzmy razem posiłki. Stwórzmy wspólne rytuały - to znaczy, tylko nasze i niczyje inne. Próbujmy nowych potraw i cieszmy się jedzeniem.

Jeśli stworzymy więź ze swoimi dziećmi, łatwiej będzie nam zauważyć niepokojące sytuacje związane z brakiem akceptacji i zaburzeniami jedzenia.

Tłumaczmy, jak działają media, jak manipulują kanonami piękna. Pokazujmy, jak wyglądają modelki, blogerki i celebrytki po pracy. Nad sesjami pracuje kilkuosobowy zespół profesjonalistów, by kobiety wyglądały „naturalnie". Niech nasze dzieci widzą, że to jest kreacja, a nie prawdziwy obraz.

Gdy widzimy, że coś jest nie tak, pytajmy, rozmawiajmy, tłumaczmy, szukajmy pomocy u osoby, która miała podobne kłopoty i sobie z nimi poradziła.

Bądźmy odważne i szukajmy pomocy u specjalistów, gdy czujemy, że nasze dziecko sobie nie radzi, a my patrzymy na to z bezradnością.

Szkoła

Nacisk nauczycieli i rodziców, że dzieciak musi być dobry, że od egzaminów takich, jak GCSE zależy ich przyszłość... Że bez tego będzie nikim i nic nie osiągnie w życiu... CZYŻBY??? Czy nie lepiej jest uczyć dzieciaki wg metody Marii Montessori, który sprawdza się kapitalnie, wyłapuje indywidualność i kreatywność, nie wrzucając wszystkich do tego samego worka?

Dzieci według systemu pruskiego mają się uczyć, są wysyłane „do książek". A jak proszą o pomoc, bo sobie nie radzą, dorośli często patrzą na nie, jak wół w malowane wrota – skąd rodzic ma wiedzieć, czym jest ten cholerny algorytm albo jak napisać przemowę używając AFOREST? Przecież nie używał tego od... czasów, gdy sam chodził do szkoły.

Gdy prosisz rodziców o czas, przeważnie niestety go nie mamy – albo zapatrzeni w odmóżdżające „Trudne Sprawy" lub zbawienny fejsbuczek spławiamy Cię perfidnie. Przepraszam Cię za to…

Nie będę nawet wspominać, co się dzieje w samej szkole, o rewii mody, bo o niej można napisać doktorat... Nie masz Najków, nikim jesteś...

Niech ktoś zapyta: „Kim jesteś, gdy rano myjesz zęby i tych Najków czy Conversów nie masz na sobie? Dalej czujesz się tak samo ważny czy to się zmienia? Zastanawiałeś się, skąd to się bierze?

Wracając do szkolnictwa; czy znajomość wszystkich stolic jest ważniejsze niż akceptowanie siebie? Jak sądzisz?

Ilu z nas dorosłych ma wyższe wykształcenie i uważa, że to była strata czasu? Ilu z nas znalazło pracę w zawodzie po studiach? Czy powiedziałeś o tym swojemu dziecku? Dlaczego w szkołach uczą przedmiotów, które się „wkuwa", a nie uczą tak zwanych soft skills? (Dr Mateusz Grzesiak ma świetne kursy, jeśli chcesz się dowiedzieć więcej).

Dlaczego ważniejsza od inteligencji emocjonalnej w szkołach są oceny, a nasze dzieci uczy się religii zamiast umiejętności porozumiewania się z ludźmi i rozwiązywania konfliktów?

Każde dziecko jest wyjątkowe, a system je urabia, by wszystkich wpasować... By każdy poszedł na studia, znalazł partnera i kupił dom za 30-letni kredyt - i utkwił. Jeśli jest indywidualistą, lubi coś innego niż większość... Co my, rodzice możemy zrobić, by nasze dzieci mogły się odnaleźć w dorosłym życiu? Co zrobić, by odkryły, kim są i co lubią robić? Czy muszą chodzić do pracy na 8 godzin, czy pracować kreatywnie? Jak to wszystko poukładać?

19 maja

Nie chciało mi się wstać. W sumie cały tydzień miałam z tym kłopot... Zmuszałam się. Przestawiałam budzik. To zmęczenie mnie wykańczało...

Dzisiaj zamiast o 4.30 ustawiam budzik na 5.55. Zamiast o 23 poszłam spać o 21, zaraz po dzieciach. Budzik zadzwonił. Przy drugim podejściu nie było mowy o ponownym zaśnięciu „tylko na 5 minut". Wypiłam szklankę ciepłej wody. Z bólem całego ciała poszłam na siłownię.

Z małym opóźnieniem słucham Fryderyka z klubu 555, mam czas, by dzieciom zrobić naleśniki z imbirem, cynamonem i kakao... Poleję je miodem albo dżemem, który zrobiła sąsiadka...

Gdybym wstała o 7.30, nie miałabym na to czasu. Na nic nie miałabym czasu!

Dalej jestem zmęczona, ale przyznaję: jestem z siebie dumna. Może dla ciebie to żaden wyczyn, dla mnie to ogromny sukces... walka z leniem, który by tylko spał i leżał.

Mamy wiosnę ... Popijam kawę Inkę podkręconą przyprawami i jestem szczęśliwa. Dziękuję sobie, że kilka miesięcy temu się przemogłam. Mam nadzieję, że zaprzyjaźnię się ze swoim cudownym leniuszkiem;

zrobisz mu kawy i będziesz dla niego wyrozumiała. Jest częścią Ciebie przecież. A każda część wymaga przytulasków i troski. Pytałaś już swoje wewnętrzne dziecko, jaką kawę woli? A może słodkie kakao?

20 maja

Czasami mam dość... Ten wieczny hałas. Niekończące się negocjacje w nawet najmniejszej kwestii. „Bałagan". Okruchy dookoła talerza. Skarżenie (moje ulubione: Mamo, on patrzy przez moje okno)...

Tatuaże, które wyglądają jak siniaki. Murale na ścianach i meblach. O

„opalcowanych" oknach i ścianach nie wspomnę...

Czasami mam dość nieprzespanych nocy i wszelakich turbulencji. Czuję ulgę, gdy mam wieczór dla siebie... często jednak nie mam co ze sobą zrobić wtedy... A moja córa już tydzień poza domem na wakacjach z tatą...

Ta cisza zaczyna krzyczeć... Jest za cicho, za czysto, za spokojnie. Nikt mi nie skacze nad głową. Nie słyszę „mamo, mamo, mamo".

Tęsknię za przytulaniem, zdaniami typu: Mamo, potrzebuję cię... dziękuję, że jesteś moją mamą... Tęsknię za tymi bezczelnymi uśmiechami ze zdjęć.

Zupełnie nie byłam gotowa na bycie mamą. Po latach nadal robię dużo błędów, przeoczam mnóstwo dat, rzeczy, które trzeba i wypada zrobić. Czasami po prostu mi się tak najzwyczajniej w świecie nie chce. Taka ze mnie paskuda...

Ciężko być rodzicem. A mamą to pewnie dwa razy ciężej... Ba... Z pięć razy jak nie więcej...

Mama. Brzmi tak dumnie. Jestem mamą nieidealną. Ale mimo wszystko nią jestem. Jestem i będę rozliczona za kilkanaście lat, gdy spadną na mnie nastoletnie gromy buntu i nienawiści. Przetrwam je. Mój syn skrupulatnie ćwiczy swoje wybuchy i testuje mnie coraz częściej. Przetrwam to wszystko, bo moje dzieci wybrały mnie sobie na mamę - tak, wierzę, że nasze dusze się na to wszystko umówiły.

Dzięki moim dzieciom jestem coraz mocniejsza i delikatniejsza. I coraz bardziej konsekwentna w swoich decyzjach. Martwię się czasami, że będąc sama, biorę na siebie ciężar za duży... i gdy mnie zabraknie, nie zapewnię im tego, co powinnam jako mama i tata... Wtedy przypominam sobie, że mogę być tylko (i aż) mamą. Bo moje dzieci mają i mamę, i tatę (nawet jeśli są teraz nieobecni).

21 maja

Mamo... Dla swojego dziecka jesteś największą bohaterką. Nawet jeśli zawalasz terminy. Upijasz się po kryjomu przed mężem. Gdy w myślach poddajesz się setki razy. Gdy zaciskasz zęby z bezsilności. Gdy czujesz pustkę głęboką jak mroczna studnia.

Gdy pokazujesz mu wdzięczność. Tulisz. Głaszczesz. Patrzysz w oczy. Dajesz niepodzielną uwagę na kilka minut, chociaż jest Ci ciężko. Gdy, chociaż masz dość i chcesz krzyczeć, a spokojnie tłumaczysz po raz setny, że warto być dobrym, sadzić drzewa i podnosić papierki na ulicy.

Mając w sobie mroki własnego dzieciństwa, ból, traumy, niezrozumienie, brak miłości ciężko jest nauczyć najważniejszych rzeczy. Kochajmy traumy, rozpracujmy niewspierające programy, strach.

Pokochajmy siebie, by mówić dzieciom, że ich kochamy. Wybaczmy sobie, by one uczyły się przez przykład.

Pokochajmy innych, by nasze dzieci stawiały granice innym - i nam (uparte dziecko to skarb).

Wybaczmy innym, by nasze dzieci też umiały to robić. I rozmawiania nauczmy.

I słuchania.

I wrażliwości...

Swoim przykładem. Zacznijmy od rozmawiania ze swoim wewnętrznym dzieckiem. Słuchania. Rozpieszczania lodami, śpiewaniem i pływaniem. Jesteś też bohaterką swojego wewnętrznego dziecka i możesz dać mu wszystko, o czym tylko ono pomyśli.

22 maja

Moment, w którym rozumiesz, że prawdziwa przemiana zaczyna się w środku i utożsamisz się z tym - w Twoim życiu zaczną dziać się cuda.

Przyciągniesz podobnych ludzi, którzy staną się Twoimi przyjaciółmi i dadzą cenne wskazówki. Będziecie inspirować się, uczyć od siebie i docenicie zupełnie inny wymiar prawdy.

Zamiast dbać o opakowanie, zaczniesz akceptować swoje mankamenty. Zaczniesz dziękować za krzywy nos, znajdziesz radość w zmarszczkach i wszystkim, co Cię teraz uwiera.

Zamiast ludzi dookoła zaczniesz słyszeć, a z czasem słuchać siebie. Twoja wewnętrzna siła zastąpi wszystkie rzeczy, które kupowałaś, by zaimponować innym. Już nie będziesz potrzebowała aprobaty innych, by być wartościowa.

Odnajdziesz spokój i zauważysz kolor oczu, który Cię zachwyci, tak bardzo, jak zieloność moich… Staniesz się najważniejszą osobą w swoim życiu. Nie dzieci, nie sąsiedzi czy partner. Nie kot ani mama. Ani tata. Ty sama.

Im lepiej będziesz się czuła, tym więcej cudowności i sensu pojawi się w Twoim życiu.

Skąd to wiem?

Przeżywam to z moimi najbliższymi. Dziękuję po stokroć, że mogę Ci to dzisiaj napisać.

Krawiecka

24 maja

Masz pomysły. Wizje. Plany na przyszłość. Albo tkwisz w miejscu, wpadając w coraz większe poczucie winy. Nie robisz nic. Albo wszystko na raz.

Na Ciebie też przyjdzie kolej, wmawiasz sobie od zawsze. Przecież wszyscy są ważniejsi niż Ty.

Zamiast się zagracać sytuacjami, przedmiotami i relacjami - nieśmiało zajrzyj do środka... Obiecaj sobie, że już siebie nie odpuścisz za żadne skarby. Przenigdy.

Bo żyjesz. Oddychasz. Wciąż masz czas, by cieszyć się drobiazgami. Tylko Ty możesz to zrobić. Uwierz mi, proszę na słowo, sprawdziłam to na własnej skórze.

Pozwól sobie zauważyć śmiejące się do Ciebie błękitno-fioletowe dzwonki.

A najwięcej uroku mają nieśmiałe stokrotki! Jest ich tysiące, byś mogła się w nich przejrzeć, jak w lustrze. Dla niektórych to przecież chwasty. Dla znawców jednak stokrotki to istne cuda. Przejrzyj się w nich, byś odkryła ich siłę w sobie.

Często przygniecione butami nieuważnych, złośliwych i tych, co kwiatów nienawidzą. Regularnie koszone wracają mocniejsze i piękniejsze.

Bądź stokrotką. Tak, tak, jak tysiące z nas.

25 maja

Ktoś ważny mi powiedział coś niesamowitego. Coś, co ze mną bardzo rezonuje. To coś, czego doświadczam codziennie.

„Kasiu. Dziś zrozumiałam, że naszymi skrzydłami są ludzie, którymi się otaczamy".

Wybierajmy ludzi, z którymi chcemy spędzać czas. Którzy zamiast plotkowania wybierają rozmowy o cudach życia.

Którzy zawsze znajdą dla Ciebie dobre słowo albo opieprzą Cię za Twoje farmazony.

To Ktoś drogocenny jak taki niepozorny bursztyn na tym zdjęciu. Każdy jest inny... a jednak cudowny w swojej inności... Skarb po prostu!

To Ktoś, przy kim czujesz się bezpiecznie i możesz powiedzieć, co tak naprawdę myślisz i zamiast zjebki dostaniesz uwagę i ważne pytania, by obie strony dokładnie rozumiały, o co chodzi.

Ktoś, kto ma ważniejsze zajęcia niż obrabianie Twojej pupy.

Ktoś, z kim nie rozmawiasz przez lata, a gdy się spotykacie, wiesz, że spotkałyście się wczoraj.

Życzę Ci skrzydlatych przyjaciół, przy których możesz rozwijać swoje pasje, oswajać strach i być sobą.

Jeśli masz już taką osobę, koniecznie powiedz jej o tym. Niech wie, że jest ważna.

27 maja

Wracam do siebie. Do rytuału picia (jak to określa moja znajoma) wody ze stawu - kawy z cynamonem, imbirem i kardamonem. Do wstawania porannego. Kot budzi mnie codziennie o 5 rano. Już mi się nie chce go wyganiać z pokoju.

Do cieszenia się z małych rzeczy. One są esencją, która mnie zawsze napędzała.

Do powrotu do robienia zdjęć (niech tylko telefon przyjdzie z naprawy). Kocham je robić i już...

Dziesięć lat temu, będąc w związku z osobą uzależnioną od hazardu, myślałam, że nic mnie już w życiu nie spotka dobrego. Jak ja się cieszę, że się myliłam!

Do jeszcze większej odwagi. Zamiast strachu co to będzie, przecież się nie nadaję i jestem za cienka, żeby cokolwiek osiągnąć, robię malutkie kroki, dając Wam wartość i każde wyjście ze strefy swojego komfortu dla Was może wyglądać jak arogancja - dla mnie jest walką z leniem i moim strachem.

Do wydzielania czasu tylko dla mnie. Jestem najważniejszą osobą w moim życiu i ani myślę tłumaczyć się z tego.

Do skończenia z odkładaniem rzeczy na później i ze zganianiem, że to jesienne przesilenie, gdy po prostu poddałam się hejterom. Pozwoliłam, by swoim „skromnym zdaniem" zgasili mój zapał i dlatego przestałam pisać. Bardzo dziękuję, zajmę się już tym. Co postanowiłam? Że będę dobra dla siebie. Tylko z wewnętrzną siłą mogę wspierać swoje dzieci i dawać innym wartość.

Wszystko jest energią, a ona nie ginie, tylko zmienia swój kształt. Przekonałam się o tym wczoraj, kiedy dostałam wiadomości od osób, które mi bardzo pomogły, gdy nie prosiłam ich wcale o pomoc. Od przyjaciół (też wczoraj) dostałam tyle wsparcia, że ho ho! Dobro wraca w momencie, gdy najmniej się go spodziewamy... Miałam przyjemność sprawdzenia tego w krytycznym momencie. Działa.

Dziękuję za to, że dalej czytasz tę książkę. Chociaż jestem najzwyklejszą pracującą mamą, która wychowuje dwójkę dzieci, chcę pisać o rzeczach, które chciałam usłyszeć w momentach, gdy przez lata nie chciało mi się żyć, a nie miałam odwagi o nie zapytać, bo przecież nie wypada. Będę dobra dla siebie, byś Ty też była dla siebie dobra.

27 maja

Jaka jest najodważniejsza rzecz, jaką kiedykolwiek powiedziałaś? Które „nie" było najważniejsze?

Które „tak" zmieniło Twoje życie?

Które spojrzenie w lustro sprawiło, że stałaś się dla siebie życzliwa?

Jeśli to jeszcze nie nastąpiło, co musi się wydarzyć, żebyś spojrzała na siebie z życzliwością?

Kiedy wreszcie przyznasz przed sobą, że widzisz, co widzisz bez wypierania i zaprzeczania?

Co jeszcze poprawić u kosmetyczki? Ile jeszcze schudnąć? Czy możesz mieć jeszcze bardziej sterylny dom?

Kiedy przestaniesz wrzucać na social media chwali posty mówiące o tym, jakie masz cudowne życie, jakie cudowne dzieci (a mąż to cud miód malina), a gdy spotykasz koleżanki, żalisz im się, że jest zupełnie inaczej. Ile jeszcze dasz radę, sama przed sobą tak udawać ?

Kiedy przyznasz przed sobą, że się zapętliłaś i nie masz kontroli nad swoim życiem, zrozumiesz, że właśnie ją odzyskujesz.

Tego Ci moja kochana życzę z całego serducha. Dzisiaj. I już zawsze.

1 czerwca

By dzieci mogły być dziećmi. By rumiane spadały dojrzałe z jabłonki życia w dorosłość na czas. Ani za wcześnie, za późno też nie (trzymając się spódnicy mamy przez całe życie. Wszystkie pępowiny muszą być odcięte i każdy w rodzie musi znać swoje miejsce).

By miały możliwość nauczyć się akceptacji krzywych nóg i wszystkiego, co im nie pasuje - i czego nie wypada pokazywać na Snapie. I żeby porządnie nauczyły się myśleć o sobie dobrze, nawet jeśli momentami bywa niefajnie. I o ludziach. Pieniądzach. I o świecie, w którym żyją.

By ich emocje były jak fale, które z dystansu przychodzą i odchodzą, zostawiając w sercu spokój i radość.

By w trudnych momentach zawsze znajdował się przy nich ktoś, kto zobaczy w nich cud i nieograniczony potencjał.

By umiały wskakiwać na płoty, przybić gwoździa i zrobić kogel-mogel. I by umiały zasypiać bez tabletowej iluzji.

By miały czas nacieszyć się beztroską. I by zawsze miały siłę marzyć. Wszystkim Dzieciom (tym małym też) ♥

4 czerwca

A jeśli nam mówią, że nie damy rady - a my bardzo chcemy i bardzo się boimy czy się nam powiedzie - na wszelki wypadek zróbmy to dwa razy! Jedyną osobą, która może nam czegokolwiek zabronić, jesteśmy my same przecież.

Równocześnie, żeby było ciekawiej jedynymi osobami, które mogą nam na to pozwolić, jesteśmy również my same i nie potrzebujemy niczyjego pozwolenia - oprócz swojego. Piękne to, prawda?

Kiedy to zrozumiemy i poczujemy, stanie się coś fascynującego. Nie będziemy mogły doczekać się zrobienia pierwszego kroku! Tym razem zrobimy go z miłością i szacunkiem... wyjdą z tego wspaniałości albo ważne lekcje i doświadczenia! O tym, jak już wiesz, przekonałam się wiele razy.

Mimo zwątpień, bo przecież jesteśmy za stare, za grube, za mało zarabiamy, mamy dzieci, miliony obowiązków, nie nadajemy się do tego, jesteśmy niewystarczająco dobre, inni zrobią to lepiej, wyśmieją nas... zawierzmy sobie, podajmy sobie rękę i mimo strachu zróbmy to.. Byśmy były tak dumne z siebie, jak jeszcze nigdy nie byłyśmy...

Jesteśmy warte każdego zachodu. Uśmiechnijmy się do siebie przez łzy i uwierzmy w to wreszcie ♡. Sprawdziłam na sobie. Inaczej nie napisałabym Ci tego.

5 czerwca

Czasem musimy zachorować, by docenić moment, w którym nic nas nie boli. Musimy coś stracić, żeby zauważyć, jak było ważne.

Czasem trzeba nami potrząsnąć, żeby się ocknąć z iluzji, na którą się zgadzamy.

Czasem muszą nam zabrać wszystko, by przypomnieć, co tak naprawdę ma znaczenie.

Czasem musi opuścić nas ktoś, bez kogo nie umiemy oddychać, byśmy zrozumiały, że zawsze oddychasz dla siebie.

Czasem musimy pobyć w ciszy, by zatęsknić za gwarem.

Czasem zgubić w ciemnym lesie pełnym nieznanego musimy, by znaleźć w sobie siłę, o której nieistnieniu nie miałyśmy pojęcia.

Czasem musimy najeść się cierpkich wiśni, by zatęsknić za słodkością truskawek pełnych słońca, które niespodziewanie nam się przejadły.

Czasem sytuacja musi wgnieść Cię w ziemię, byś powiedziała „nigdy więcej!".

Czasem musisz zwariować w natłoku emocji, by z czasem rozpoznać każdą z nich i pozwolić im jedna po drugiej przenikać Cię jak wiatr - tym razem bez Twojej reakcji.

Czasem musisz dać odejść tym, dla których jesteś wyborem z braku lepszej opcji, byś stała się swoim najważniejszym wyborem.

Czasem musisz umrzeć w myślach, byś doceniła wartość życia.

Co musi wydarzyć się, abyś raz na zawsze zrozumiała, jak wyjątkowa jesteś, nawet gdy myślisz, że to już koniec?

7 czerwca

Niedawno zrozumiałam coś bardzo ważnego. W moim życiu wiele się zmienia. Ze zmianami pojawiają się czasem lęki. Nie te z przeszłości, ale o przyszłość.

Różnica jest taka, że gdy pojawiała się we mnie jakaś emocja, akceptuję ją i równocześnie dystansuję się do niej. Nie podejmuje żadnych decyzji, bazując na tym, co czuję w danym momencie. Wcześniej moje emocje rządziły mną. Zawsze. Co za tym szło? Podejmowałam mnóstwo durnych decyzji, których żałowałam i byłam tak uparta, że nie umiałam się z nich wycofać. Byłam zmienna jak angielska pogoda i emocje robiły ze mną to, co chciały. A ja byłam wściekła na siebie, bo zachowywałam się nielogicznie i niespójnie.

Pewnego dnia ktoś bliski powiedział, że nie wyglądam dobrze. Od tej pory często kręciło mi się w głowie, byłam zmęczona. Jednego dnia zemdlałam, co zmartwiło mnie nie na żarty. Zaczęłam się bać, bo symptomów przybywało...

Lekarz zmierzył mi cukier, ciśnienie, podłączył mnie do EKG, zrobił pełne badania krwi i wszystkie wyniki były... idealne!

Zupełnie tego nie rozumiałam... z jednej strony moje ciało odmówiło mi posłuszeństwa. Z drugiej wyniki temu zaprzeczały. Posiedziałam sama ze sobą (co też na początku było bardzo trudne, siedzenie w ciszy bez telewizora, telefonu czy komputera były dla mnie katorgą!) i odkryłam kolejną w moim życiu Amerykę. Moje ciało mnie sabotowało!

Odkąd byłam mała, dużo chorowałam. Chorowałam znacznie więcej niż moi rówieśnicy. Po latach odkryłam, że to chorowanie było programem „zauważ mnie, zainteresuj się mną". Będąc zdrową, wydawało mi się, że byłam przezroczysta. A przecież każdy człowiek chce być kochany, zauważony i otulony troską.

Gdy moja przyjaciółka stwierdziła, że źle wyglądam, moja podświadomość próbowała użyć starej sztuczki, która kiedyś działała za każdym razem.

Gdy przestałam reagować na emocje, moja podświadomość wpędziła mnie w chorobę, by mnie zmusić do ucieczki. Mój organizm próbował wymusić na mnie zachowania, których się pozbyłam dzięki mozolnej pracy nad poczuciem własnej wartości (i wielu innych).

Gdy zdałam sobie z tego sprawę, uśmiechnęłam się do siebie, podziękowałam mojej głowie za próbę chronienia mnie, bo starała się robić to, jak najlepiej umiała, ale nie zamierzam wycofać się z mojej decyzji.

W ciągu minuty wszystkie symptomy minęły - i już nie wracają.

Gdy jesteśmy uważne, możemy znaleźć pomoc w największych problemach i bolączkach. Najpiękniejsze jest to, że wcale nie musimy daleko szukać... Odpowiedzi są w nas samych. Żeby je zauważyć, potrzebujemy kogoś, kto nas w tym poprowadzi. Ja miałam bardzo cierpliwych coachów i terapeutów. Mam nadzieje, że jeśli czujesz, że czas na zmiany znajdziesz odpowiednią osobę dla siebie. Jeśli pierwsza osoba z Tobą nie rezonuje, znajdź inną. Jeśli poprosisz Wszechświat o nauczyciela, zapewniam Cię, że on się pojawi…

8 czerwca

Zrób dokładnie to, czego się panicznie boisz. Gdy mózg serce zalewa swoimi mądrościami wysłuchaj z uśmiechem i z życzliwością jaką w sobie masz, podziękuj za radę. Utul mocno jedno i drugie i zrób to, co wiesz, że masz zrobić - nawet jeśli nie rozumiesz, dlaczego tak jest. Mimo zwątpienia masz w sobie siłę, którą rozpoznasz tylko wtedy, gdy zrobisz to, co jest niewyobrażalnie trudne.

Inni mogą nie zrozumieć Twojej decyzji. Mają do tego absolutne prawo. A Ty moja najukochańsza, masz prawo żyć, kochając siebie najbardziej. Odkrywając życie po swojemu. Mając swoje potrzeby i fanaberie. One też są częścią Ciebie. Zawsze je tul i bądź dla siebie dobra. Pijcie razem kawę i planujcie wielkie podróże.

Niewyobrażalne, po latach stanie się błahe. Zobaczysz horyzont, o którym nie wiedziałaś, że istnieje. Zamkniesz drzwi i rozdziały, które wiesz, że nie dadzą owoców. W skupieniu odnajdziesz cudowny sad pełen cudownych jabłek...

Po prostu to zrób. Proś w myślach o prowadzenie i wsparcie - i ono się pojawi, gdy będziesz pewna, że tego właśnie chcesz. Obiecuję Ci, że za Twoim strachem jest wszystko to, o czym jeszcze nie masz śmiałości myśleć ani wymarzyć. Tego nauczyła mnie Gosia Górna, a ja po sprawdzeniu niosę to w świat, bo już wiem, że za naszym strachem czekają na nas cuda nie z tego świata.

11 czerwca

Pełnego dni życia Ci życzę.

Zachodów słońca w tylko Swoich miejscach. Gofrów z karmelem i truskawkami.

Lampek dobrego wina z ważnymi ludźmi. Głodu odkrywania.

Trudnych doświadczeń. Rumiankowych łąk.

Pokonywania swoich słabości. Zdobywania tylko Twoich szczytów. Wybaczenia sobie - i innym.

Pokochania innych – i przede wszystkim siebie.

Niech opowieść Twojego życia będzie tą najbardziej wciągającą i inspirującą, jaką do tej pory czytałaś.

Bo jesteś wystarczająco dobra, by tak żyć. Wspaniałego dnia!

12 czerwca

Po co mam zdzierać obcasy, skoro i tak jestem w domu? Po co mam się starać, skoro będzie ze mną na zawsze?

Po co gapić się na głupie słońce, skoro zawsze wygląda tak samo?

Po co próbować nowe potrawy, skoro McDonald's jest tani?

Po co być uczciwym człowiekiem, skoro dookoła ludzie robią same przekręty? Po co starać się być dobrym, skoro i tak ktoś mnie zrani?

Po co myśleć samemu, skoro łatwiej, gdy ktoś to robi za mnie?

Po co lubić siebie, skoro łatwiej schować się pod maską idealnego makijażu i słit foci?

Po co uczyć się języków obcych, skoro i tak nigdzie nie pojedziesz?

Po co być życzliwym, gdy innym wiedzie się lepiej, skoro nie osiągnę tego, co inni?

Po co uczyć się, by znaleźć lepszą pracę skoro i tak bez pleców się nie uda?

Po co wspierać siebie i pracować nad słabościami skoro i tak nikt tego nie zauważy?

Po co wierzyć w dobro, lepsze jutro, marzenia skoro to strata czasu?

A właśnie, że warto! Zawsze warto!

By odnaleźć sacrum w zwyczajności. By nauczyć się uważności.

By być przykładem dla samej siebie.

By plecak pełen zazdrości i arogancji zamienić na zgodę ze sobą. I z innymi. By mieć ten spokój, którego tak brakowało przez lata.

Byś mogła patrzeć w lustro z uśmiechem, bez żalu, że mogłam tyle zrobić, a zwyczajnie zabrakło Ci czasu.

By twoje dzieci uczyły się elementarnych wartości właśnie od ciebie... przez obserwację.

I byś miała odwagę uczyć się od lepszych. To ogromny zaszczyt przecież.

Warto. Zawsze warto! Nawet gdy jest ciężko i dźwigasz siebie dzień po dniu. Warto.

15 czerwca

Mówią, że tam, gdzie mieszkam, ludzie są do bani. Że jest niebezpiecznie i ludzie nie dbają o nic. Że pełno kradzieży i że strach wychodzić z domu. Mój syn, który żyje z głową w chmurach tak, (jak jego mama) dziś w drodze do szkoły zgubił telefon. Dzwonili ze szkoły, w skrócie to była afera na trzy hrabstwa. „Znajdzie się. Znajdzie się. Ja to wiem" - pomyślałam.

Po południu poprosiłam lokalną grupę na Fejsie w miejscowości, w której mieszkam o wsparcie. W ciągu kilku minut w szukanie telefonu włączyło się kilkanaście osób, których nie znałam nawet z widzenia. Po godzinie zadzwonił telefon. Pan ze sklepu ze zdjęcia znalazł go kilka sekund po tym, gdy ten został upuszczony. A że telefon był wyłączony (i zablokowany) nie miał możliwości kontaktu z nami.

Jest mnóstwo ludzi, którzy najzwyczajniej w świecie są uczciwi. Zamiast kraść, pomagają innym, nawet jeśli bardziej opłacałoby się „zachachmęcić". Dodają skrzydeł. Jednoczą się.

Dobro wraca. Mówię Wam! Zawsze wraca. Zawsze. Będę o tym mówiła do znudzenia.

16 czerwca

Nikt Cię nie zmieni. Ani Twojego życia. Nie będziesz lepiej zarabiać. Ani mieć związku, który da Ci poczucie spełnienia. Ani samochodu, domu i wszystkiego, o czym skrycie marzysz. Nie spełnisz swoich marzeń. Nie będziesz budzić się z uśmiechem na buzi… jeśli sama sobie na to nie zezwolisz...

To stanie się dopiero wtedy, gdy uzmysłowisz sobie, że jesteś wystarczająco dobra, żeby to mieć. Taka. Jaka. Jesteś. Do tego czasem jest potrzebna osoba, która wyłapie sabotażystę, który mieszka w Tobie i pomoże Ci zawrzeć z nim pokój. Ta praca nie jest łatwa, jednak jest warta tak wiele…

Jeśli mówisz, że czegoś się nie da zrobić, na drugim końcu świata jest osoba, która właśnie to robi. Która bała się tak bardzo jak Ty. Której nie słuchano, gdy była dzieckiem. Która myślała, że któreś z rodziców jej nie kocha. Która była

poniewierana i ten ból nosiła przez lata. Która wybaczyła sobie i innym... i zrobiła niewyobrażalne - przestała się rozpraszać, zasłaniać i wzięła do najtrudniejszej pracy - do pracy nad sobą.

Strach, poczucie krzywdy, rezygnacja, niechęć, zagubienie, kontrolowanie, brak życzliwości, przygnębienie... nieważne, od którego zaczniesz. Gdy pracujesz nad nimi regularnie, będą zamieniać się na odwagę, odpowiedzialność, determinację, życzliwość, systematyczność..

Jest jedno ALE. Pracę nad sobą musisz wykonać sama, bez oglądania się na innych. Inni mogą Cię inspirować, zachęcać, ciągnąć za sobą. Mogą zniechęcać albo kpić. To też jest w porządku. Jeśli całą sobą nie zaakceptujesz siebie, nie pokochasz i nie wyznaczysz kierunku, w którym idziesz - nie wydarzy się absolutnie nic.

Praca nad sobą jest pracą na całe życie. To tak, jakbyś płynęła łódką po rzece. Gdy się zatrzymasz, zaczynasz się cofać, bo zaczynasz płynąć z prądem. Najważniejsze jest, by wsiąść do łódki. Bardzo Ci tego życzę.

17 czerwca

„Wiesz Kasia... Gdy mi się za wami przykrzy włączam sobie mapy i wpisuję wasz adres. Chodzę po ulicy, widzę wasze drzwi. Jestem daleko i blisko. Chcę nacisnąć klamkę i chce posiedzieć z wami, a jestem na drugim końcu świata. To najbliżej, co teraz mogę".

Wczoraj w Anglii był dzień taty. I to była jedna z ostatnich rozmów z tatą, którą pamiętam. To był jeden z momentów, gdy równocześnie czułam miłość i bezsilność. Krawiecki tato-dziadek miałby dziś 62 lata.

Gdzie jest dzisiaj? W moim sercu i gdziekolwiek chcę. Nie musimy mieć już żadnych Googli, by ze sobą pobyć. Widzę go w mimice mojego syna i sióstr, na które nie mogę się napatrzeć. W moim temperamencie i spontaniczności. W moich oczach, które wybierają życie. Myślę o nim, gdy śpiewam i tańczę.

Dał mi wszystko, co mógł i jak mógł. Dziękuję za to, że moja dusza wybrała sobie takich rodziców, jakich mam. Po stokroć dziękuję.

Wszystkim tatom, tym obecnym i tym, którzy nie umieją nimi być - dobrego dnia.. Jesteście tacy, jacy macie być. Jeśli umiecie być obecni, bądźcie. Po prostu bądźcie.

18 czerwca

Rozmawiałam z koleżanką z liceum o naszej nauczycielce polskiego, pani Karabasz. Zawsze miałam u niej tróje... a na maturze ustnej z polskiego dwa z minusem! Jak ją pamiętam? Przenikliwa. Charyzmatyczna. Wymagająca. Nie było mowy o żadnym „ściemnianiu". Wiedziała, że kłamiemy po stężeniu powietrza w klasie!

Pomogła mi zakochać się w „Makbecie", „Ludziach Bezdomnych" i „Zbrodni i Karze". Nauczyła mnie współpracy z innymi. I w miarę logicznego myślenia (tak, to się naprawdę zdarza). Miała w sobie taką pasję, że kur zapiał normalnie... Od zawsze chciałam się z nią skontaktować. Zawsze też to odkładałam. Spóźniłam się okropnie. Zmarła niedawno.

Kręcę się po domu i staram przypomnieć sobie rzeczy, o których zawsze chciałam pamiętać, a które nieuważnie uleciały, bo nie miałam czasu ich zapisać. Słowa, które zmieniają kolor świata. Osoby, które nauczyły mnie ważnych umiejętności i jestem im za to bardzo wdzięczna, nawet jeśli doświadczenie nie było przyjemne.

Książki, które mnie inspirują. Telefony, które czekają, by je wykonać.

Miejsca, które na nas czekają. To, co odkładam na później. Na potem. Na zaraz. Marzenia, do których jeszcze nie dorosłam, choć mogę. Mamy jeszcze czas na tak wiele. MAMY JESZCZE CZAS NA TAK WIELE...

Uczmy się. Bądźmy. Planujmy. Bójmy. RÓBMY! BY STARCZYŁO CZASU

19 czerwca

Gdy już dosięgnie nas uśmiechnięta i stęskniona cisza, zastanów się, proszę, moja kochana, czy nie lepiej zrobić z tym całym bałaganem porządek?

Raz na zawsze znaleźć w sobie niezmącony spokój i wiarę, że gdyby było idealnie, niczego ważnego byś się nie nauczyła.

Zamiast telewizora, nudnego radia, przytłaczającego smutku, ogarniającego strachu, poczucia niemocy, poniżających opinii, nic niedających konfrontacji i straconych monologów, zróbmy nieodwracalne

Włączmy na już na zawsze Człowieczeństwo szacunek i zrozumienie uśmiech i wdzięczność

Łączmy, zamiast dzielić. Myślmy. Kreujemy i rośnijmy.

Podawajmy rękę i ufajmy. Patrzmy w oczy i słuchajmy.

Malinową szminkę nośmy i śmiejmy się na głos z odwagą

albo na początek tylko oczami

Myślmy o innych dobrze

albo nie trujmy dupy i nie myślmy wcale.

Cieszmy się i tulmy. Ściskamy z wdzięcznością. Radością zarażajmy. I człowieczeństwem (cokolwiek ono znaczy).

Wyjdźmy na łąkę. Słońcem i ziołami wypełnijmy, pięknie wyplecioppny wiklinowy kosz życia.

Sprawiajmy, by rozmowy, dyskusje, opinie zawsze łączyły

mimo odmienności Niech zawsze kończą się zgodą i szacunkiem.

21 czerwca

Siedzenie na Fejsbuku jak buty mnie uwiera jak przyciasne i niemodne buty. Wieczne uśmiechy, sukcesy i mega kariery. Social media osaczają mnie coraz bardziej… Wymuszają porównywanie się z ludźmi, których nie dość, że nie znamy, to często mamy z nimi mało wspólnego i co najmniej średnio interesuje nas ich wołanie o uwagę.

Im więcej „skrolujemy", tym więcej marnujemy czasu. Na oglądanie rzeczy zupełnie zbędnych; wybuchające mentosy w coli, migające wydarzenia, na które nigdy nie pójdziemy. Najbardziej fascynujące jednak są zadziwiające słitfocie osób udających bliskość. Kiedyś też takie robiłam….

Jest różnica, gdy social media są używane jako ŚWIADOME NARZĘDZIE. Do biznesu. Do inspirowania. Do pokazywania, że można inaczej.

Pokazywanie najbardziej intymnych momentów, półnagich dzieci (które narażamy bardziej, niż nam się wydaje), żeby zbierać żebrolajki, podobno jest już passe od jakiegoś czasu.

Jaka jest różnica między nimi? To Twoje intencje! Dlaczego robisz, to co robisz? O tym będziesz wiedzieć tylko Ty sama.

Nie ma przecież trucizn ani lekarstw. Są tylko substancje i chodzi o to, by zachować w nich umiar.

Kilka lat temu siedzenie w sieci zaczęło wymykać mi się spod kontroli i zaczęłam być uzależniona. Internet, który jest genialnym odkryciem, zaczął mi marnować życie. Po latach umiem o tym mówić, tym bardziej, że uporałam się z uzależnieniem siedzenia w sieci.

Zastanawiałam się, jak to się stało, że mały telefon przejął kontrolę nad moim życiem. Wygrałam tą bardzo nierówną walkę. To uzależnienie takie samo jak alkoholizm czy narkomania. Lajki działają jak dragi. Sztucznie podnoszą poczucie własnej wartości. Poziom dopaminy i adrenaliny. Pozornie tłumią przerażającą i krzyczącą ciszę, gdy czujemy się samotni....

Gdy nikt nie lajkuje ani nie podziwia, wrzucamy więcej, i więcej nie zostawiając już nic dla siebie, gdy pozostajemy ze sobą zupełnie same.

Tak naprawdę wiele z nas czuje się nieswojo, bez telefonu w kieszeni... Jak żyć Panie Premierze?

Wydzielamy sobie czas na social media i się tego trzymajmy.

Czy naprawdę musisz go trzymać przy sobie cały czas? Czy jeśli rzucasz palenie, trzymasz papierosy przy sobie?

Naucz się funkcjonować bez telefonu, by każde powiadomienie nie wołało o natychmiastową uwagę. Świat poczeka. Jeśli to ważne, zadzwonią do Ciebie. A może po prostu wyłącz internet.

Korzystajmy z aplikacji, które rejestrują nasze „chwilowe posiedzenia” w sieci. Wyobraź sobie, co mogłabyś zrobić z uzyskanym czasem? Przecież zawsze mówisz, że na nic nie masz czasu...

Pokochaj siebie. Tak naprawdę. Raz a porządnie. Bezwarunkowo. Dzięki temu nie będziesz potrzebowała uwagi z zewnątrz. Lajki, które na dłuższą metę są o dupę rozbić, przestaną Ci być potrzebne i nikt nie będzie musiał podziwiać efektów wiecznego odchudzania.

21 czerwca

Nie była gotowa. Nikt jej nie przygotował na te trudy. Nikt nie wspomniał nawet, że ją to spotka. Nikt jej nie uprzedził. Nikt. Te wszystkie sytuacje. Upokorzenia. Kopniaki. Bolesne lekcje...

Ciosy, które bezwiednie zadawała ludziom, których kochała. Momenty, w których umierała nawet nadzieja. Pokora, której musiała się nauczyć, myśląc, że wszyscy są przeciwko niej.

Ból i dążenie, by być idealną, by ktoś ją wreszcie zauważył. By była warta tego, że ktoś ją po prostu pokocha.

Samotność, która była nie do zniesienia, bo nie umiała być niczyja. Poczucie beznadziejności, które uziemiło ją w łóżku na dwa niemające końca tygodnie.

Mimo wszystko dała radę, by być tu, gdzie jest teraz. Dziś wie, że samotność dała jej konieczną przestrzeń, by mogła zauważyć siebie. Schematy. System. Energię.

By mogła zacząć dostrzegać wszystko, co siedzi w jej głowie i sercu. I by pozwoliła sobie być taką, jaką jest. Bez kłamania ze strachu. Bez upiększania rzeczy, które tego nie wymagają. Bez kija w tyłku. Bez udawania kogoś, kim na pewno nie jest.

By mogła uśmiechać się, otwierając rano oczy i cieszyć się, że żyje. O kim mówię? Kim ona jest?

Spójrz, proszę w lustro. Utul się najmocniej. Podziękuj najważniejszej osobie w Twoim życiu za wytrwałość.

I już zawsze pamiętaj, że jesteś częścią czegoś znacznie większego niż Ty sama.. Że nie jesteś swoimi myślami i możesz zmienić wszystko, co Ci nie służy. Udowodniłaś to sobie nie raz. I obiecaj sobie, że poddasz się prowadzeniu. Ono wie, co jest najlepsze dla Ciebie.

22 czerwca

W mediach nieustające burze. Na ulicach mówią o wojnie i nienawiści przeciwko muzułmanom, uchodźcom, imigrantom, nauczycielom, LGBT, kościołowi, kaczyzmowi, szczepieniom, imigrantom... you name it... Do wyborów ostatnia prosta, więc będzie wrzało z obietnicami. 800 plus, czternastki… po prostu wspaniale…

Kolega powiedział, że będzie wojna i u nas... Bo zasłyszał. To machina strachu, by łatwiej było nami sterować. Nie wierzyłam. A dzisiaj wiem, że mimo wojny, która była bardzo „dziwna" oni nami manipulują. A iluzja wyboru jest wprost zwariowana. Ci na górze dogadają się zawsze, a my kłócimy się o politykę, która jest istną demagogią.

Nie dajmy się nabierać - decyzje odnośnie do tego, co się dzieje na świecie, nie są podejmowane w naszych domach... Politycy też mają narzucone, co mają mówić. I udają. Udają, że mogą...

Jeśli się boimy - to dobrze dla rządzących... ale nie dla nas... Wyłączajmy telewizję i zamiast nakręcać się tak, jak oni tego chcą, zajmijmy się swoim życiem. Wszystkim tym, na co mamy wpływ. Bo akurat na to, co pokazują w telewizji, wpływu nie mamy żadnego.

Nie nakręcamy się, chodząc na wiece i protesty. Bo podpinamy się pod energię tłumów ziejących nienawiścią... A to zmienia naszą energię na gorsze. To tak, jakby chcieli przejść przez rwący potok. Wciągnie nas, choć wygląda niewinnie, a przecież chcemy dobrze.

Uśmiechajmy się częściej do ludzi i skupmy się na tym, na co wciąż mamy wpływ. Co ma być, to będzie. Z twoją nienawiścią czy bez niej.

Pamiętajmy o fundamentach. Chrońmy to, co mamy najcenniejszego. Nasz czas i naszą energię. Bez nich odechce się nam żyć... I będzie po ptakach.

Lato

23 czerwca

W takie dni okna otwierają się szerzej. Herbata nie parzy odrętwiałych rąk. Kardamony i cynamony budzą zmysły, a zaglądający przez furtkę biały bez zaprasza na spacer po zapomnianej ścieżce, byś mogła wyczarować nowe wspomnienia.

Kot mruczy czulej, dziękując za to, że jesteś. Kocha Cię i chroni - dzień - po - dniu.

W lustrzanym odbiciu zauważasz figlarnie-zielonkawy kolor oczu. Nie możesz napatrzeć się na ten mozaikowy cud.... na nowo zakochujesz się cudownych odcieniach tęczówki. Zmarszczki są jak złota rama najpiękniejszego dzieła. Jak to możliwe, że tak łatwo o nich zapomniałaś?

Czerwoności truskawek są wyraźniejsze. Ich słodkość budzi ospałe, zaskoczone zmysły. Koronkowy obrus. Kwiaty zatopione w przezroczystej świecy. Ciekawska maciejka w glinianym wazonie. Kolorowy koc, który tkał się miesiącami, spoglądają na Ciebie z wdzięcznością. One też już wiedzą...

Zmęczony Bóg brodzi stopami w strumyku pod mostem, zapraszając Cię do tego samego. Wszystko jest dokładnie tak, jak ma być.

Nadchodzi cudowne lato pełne piegowatego nieba, szumu słonego oceanu... pełne miłości do samej siebie.

Takiego lata Ci życzę.

24 czerwca

A szczęście dorastało i cały czas cierpliwie czekało aż je znajdę. Zerkało raz po raz i uśmiechało się delikatnie. Doskonale wiedziało, że musi mnóstwo trudnego się wydarzyć i wszystko przecież jest kwestią czasu.

Wszędzie go chyba szukałam… W tylu miejscach, w których nigdy go nie było. W nieznajomych i nieobecnych oczach, obcych kątach, wyścigach donikąd, przeczytanych książkach, przejechanych kilometrach, wypitych burgundach i marzeniach nie moich.

Aż zmęczona przygniatającym strachem z wydeptanymi butami dorosłam do tego, by wreszcie stanąć po swojej stronie. W trudnej prawdzie i nieznanej odwadze, choć na słabych nogach. Spojrzałam. Zobaczyłam. I zrozumiałam.

Jestem swoim własnym szczęściem. Czułością. Promieniem słońca. Zapachem pomidorów prosto z krzaka. Zachodem słońca. Dość wystarczająca jestem taka, jaka jestem.

Swoim domem jestem. Wartością. Najlepszą rzeczą, która mi się przytrafiła. Marzeniem moich przodków. I wiesz co? Ty też jesteś swoim cudem ♡

Dziękuję, że tu jesteś ze mną, choć przecież możesz być w wielu miejscach, w których tak naprawdę Cię nie ma.

25 czerwca

Zamieńmy

plotki na szczery uśmiech odejścia na powroty

hejt na konstruktywną krytykę (podpowiadamy, jak to zrobić lepiej) problemy na rozwiązania

mury na mosty

ekran na wytęsknione oczy

smutki na szukanie możliwości - i zatrzymywania chwili

odpoczynku i znalezienia nowej drogi

cztery kąty na przestrzeń pełnej motyli i szumu wiatru dopracowany plan na trudny pierwszy krok konsumpcjonizm na minimalizm

nierealność na Insta na prawdziwość w realu idealne selfie na normalność bez zbędności

udawanie przed innymi - na siebie Taką-Jaką-Jesteś.

26 czerwca

Myślę, że internet jest cudny! Co prawda, coraz więcej czasu marnujemy tu bez celu, ale dzięki mocy internetu wydarzyło się w moim życiu wiele wspaniałości..

Poznałam ludzi, których nie spotkałabym w swoim życiu, chociażby dlatego, że mieszkają w innych częściach świata, mają zupełnie inne hobby i żyją w zupełnie innym świecie.

Nie dowiedziałabym się, że w okolicy mamy ludzi pełnych pasji. Nie otrzymałabym tak ogromnego wsparcia w krytycznych dla mnie momentach.

Gdyby nie internet nie znalazłabym właściciela wiadomości w słoiku, który tkwił zakopany w wydmie przez co najmniej 10 lat.

Nie mogłabym dzielić się z Tobą moim małym - wielkim światem...

przemyśleniami, wierszami ani historią zakompleksionej dziewczyny ze wsi, która poszukiwała siebie.

Dzięki internetowi i „przypadkowym" rozmowom miałam zaszczyt być częścią projektów zmieniających istnienia. Poznałam wielu towarzyszy życia i mojej duchowej podróży.

Jakie cudowności Ci się przydarzyły dzięki temu genialnemu urządzeniu? 27 czerwca

Być może dla innych będziemy niewystarczające. Albo jedną z wielu opcji.

Albo za jasno będziemy świeciły. Za głośno się śmiały. Słuchały nie takiej muzyki, jakiej wypada. Za niefajnie się ubierały.

Mówiły bzdury. Kłamały. Za mało ćwiczyły. Za dużo chudły - albo jakoś niewystarczająco.

Bo za mało się zmieniamy. Albo za dużo i nie idzie za nami nadążyć. Od dzisiaj ciul z tym!

Bądźmy dla siebie dobre. I wystarczające.

Ciepłe. Kochane i czułe dla wymęczonych ciał, które przecież są naszymi domami.

Powiększone biusty, pomniejszone brzuchy, najnowsza moda ani nic, co można kupić, nie da nam długotrwałego powodu, by zasłużyć na bycie wystarczającymi.

Otulone kocem i herbatą z pomarańczą, która zawraca w głowie. Otoczone zapachem akacji i dzikich róż. Palo santo, bazylii i czym tylko sobie zażyczymy. I koniecznie ulubioną muzyką...

Odpoczywajmy w tylko swoim tempie. I bawmy się, gdy tak chcemy. Podróżujmy (nawet do wioski obok). Tulmy, śmiejmy się i płaczmy. Rozpuszczajmy na językach (i gdzie tylko chcemy) rozkosznie ukochaną czekoladę. Chodźmy na masaże, do kina. Po molo spacerujmy. W ciszy i tańcząc. Bezpardonowo kąpmy się w jeziorach i oceanach.

Tak jak w „magic is might", tak myślę, że mamy w sobie sprawczość, by móc cieszyć się maciupkimi cudami. I nicnierobieniem. I leżeniem plackiem. I najzwyczajniejszym byciem. To naprawdę wystarczy.

I zamiast przepraszać, że żyjemy - dziękujmy, że wciąż tu jesteśmy. Bo przecież już dawno mogłoby nas nie być...

I bądźmy dla siebie najlepszym lekarstwem na te wszystkie docinki. Antidotum na plotki. Najzwyczajniej. Tak po prostu. I już. Bo jesteśmy ważne. Ściskam i dziękuję, że tu ze mną jesteś.

28 czerwca

Z dzieciakami w domu od kilku dni. Nie słuchały, kłóciły się i udawały, że mnie nie słyszą, gdy je prosiłam o pomoc.

Wieczorem: Dzieci, jestem zawiedziona... Pozwoliłam wam grać na komputerze, Annika, mogła się bawić z koleżanką i jest mi przykro, że nie słuchacie, gdy was proszę, żebyście już poszli na górę.

Co możemy teraz zrobić, żeby uniknąć takich sytuacji w przyszłości?

Annika podniosła rękę: Możemy wyjrzeć przez okno i oglądać ptaki albo zacząć uprawiać jogę jak ty. I oddychać i patrzeć na swoje myśli, żeby nam ten wulkan nie wybuchł. Mamo, to twój wulkan, nie nasz. Daj nam spokój.

Oniemiałam. Przygotowuję się na rewolucję. Być może to będzie najprzyjemniejszy poniedziałek w tym roku. Trzymajcie za nas kciuki! A przynajmniej za mnie, bo zaczyna brakować mi argumentów.

29 czerwca

14 lat. Tyle zajęło mi rozwiązanie najtrudniejszej sprawy dorosłego życia. C-z-t-e-r-n-a-ś-c-i-e! Niedawno wyszłam z sądu i chyba jeszcze do mnie nie dochodzi, że odważyłam się zrobić to, co powinnam wiele lat temu.

Wracając do domu, po raz pierwszy świadomie krzyczałam i pewnie jeszcze trochę czasu minie, zanim w środku wszystko otulę. Mam zamiar być dla siebie dobra. Biczowałam się za moją decyzję stanowczo za długo.

Czego się nauczyłam? Że każda decyzja niesie za sobą konsekwencje, z którymi trzeba żyć bez względu na wszystko. I że podejmujemy decyzje, które są najlepsze w danym momencie (proporcjonalne do naszej świadomości, wiedzy i zasobów).

I że często poziom, na którym kłopot powstał, nie jest poziomem, z którego go możemy rozwiązać (co jest absolutnym odkryciem Krawieckiej Ameryki).

I że zwalanie winy na innych niczego nie rozwiąże. Jeśli nie zrobimy porządków będą się piętrzyć i zalegać latami. Rozwiązujmy je, póki mamy na to czas. Z odwagą i bez niej. I że telenowele dzieją się nie tylko w telewizji, a w „normalnych" domach i „normalnych" rodzinach.

I że czas zawsze upłynie. I że prawda zawsze wyjdzie na jaw (nawet jeśli jest to komuś nie na rękę). I że zawsze znajdzie się ktoś, kto pomoże znaleźć nową perspektywę.

A mama i tata? Nawet jeśli fizycznie nie ma ich przy nas - dali nam najważniejsze, co mogli - życie. I czasami na tym ich rola się kończy, bo więcej dać nie umieją i warto to uszanować.

Bez nich nie byłoby nas. Bez moich rodziców nie byłoby mnie. Bez mojego byłego partnera nie byłoby mojego syna. Nawet jeśli fizycznie go nie ma - odbija się codziennie w jego oczach. Tak, jak ja widzę swojego tatę w swoim.

I bycie mamą, która tak mało umie, też jest ok...

To ważny dzień. Nasze najszczęśliwsze dni jeszcze się nie wydarzyły. I Twoje też nie. Mama Krawiecka.

30 czerwca

Czasami „kocham cię" znaczy nie mam dokąd iść.

Czasem „kocham cię" znaczy boję się być sam.

Czasem „kocham cię" znaczy chcę, ale nie umiem.

Czasem „kocham cię" znaczy nie mam już siły.

A czasem znaczy:

Jestem gotowy na nowe. To jest wbrew logice.

Jestem, bo jesteś. Jesteś, bo jestem.

1 lipca

Bądź wdzięczna za to, co dostajesz, bo każde doświadczenie jest Ci potrzebne, nawet jeśli jeszcze teraz tego nie widzisz. Być może zauważysz to za tydzień albo rok. Albo za pięć. Albo pod koniec życia.

2 lipca

Mój dom ma zielone oczy. Krawat w paski i mruczącą kuchnię. Zwyczajne świętości i koronkowe firanki.

Z kochanych ramion ściany i kochane obrazki z delikatnych rączek.

Wejście z dystansu dla obcych spojrzeń w promienny witraż zmieniony,

gdy dobro poczuje

Mój dom ma uważne okna. Makowe łąki, gdy oczy zamknę.

Kominek, co smutki otula i

talerze nieskończonych opowiadań rozpromienionej buzi, co tam w szkole dziś było...

Mój dom - nawet gdy jest pusty, najważniejszego jest pełny. Dziś. Jutro. I zawsze na zawsze.

3 lipca

Osoby, które mnie znają wiedzą, że przyciągam deszcz. Jak? Zawsze, gdy włączam pralkę! Sprawdzone, działa za każdym razem od co najmniej roku.

Tak, więc jeśli nie lubisz sprawdzać pogody, bo przecież czujesz w kościach, że będzie cudownie - albo niebo jest tak soczysto-niebieskie, że niemożliwością byłyby jakiekolwiek opady - na wszelki wypadek odezwij się do mnie, by dowiedzieć się, czy przypadkiem nie robię prania.

Sobota. Pogoda mniamniusia. Duszno, choć nad rzeką bajka. Niedziela jest kontynuacją soboty, więc pogoda będzie wspaniała. Rano pozbierałam skarby, które leżały majestatycznie porozrzucane po całym domu. Pewnie nikt poza mną ich nie widział i nie miał okazji tego zrobić (tak sobie to tłumaczę). Sortowanie; jasne, ciemne.

Kolejno w zaskoczonej pralce lądują:

-kolorowe sukienki Anniki

-kilkadziesiąt koszulek syna, z których powycinałam wszystkie metki, by go nie wkurzały (tak, nawet te Chanela go gryzły, wyobrażasz sobie?)

turmalinowe kule, które wiernie służą od prawie roku

płyn do płukania, ten nowy amerykański i reklamowany.

Włączam. Czekam. I wtedy sprawdzam pogodę na niezawodnych Googlach. Nosz ja prdl!!!!

Pralka stop. Zmiana programu na krótszy i heja 3 zdrowaśki, żeby jak u Pawlaków ten deszcz poczekał z tym padaniem do jutra. Całemu zajściu z nieukrywaną sympatią przyglądała się z wieszaka piękna koszula w motyle, która prosiła się o prasowanie. Niech czeka na zdrowie. Tak czy inaczej, już wiesz, gdzie się udać, gdy masz jakiekolwiek wątpliwości deszczowo-praniowe.

4 lipca

Podobno życie nie jest niebem i idealne być wcale nie musi. A jednak nie ma nic cenniejszego niż ono właśnie...

Podobno nie ma znaczenia czy jesteś królową w ulu, czy królową dla bezdomnego kota. Jesteś najważniejszym człowiekiem w swoim życiu.

Podobno Roleksy odmierzają ten sam czas, co te niemodne zegarki, a w ukrytych wspomnieniach jest recepta na utulenie wszystkiego, co bardzo potrzebuje głębokiego zrozumienia.

Podobno milczenie to też zgoda i czasami trzeba nadludzkiego wysiłku, by szepnąć „nie zgadzam się", „nie rób mi tego", „to mnie boli".

Podobno wszystko jest energią i gdy jesteśmy gotowe, to na naszej drodze pojawią się nauczyciele, którzy pomogą nam dokopać się do fundamentów.

I że żaden człowiek nie pojawił się w naszym życiu przez przypadek.

I że czekolada smakuje najzawszej, i najlepsiej, gdy pozwolimy, by w skupieniu leniwie rozpuszczała się na języku.

5 lipca

Moja babcia, wiele cioć i mama mają za szybą swoich kredensów zastawy na szczególne okazje. Kilka lat temu też kupiłam zestaw pięknych, czerwonych filiżanek, które były malowane 22 karatowym złotem na jednej z okolicznych aukcji kolekcjonerskich. Postawiłam je na meblach w kuchni, by spoglądały na mnie każdego dnia i czekały na specjalną okazję, bym mogła je użyć.

Kurzyły się przez rok, gdy zrobiłam coś, na co czaiłam się przez długi czas - i na samą myśl o tym walczyłam ze sobą. Przecież nie wypada tego robić. Przełożyłam swoje filiżanki do szafki, w której trzymałam swoje „normalniaki".

Tak oto zaczęłam ich używać codziennie! To moje życie i jestem wystarczająco dobra na używanie pięknych filiżanek. Kupiłam też piękne talerze, o których zawsze marzyłam i używam ich każdego dnia. Nie czekam już na specjalną okazję. Życie samo w sobie jest nadzwyczajną okazją.

Każda herbata, którą piję, każdy obiad, który jem z bliskimi, mogą być tymi ostatnimi. Celebruję swoje życie.

Teraz. Już.

Każdego dnia.

By zdążyć się nimi nacieszyć.

Często czekamy na specjalne okazje czy lepsze czasy, a marnujemy zasoby, które już mamy dookoła siebie. A co, jeśli zabraknie nam życia? A co, jeśli taka okazja się więcej nie przytrafi?

Co, jeśli nigdy nie użyjesz swojej prześlicznej zastawy, choć pragniesz napić się aromatycznej kawy za każdym razem, gdy na nią patrzysz?

Do dzieła! A jeśli ktoś zapyta, co ty wyprawiasz i robi Ci wyrzuty - zgoń na mnie.

Krawiecka od filiżanek

6 lipca

Już nie boję się płakać przy innych. Nie boję się powiedzieć „nie" ani „tak". A bałam się przez lata i zaniedbywałam siebie.

Nie boję się swojej inności, mimo że niektórym bardzo ona przeszkadza. Nie boję się i nie gniewam, gdy ktoś rezygnuje z mojej przyjaźni.

Nie boję się powiedzieć, że coś spartaczyłam albo znowu kogoś zawiodłam. Już się tego nie boję, a kiedyś było mi ciągle wstyd.

Nie boję się patrzeć prosto ludziom w oczy. Ani w lustro i zawsze się uśmiecham do siebie, bo już siebie kocham najmocniej.

Nie boję się mówić po polsku, mieszkając w Anglii ani mówić po angielsku z polskim akcentem.

Nie boję się prosić o pomoc. Kiedyś musiałam być supermenką. Już nie muszę. Pozwolenie na bycie słabą bardzo wyzwala...

Nie boję się mówić o swoich potrzebach, nawet jeśli wymagają powiedzenia najtrudniejszego słowa na świecie. I nie boję się powiedzieć, że nie chce mi się sprzątać, gdy jestem zmęczona - i nie zmuszam się do tego.

Nie boję się mówić, że jestem w czymś dobra i jeśli ktoś jest lepszy, cieszę z tego, ot tak po prostu. Da się bez zaciśniętych zębów. Po prostu się da...

Nie boję się czuć tego, co czuje. Ten spokój jest nie do opisania! Polecam Ci to z całego serducha.

Teraz kolej na ciebie. Czego się już nie boisz?

7 lipca

Tak, jak zawsze przydatna jest tylko pusta szklanka, tak samo by tworzyć, potrzebujemy przestrzeni. Bo mniej to często więcej.

Odkładane z miejsca na miejsca, kurzące się niepotrzebne nikomu przedmioty, których szkoda wyrzucić.

Puste relacje, które oplatają jak jemioła. Iluzje szczęścia po internetach porozrzucane.

Wypchana po brzegi szafa, która bardziej przypomina wejście do Narnii, niż funkcjonalny mebel.

Precyzyjnie zamykane szafki, by nic się z nich nie wysypało. Szuflady pełne wątpliwych skarbów, które jeść przecież nie wołają.

Zaspamowana do granic skrzynka mailowa bez automatyzacji. Aplikacje, o których dawno zapomnieliśmy. Miliony zdjęć, które przeszkadzają w złapaniu oddechu.

Alarmy i budziki, na które już nawet nie reagujemy. Albo reagujemy na nie, jak psy Pawłowa, nie wiedząc, po co je ustawiliśmy. Jesteśmy już tak bardzo leniwi, że nawet ich często nie wyłączamy.

Samochody i na pokaz domy. Nierealnie męcząca idealność na social mediach. Wieczne udawanie.

Przytłaczające ciężary codziennych zwyczajności, odwrotne od tych idealnych u znajomych. Monotonność, z której ciężko się wyrwać, w której się grzęźnie, jak niespodziewanie w szarym lesie.

Tak, ja pusta szklanka jest zawsze przydatna - by powstało nowe, potrzebujemy krzyczącej echem przestrzeni. Tak jest i już. Zrobić miejsce po prostu trzeba na wszystko, co potrzebne do dalszej drogi.

Żeby wreszcie znaleźć czas, by w smutne lustro spojrzeć. Oczyścić rany. Podać lekarstwo. Utulić wszystko, co boli. Znaleźć w sobie ogień. Powietrze. Ziemię i Wodę.

By zwykłe oddychanie sacrum było. Powodem, by wstać z zawstydzonych kolan. By zacząć chcieć. Być. Czuć. Słyszeć. Silnym być. I słabowrażliwym. Nawet gdy modny świat patrzy z niesmaczną wątpliwością.

Szczególnie gdy sama patrzysz... widzisz i czujesz, że w środku masz nie do zatrzymania ogień…

8 lipca

„Kochana Mamo,

Przyjmuję To, co mi dałaś,

Wszystko, całość

Ze wszystkim, co do tego należy

I za taką cenę, jaką Ty musiałaś zapłacić, którą i ja płacę.

Zrobię z tym coś pięknego, abyś się mogła cieszyć Na Twoją pamiątkę

Aby nie poszło na marne

Będę się tego mocno trzymała i to czciła A jeśli będzie mi wolno, przekażę to dalej Przyjmuję Cię jako moją matkę

A Tobie wolno mieć mnie jako swoje dziecko Jesteś dla mnie tą właściwą mamą

A ja jestem dla Ciebie tym właściwym dzieckiem Ty jesteś ta duża, a ja ta mała.

Ty dajesz – ja biorę – kochana mamo Cieszę się, że wzięłaś sobie tatę Oboje jesteście dla mnie właściwi Tylko wy"

Bert Hellinger

9 lipca

Jeśli myślałaś, że to koniec - a jakimś cudem wciąż tu jesteś.

Jeśli myślałaś, że wiesz już wszystko - a dowiedziałaś się nieoczekiwanego (które było na wyciągnięcie ręki).

Jeśli wstajesz co rano i jedyne co robisz, to ścielisz łóżko albo po prostu oddychasz.

Jeśli znalazłaś chociaż jeden powód do uśmiechu. Jeśli próbujesz być dla siebie dobra.

Jeśli zrobiłaś coś tylko dla siebie.

Jeśli ktoś uratował Cię przed rozsypaniem się na miliony kawałków i nawet o tym nie wie.

Jeśli pozwalasz sobie czuć, nawet jeśli jest to najtrudniejsza rzecz i boli jak cholera.

Jeśli w życiu zrobiło się pusto i cicho. Albo za głośno i szukasz ciszy.

Jeśli wreszcie się zamknęłaś i dałaś mówić innym. Albo, jeśli tupnęłaś nogą i powiedziałaś, co zżerało od lat.

Jeśli robisz to, co trudne - chociaż łatwiej jest się poddać.

Jeśli krok do tyłu musisz zrobić, by przetrwać, poukładać i uleczyć.

Jeśli jesteś samiusieńka w tłumie ludzi. Albo wreszcie spokojna, spójna ze sobą i pozornie sama.

Jeśli zauważyłaś, jak cudownie pachnie głóg i jabłoń. Tulę Cię mocno. Dziękuję, żc tu ze mną jesteś.

10 lipca

Zwyczajny dzień wypełniony po brzegi

mruczeniem utęsknionego kota i malowaniem przedpokoju uśmiechem do lustra i salsowymi wygibasami

rozmawianiem z mamą i ciekawskimi kwiatami na parapecie mówieniem prawdy na głos i w myślach

z cudowną życzliwością i trzepoczącą tęsknotą za silnymi ramionami

Pokonywaniem słabości w stawianiu granic bezczelom. Przyznaniem się do błędów i powolnym powrotem do siebie...

11 lipca

Myśl dobrze o swoim życiu. Myśl dobrze o sobie.

Myśl dobrze o ludziach, których spotykasz (nawet jeśli za tobą nie przepadają).

Dobrze myśl o trudnych momentach. Właśnie z nich wyniesiesz najwięcej (nawet jeśli teraz widzisz tylko rozpacz).

Myśl dobrze o ludziach, którzy myślą inaczej niż ty (mają do tego absolutne prawo, tak samo jak ty masz prawo mieć swoje zdanie i nikt poza tobą nie może tego zmienić).

Myśl dobrze o niegrzecznych dzieciach (chcą być zauważone, a wiele osób reaguje na nie tylko wtedy, gdy są kłopotliwe. Poza tym, co znaczy niegrzeczne? To nie żołnierze, tylko Twoje kochane dzieci, które nosiłaś pod sercem...)

Myśl dobrze o krzaku przed domem, który niesfornie po swojemu rośnie na wszystkie strony (być może robi coś, na co ty się nie odważysz).

Myśl dobrze o swoich niedoskonałościach. To właśnie one wyróżniają cię z tłumu. Pokochaj je i celebruj. Dbaj o nie jak o skarb.

Myśl dobrze o swoich rodzicach. Przyjdzie taki dzień, że ich zabraknie i będziesz tęskniła za ich czepianiem się. Bez nich nie byłoby ciebie, pamiętaj o tym i pamiętaj, że oni są pierwsi w hierarchii.

Zaczynaj każdy dzień z dobrem w sercu. Bez względu na to, co dzieje się za oknem.

Bądź dobra. Nikomu się z tego nie tłumacz. Po prostu bądź. W swoim własnym tempie.

12 lipca

Dałam się wkręcić. Przerosło mnie to wszystko... Na co dzień staram się nie wtrącać, bo każdy przecież doświadcza tego, czego ma doświadczyć w tym życiu. Ja mam swój cyrk, a ty masz swój. Do zeszłego tygodnia. Dałam się wciągnąć w kłótnie, która nie miała ze mną nic wspólnego. Była akcja. I reakcja. Bunt. A teraz widzę to już na spokojnie.

Znajoma trafnie porównała nasze zachowanie pod wpływem emocji do jazdy autostradą. Wyobraź sobie, że jedziesz swoim pasem. Nagle ktoś zajeżdża Ci drogę i opuszczasz swój pas - albo złapiesz kapcia ... ewidentnie coś ciągnie cię do rowu. To od ciebie zalczy, czy spokojnie zmienisz koło i wrócisz na swój pas, do swojego życia, czy dasz się pociągnąć do rowu... (ja wtrącając się w nie swoją sprawę, dałam się właśnie tak pociągnąć). Czy dasz się wkręcić w emocje, które nie wnoszą nic wartościowego?

Jaki był skutek? Straciłam na chwilę swój pas ruchu, po którym jechało moje auto. Zaczęłam się frustrować, bo widziałam, jak moi znajomi hejtują co się da, udostępniają filmiki i zdjęcia, które miały potwierdzać ich rację, nakręcając ludzi i fale hejtu coraz bardziej. Wiele osób zaczęło zachowywać się tak, jakby tylko oni mieli rację. I ja w pewnym momencie też tak się zachowałam. Nie widziałam tego wcześniej, bo emocje mnie przerosły. Zaczęłam się udzielać w kłótniach, na które nie miałam wpływu.

Zaczęłam komentować rzeczy publicznie, umoralniać, bo chociaż wiem, jak rozwiązać sytuację bez dolewania oliwy do ognia - nikt mnie nie pytał o zdanie. A przecież obie strony sporu mają prawo do szacunku. I obie strony mogą mieć rację, nawet jeśli mają zupełnie inny punkt widzenia.

Uspokoiłam się. Skupiłam na rzeczach, na które mam wpływ. Spędziłam czas z bliskimi. Wygłaskałam kota za wszystkie czasy. Zajęłam się swoim podwórkiem. I tak już zostanie.

Na hejt będę reagować zawsze - tym razem świadomie - bez wchodzenia w emocje hejterów - zostanę na swoim pasie ruchu.

Spokojnego dnia.

13 lipca

Zauważyłam, że największą przeszkodą w moim życiu bardzo często byłam ja sama. Może nie przeszkodą, powiedzmy rozwiązaniem, które miałam dopiero odkryć. Żeby nie było, myślałam, że robię słusznie i zrobiłam tak, bo uważałam, że moje przekonania są jedyną słuszną drogą. A gdy miałam podjąć jakąś decyzję, kurczyłam się w sobie i wymyślałam trylion wymówek i powodów, dla których mój pomysł był najnudniejszym, na jaki do tej pory wpadłam.

No i pewnego cudownego dnia postanowiłam, że przestanę sobie przeszkadzać. Tak, byłam swoją największą sabotażystką. Zaczęłam szukać rozwiązań, zapisałam się na terapię, by odkryć, co sprawia, że inni we mnie wierzyli, a ja czułam, że mówią o zupełnie kimś innym, bo przecież ja do niczego się nie nadawałam. Były rzeczy, które przestałam robić. Były też takie, które zaczęłam. Jakie?

Nauczyłam się rozpoznawać myśli, które sabotowały każdy mój pomysł i poryw serca. Zrobiłam to, gdy byłam w dobrym humorze, na spokojnie. Te myśli były bardzo uciążliwe, gdy na przykład chciałam oswoić swoje słabości i zamienić je na wspierające przekonanie albo gdy chciałam nauczyć się czegoś nowego. Wypisywałam każde przekonanie na jednej kartce. Na odwrocie pisałam nowe przekonanie (lub przekonania). Czasami prosiłam przyjaciół o wspierające przekonanie, bo sama nie umiałam sobie z nim poradzić. Nowe przekonania zapisywałam na kartce i przyczepiałam koło lustra. Tak programowałam mój umysł na nowe. Dzisiaj wiem, że wszystko jest trudne, dopóki nie stanie się łatwe i rozpoznawanie tego, co jest we mnie, było kluczowe.

Co także zauważyłam? Gdy wpadałam na jakiś pomysł, pierwszą myślą była ta z poziomu serca i to było tym, czego tak naprawdę chciała moja dusza. Ta myśl była tym, co właśnie miałam zrobić! To było to! Tu jednak zaczynała się „zabawa". Druga (trzecia i setna) koncepcja to lawina myśli, którą wysyła rozum, lubiący siedzieć „w starym". W tym, co zna i – chcąc nas chronić przed dyskomfortem – robi wszystko, co może by odwieść nas od tego pomysłu. Ze strachu.

To normalny proces. Nasza głowa nie bardzo lubi uczyć się nowych schematów. Wiedząc to, możesz odpowiednio na to zareagować i przygotować się. Jak? Ja mówię do siebie tak: „moja kochana głowo, wiem, że chcesz mojego dobra. Dziękuję, że chcesz mnie ochronić, jestem Ci wdzięczna za to. Zaakceptuj moją decyzję. To jest to, czego chcę w moim życiu, moja kochana głowo. Wspieraj mnie, proszę". Tak tak, brzmi śmiesznie, ale najciekawsze jest to, że takie szeptanki działają!

Słyszałaś pewnie, że ludzie, zanim się zaczną odchudzać, pracują nad swoją mentalnością. Na przykład wypisują wszystkie możliwe pułapki, które mogą być podsunięte przez umysł, gdy ten się przestraszy nowego nawyku (lub gdy będzie on wymagał wysiłku, za którym jak już wiemy, nie przepada). Do każdej wymówki wypisuję po pięć rozwiązań, których może użyć, gdy przyjdzie kryzysowy moment. Zapisuję wszystko i pozostawiam w widocznym miejscu, aby proces odchudzania nie został przerwany „z byle powodu". Śmiało, spróbuj, gdy będziesz uczyć się czegoś nowego.

W pracy nad przekonaniami (programami), które siedziały we mnie w ukryciu, bardzo pomogła mi praca na warsztatach ustawień systemowych oraz praca z terapeutką, która pomagała mi zaprowadzić porządek w głowie. Warstwa po warstwie. Bywało łatwo i trudno bywało. I pewnie nie raz, nie dwa, będzie znowu coś do przepracowania. Przecież praca nad sobą jest zajęciem na całe nasze życie.

14 lipca

Pozwoliłam sobie na to, by opinia innych była tylko opinią, na którą inni patrzą ze swojej perspektywy i to, co myślą tak naprawdę nie ma nic wspólnego ze mną. Co prawda, robiłam dużo błędów i przyjaciele próbowali mi je delikatnie naświetlić, ale odbierałam to wtedy jako atak i automatycznie odrzucałam. Dziś rozumiem, że warto się przyglądać podpowiedziom osób, które dobrze mnie znają i wiedzą, co mogę zrobić lepiej, i szybciej.

Pamiętajmy, proszę, że to, co mówią inni, może nam pomóc, ale nie musi – i my z szacunkiem możemy pozostać przy swoim zdaniu.

Jakoś specjalnie nie oglądam się na innych, chociaż gdy byłam młodsza, bałam się podjąć jakiegokolwiek kroku z obawy, co pomyślą o mnie inni. W czasach social mediów i idealnych uśmiechów bywa to momentami bardzo trudne (bo nacisk jest niebywały), więc postanowiłam spróbować czegoś nowego - nie porównywać się z nikim innym. Dlaczego?

Warto sobie uświadomić, że każdy z nas ma coś innego do zrobienia, jest w innym momencie swojego życia i to, nad czym pracujesz ty, dla mnie może być zupełnie zbyteczne. Co jest ważne? Ty! Twoje wibracje, energia i Twój wkład, w bycie coraz lepszą - dla siebie i dla innych.

Bądź. Tak na sto procent. Od zawsze byłam znana z tego, że robiłam kilka rzeczy naraz. Do momentu, gdy zrozumiałam, że skupiając się na robieniu tylko (AŻ!) jednej rzeczy – robię najwięcej. Pamiętam więcej i trenuję uważność mojego umysłu. Dopiero gdy zatrzymujemy się, możemy zauważyć nasze myśli, potrzeby i wszystko to, od czego próbujemy uciekać. Możemy skonfrontować się z naszym strachem i zamiast go wypierać – zauważyć i najzwyczajniej w świecie utulić. Przecież on próbuje nas ostrzec. Możemy pozwolić sobie po prostu być. Jedni chcą być dużo bardziej efektywni. Ja po prostu chce żyć w spokoju, który odkrywam. Sobą. Taką normalnie-nienormalną. Idealnie nieidealną w życiu, które uporządkowałam i wreszcie się w nim urządziłam.

Nauczyłam się funkcjonować bez odmóżdżającego telewizora. Bez programujących instytucji. Bez rytualizująco-programujących coniedzielnych spotkań.

Chociaż wiele osób spotyka mnie na różnych wydarzeniach, sporo czasu spędzam sama. Żeby usłyszeć siebie w ciszy. Oswajam się z nią i wtulam jak w miękki sweter. Odkładam wtedy telefon i wyłączam muzykę. A gdy ją włączam, muzyka nie dudni na cały regulator, tylko staje się ledwo słyszalnym tłem do mojej randki samej ze sobą. Zapalam czasem świeczkę, odmierzam 10 minut i wpatruję się w nią do momentu, gdy upłynie ten czas. Czasami najzwyklejsze

10 minut trwa wiecznie, czasem upływa w mgnieniu oka. To bardzo stary sposób na kontrolowanie swoich myśli. Ogromnie Ci go polecam.

Uzmysłowiłam sobie, że każda z nas jest wystarczająco dobra, bez względu na piękności, które oglądamy na Insta. Wystarczająco dobra bez szóstek na świadectwie. Bez przedłużonych włosów. Bez doczepionych rzęs. Bez idealnej wagi. Bez chłopaka nawet. You are enough. Skąd to wiem? Chyba nie muszę odpowiadać na to pytanie.

15 lipca

W pracy

Kawa Druga

Piąta kurde bele. Bla bla bla. Na na na. Trututu. Trelele

Piąta Dom

i utęskniony kot.

20 lipca

Są rzeczy, na które nie mamy wpływu - są poza naszą kontrolą. Spinanie się, frustrowanie i walka niewiele nam dadzą. One tylko pogarszają próby zrozumienia tego, co naprawdę się dzieje. Dzisiaj już to rozumiem (albo przynajmniej tak mi się wydaje). Czasami ktoś inny podejmuje za nas decyzje i nic nie możemy z tym zrobić, bez względu na to, jak bardzo nam się to nie podoba.

Czasami też, rzeczy się po prostu dzieją i jedyne, co możemy zrobić to głęboko oddychać i obserwować, rejestrować, co się stało i pewnego dnia spróbować zrozumieć, co się nam przydarzyło – nie tylko ze swojej perspektywy. Kiedyś tupałabym nogami, żaliła się i kombinowała co zrobić, żeby inni mnie chociaż trochę żałowali, bo przecież moja strata jest najważniejsza.

Obserwuję to, co wciąż mnie uwiera, frustruje i powoduje ucisk w gardle i w całym ciele. Bardzo pomaga mi wtedy oddychanie... Zatrzymuję się i z uwagą lokalizuje uwierające, mrowiące i każde inne nieprzyjemnie uczucie, które znajduję w ciele. Świadomie je zauważam i daję mu uwagę. Z każdym wdechem wypełniam to miejsce ciepłym światłem. Mówię wtedy do tego miejsca: widzę cię, proszę, wybacz mi, przepraszam, kocham cię, dziękuję, że pokazujesz mi to co trudne. I bardzo mocno tulę. Najpiękniejsze jest to, że nie muszę rozkminiać niczego, ani precyzyjnie nazywać tego uczucia. Lokalizuję i uwalniam uwięzioną w ciele emocję. Dziękuję moim nauczycielom za to, że dzięki nim wiem, jak to robić.

Staram się zauważać jak najwięcej, by rozumieć, czego mogę się nauczyć z tej sytuacji. To nie jest tak, że na przykład coś nam się przydarza, bo jesteśmy tacy, czy siacy. W naszej głowie mamy obraz świata, w który wierzymy ... i do naszej rzeczywistości przyciągamy sytuacje, które mają nam potwierdzić, że dokładnie jest tak, jak myślimy. Wyświetlany film musi pasować do wyświetlanej kliszy. To dlatego przydarzają nam się takie, a nie inne sytuacje w życiu. Gdy zmieniamy nasze niewspierające myśli na takie, które nam pomogą , nasze myślenie zmienia się w naszą rzeczywistość.

Żeby nad tym popracować, zaczęłam przyglądać się przekonaniom, które mi nie służyły. Nie Wspierającymi przekonaniami mogą być: „wszyscy kradną", „nie nadaję się do tego", „nie uda mi się", „trzeba mieć tak zwane plecy, żeby cokolwiek osiągnąć". Jestem przekonana, że znasz co najmniej kilkadziesiąt przekonań, nad którymi warto się pochylić i je zmienić.

Mimo że pracuję nad moimi myślami, czasami bywa jednak tak , że po prostu tego wszystkiego nie ogarniam. Podchodzę wtedy do sytuacji tak: nie muszę rozumieć wszystkiego; nie analizuję sytuacji milion razy. Jest tak, jak jest - i już. Zostawiam to sile wyższej i cieszę się z tego, co mam (wierze, że nawet jeśli teraz jest trudno, ta sytuacja ma mnie czegoś nauczyć). Cała reszta jest poza moją kontrolą. Mówię: „Boże, ty się tym zajmij". I zostawiam to sile wyższej. Odpowiedzi przychodzą w najmniej oczekiwanych momentach. I co najważniejsze – ta metoda działa za każdym razem.

Jestem wdzięczna za obecność każdego, kto chce być przy mnie. Razem wyruszamy na głębszą wodę. Z wdzięcznością, spokojem i pokorą, której kiedyś nie znałam. Nawet jeśli nasza podróż jest krótkim epizodem.

21 lipca

Czasami tkwimy w niewygodnej dla nas sytuacji, boimy się odejść i zamknąć rozdział... Czasami dniami, a czasami niekończącymi się latami. Często stoimy w drzwiach i nie umiemy ich zamknąć, by pójść dalej. Boimy się zmian, bo choć jest do bani, przynajmniej wiemy, czego możemy się spodziewać (jakby to zmieniło cokolwiek...) A strach przed nieznanym często blokuje nas na zmiany i bardziej paraliżuje niż sama zmiana! Odważ się... łatwo mi powiedzieć? Niekoniecznie...

Kiedyś bym powiedziała: zamknij drzwi, chociaż nogi odmawiają posłuszeństwa i nie chcą zrobić ani jednego kroku. Za miesiąc, pół roku, dziesięć lat będziesz wdzięczna, że się przemogłaś. Za kilka lat będziesz już zupełnie inną osobą. Gdy zamkniesz ten rozdział, jeśli będziesz uważna, na twojej drodze pojawią się nowe sytuacje i możliwości.

Będzie bolało. Może być ciężko. Jeśli ja dałam radę, Ty dasz na pewno.

Przez kilka lat byłam w związku z hazardzistą uzależnionym od tablicy Mendelejewa. Kiedyś bym powiedziała, że zamknięcie toksycznej relacji, odcięcie od ludzi, którzy nas dołują, psioczą i ściągają w dół, jest niezbędne, by coś się zmieniło w naszym życiu.

Dzisiaj moja perspektywa jest nieco inna. Nauczyłam się, że każda osoba, którą spotykamy, jest naszym lustrem; więc jeśli na naszej drodze pojawia się osoba, która nas nie szanuje, może to znaczyć, że cząstka nas samych się nie szanuje. Nie staje po swojej stronie. Być może nie kocha siebie i stawia potrzeby innych ludzi ponad własne? Możliwości jest kilka. Warto się temu przyjrzeć.

Podobnie jest z osobami, które nas denerwują. Być może przypominają nam kogoś, kto wyrządził nam krzywdę - albo to, co nas w nich wkurza - mamy w sobie! Gdy mój syn mnie denerwuje, bo godzinami przesiaduje z telefonem w ręku, to znaczy, że tak naprawdę wkurzam się na siebie, bo ja też spędzam w internecie za dużo czasu. To powoduje, że nie poświęcam czasu na rzeczy, które sobie zaplanowałam i obiecałam. A mój syn pokazuje mi to, na co sama nie mam odwagi spojrzeć. Gdy daje sobie uwagę (przesiadywanie w internecie jest u mnie formą ucieczki przed rzeczami, z którymi czas się zmierzyć) - robię wszystko, co jest dla mnie ważne. Złość na syna mija, bo zaopiekowałam się częścią, która mnie uwierała i już dostała uwagę. Gosiu, dziękuję, że wytłumaczyłaś mi tę metodę, jak krowie na rowie.

Zmiany są chyba jedyną stałą w życiu. Zamiast oczekiwać konkretnego zachowania od innych, nauczyłam się zaczynać od siebie. Jeśli mam brudną sukienkę, nie będzie miało znaczenia, gdzie się znajdę albo kogo spotkam... Ona zostanie brudna do momentu, gdy tego nie zauważę i nie zrobię z nią porządku. Do tego są potrzebne skupienie i uważność.

Czasami zmianą jest stanięcie we własnej obronie i mimo wyrzutów sumienia, spakowanie walizki albo zadzwonienie na policję. Albo ugryzienie się w język i wreszcie posłuchanie kogoś, kto chce naszego dobra. Warto chociaż spróbować zauważyć inną perspektywę niż swoją własną. Może, zamiast poczucia winy powinnam zrozumieć, że kiedyś nie umiałam albo nie mogłam postąpić inaczej, bo byłam małą dziewczynką. Dziś mogę robić rzeczy inaczej. Świadomie. Z odwagą. Kwestią jest to czy bojąc się, zrobię to, co trudne, czy z podkulonym ogonem będę wiecznie uciekać. Z całego serca wierzę, że chcesz jak najlepszego życia. Kibicuję Ci bez względu na to, jaką decyzję podejmiesz dla siebie.

25 lipca

Lepsze auto.

Wakacje na Majorce albo gdzieś, by wszyscy zazdrościli. Idealny makijaż.

Zawsze.

Bez względu na wszystko.

Ani jednej fałdki. Niech podziwiają. Moje katusze są tego warte. Wieczne pozory.

Biegniesz i już nawet nie wiesz za czym.

Biegniesz, bo inni biegną. Uciekają od siebie.

Ale nawet nie masz czasu, by to zauważyć.

Swoje dzieci napędzasz.

Mają być najlepsze. Najpiękniejsze.

Z najlepszymi fotkami na Fejsie, który czeka na te dane, by Cię zmanipulować i wykorzystać je przeciwko Tobie.

Spinasz się. Urabiasz.

Spędzasz czas z ludźmi, których nie lubisz...

Bo trzeba. Bo wypada.

Bo co inni powiedzą.

Bo ja jestem mniej ważna niż inni.

Robisz rzeczy wbrew sobie

choć udajesz, że wszystko jest tak, jak ma być. A w środku krzyczysz z rozpaczy.

CO SIĘ MUSI WYDARZYĆ, BYŚ ZATRZYMAŁ SIĘ, CHOCIAŻ NA CHWILĘ?

Rozejrzyj się do jasnej cholery.

Zdjęcie zamiast na FB wydrukuj i wyślij babci, do której nie dzwoniłaś od 5 lat...

Zamiast wiedzieć wszystko, zrozum drugą stronę sporu. Odłóż telefon na dzień i zobaczysz, jak dużo masz czasu... Gdy pijesz kawę, delektuj się smakiem.

W oddech swój wsłuchaj się.

I koniecznie w szum fal nad polskim morzem Poczuj zapach kwiatów, które mijasz każdego dnia. A ten śpiew ptaków, którego już nie słyszysz?

On nadal na Ciebie czeka!

Zadzwoń, zamiast pisać. Umów się na kawę.

Ugotuj coś z sercem.

Bądź tak po prostu bez kija w dupie.

Niech wszystko, co robisz, ma znaczenie Każda rozmowa.

Szept i krzyk.

Spojrzenie i nieobecność...

I bądź wdzięczna za każde doświadczenie. Te trudne są najważniejsze

nauczą Cię najwięcej, jeśli na to pozwolisz

- choć dzisiaj bolą najmocniej. Masz jeszcze czas

Ciesz się każdym porankiem. Każdą kawą.

Każdą rozmową. Każdym uśmiechem.

Każdym zerwanym makiem. Szumem wody.

Szelestem liści. Śmiechem.

Życiem.

30 lipca

Dzień Przyjaciela Dziś 😍

Przyjaciel to niekończące się rozmowy całą dobę, choć i to mało!

To wycieczki Szczerość i uczciwość

To brak plotek

I obmawiania za plecami

To opierdol, gdy się nazbiera

I opiekuńczość. Bo tak i już!

To nie pukanie do drzwi I zapasowy klucz

Przyjaciel to pomocna dłoń gdy się nie chce i nie ma siły we wszyciu upartego zamka i piciu cynamonowej kawy

To dobre słowo

i trudna prawda, gdy czekasz na wygodną

bajkę

Przyjaciel to szaleństwo na plaży i na parkiecie

nieskończone kieliszki wina najszybciej znikająca beza

I bezcenna obecność, nawet gdy jest daleko.

Cudownego dnia dla moich i twoich przyjaciół! 2 sierpnia

Bo życie to sztuka wyborów... Jeśli pójdziesz tam, gdzie wszyscy dostaniesz dokładnie to samo, co oni.

Posłuchanie siebie i odwaga podążania za swoim głosem może oznaczać, że zostaniemy same na chwilę czy dwie. Cena bywa wysoka. Ma też swoje „plusy dodatnie".

Nie stoimy w zatłoczonej kolejce i nie musimy porównywać się z innymi.

Możemy posiedzieć w spokoju. Z samą sobą. Albo w mrocznym lesie, gdzie samotność błaga o milimetr światła.

Nie musimy nikogo prosić o zgodę, by iść tam, gdzie chcemy. Nie mamy wyznaczonych ścieżek dla setek turystów. Możemy znaleźć się na pustej plaży i z nikomu niepotrzebnych ociupinek piasku i muszelek zacząć układać swoją historię.

Masz racje; innym może się to nie spodobać, ale pamiętaj, proszę, że to nie ma nic wspólnego z tobą, tylko z oczekiwaniami i wyobrażeniami innych wobec ciebie. Jako osoba dorosła jesteś odpowiedzialna tylko za siebie. Nikt nie może zmusić cię do noszenia maseczek, do spotykania się z ludźmi, którzy plotkują o innych czy do jeżdżenia w góry, gdy kochasz morze.

Zamknij oczy i przypomnij sobie wszystkie momenty, w których tak bardzo chciałaś zrobić coś po swojemu, ale niezrozumiała lojalność kazała Ci robić to, co wszyscy. Z miłością, uwagą i życzliwością do najważniejszej osoby uśmiechnij się do siebie i powiedz: „jestem dorosła i to ja decyduję. Decyduję za siebie".

Zarezerwuj bilet do kina na film, na który zawsze chciałaś iść i uśmiechnij się do odbicia w lustrze. I dopnij swego.

Z wrażliwością. Strachem. Kompleksami. Tul wszystko po kolei - jak leci - każdy milimetr Ciebie.

No, chyba że lubisz tłok, fejki i wieczne udawanie. Zalewaj fejsbuki udawanym uśmiechem, krzykiem o adoracje i nikomu niepotrzebną modą. Robiłam tak przez wiele lat i szczerze Ci odradzam ten sposób.

5 sierpnia

Gdybym pozwoliła sobie na więcej radości w życiu... Nie chciałabym wszystkiego wiedzieć.

Nosiłabym sukienki, chociaż nie wypada.

Z większą uwagą wpatrywałabym się w malowidła kreatywnego mrozu na szybach.

I uważnie liczyłabym słoje na świeżo ściętych pniach w lesie pod domem. Promienie słońca bym łapała i odbijała lusterkiem pełnym wdzięczności. Z zamkniętymi oczami liczyłabym ptaki na niebie.

I mówiłabym ważne słowa, których tak się bałam.

Czernie na turkusy i czerwienie zamieniłabym bez wahania.

I skleiłabym lampę, która słońca mnóstwo miała, choć niemodna była. Boso bym więcej chodziła.

I słodkiej maciejki więcej siała.

W księżycu częściej przeglądała i Twojej twarzy pełnej piegowatego nieba...

Policzyłabym cegły mojego domu i kroki, które mnie od niego dzielą od sklepu, co kawę i cynamon daje.

Płakałabym mniej, chyba że ze szczęścia. Albo i więcej, gdybym czuła, że tego potrzebuję.

Więcej bym widziała. I z czułością spoglądała. I słyszałabym też więcej. Mniej mówiła za to, tak dla równowagi.

I moje kochane dzieci tuliła jeszcze częściej. A siebie traktowała miłością nieskończoną.

A Ty? Czego więcej Ci w życiu trzeba moja kochana?

10 sierpnia

Trzynastek piątego się kiedyś zadział.

By przyjaciele zawsze byli blisko - nawet jeśli są daleko.

Byś zawsze miała czym wycierać rozlane mleko. Albo zdrapywać to zaschnięte.

By czarne koty tuliły najmocniej. I te, niepotrzebne nikomu mruczały najcudniej gdy przechodzisz koło nich i udajesz, że ich nie widzisz.

By ten pan na górze usuwał z twojej ścieżki ludzi, gdy słyszy rozmowy, których ty nie masz okazji.

By trzynastka była liczbą taką samą jak dwanaście i czternaście. Byś w żadnym przypadku nie zamieniła ich na inne.

I aby drabina nie straszyła, tylko prowadziła wysoko z cudownymi nawykami, które zmieniają świat i okolice.

Byś znalazła więź z najbliższymi, byś miała odwagę usunąć się, gdy ktoś wybiera drogę bez ciebie. Przecież może, tak samo jak możesz to zrobić ty.

By strach na pewność zamieniać, a potrzebę posiadania racji na bezwarunkowe szczęście.

I byś zawsze w sobie znajdowała odpowiedzi na najważniejsze pytania.

I by zawsze odnajdywać sens swojego życia. Albo chociaż okruszki. Nie od razu wszystko musi być jasne. Całe życie masz przed sobą przecież.

By zawsze zauważać maciejki, jak groszki i róże uśmiechają się do Ciebie przez stary płot.

I nawet gdy smutno, by ciszę i spokój w sobie umieć odnaleźć. Z życzliwością do siebie. I do świata.

Dziś. Jutro. I już zawsze!

13 sierpnia

Jeśli ktoś Ci powie, że nie umiesz czegoś zrobić, ma prawie rację. JESZCZE się tego nie nauczyłaś. Zgodnie z indeksem wyuczalności, jeśli chcesz czegoś się nauczyć, możesz to zrobić, jeśli tak postanowisz. Jeśli poznasz sposób, który poprowadzi Cię tam, gdzie chcesz dojść. Jeśli zaangażujesz się i włożysz w to wysiłek. Jeśli będziesz ćwiczyła. I ćwiczyła. I ćwiczyła.

Na początku nie umiemy wiązać butów. Ba! Nie wiemy, że taka czynność jest nam potrzebna (nie wiem, że nie wiem). Gdy mama nam je kupuje, dowiadujemy się o konieczności nauki czegoś nowego (wiem, że nie wiem); z cierpliwością pokazuje nam technikę, która pozwoli wiązać buty. Kopiujemy jej każdy ruch i wiążemy sznurówki z uważnością, do momentu, gdy robimy to nieświadomie. Możemy nauczyć się wszystkiego.

„Nie dasz rady" nie określa Twoich granic. Określa bariery mówiącego. Skąd to wiem?

Zrobiłam pierwszą w życiu makramę, wbrew sugestii kogoś życzliwego. I wiesz co? Nie dość, że mnie to bardzo odpręża, to uwielbiam wyczarowywać coraz to piękniejsze kreacje.

A Tobie powiedziano, że czego nie dasz rady zrobić?

15 sierpnia

Łatwiej jest się poddać. Odpuścić. Otoczyć się murem wymówek. Dyplomatycznie (albo z przytupem) wycofać. Obrazić się na cały świat i zrezygnować. Spakować bez słowa i uciec w środku nocy. Wziąć kolejną zaliczkę i wyjechać dwa dni później. Pokłócić się i podwinąć ogon. Wycofać się z obietnicy, która pomoże w budowaniu Twojego życia. Możesz to zrobić już dziś. Albo jutro, za tydzień czy miesiąc.

Możesz też zrobić to za kilka miesięcy - lub już przenigdy! Już zawsze dotrzymać słowa, które sobie dałaś. Zrobić dosłownie wszystko, co w Twojej mocy, mimo że jest niewyobrażalnie trudno - posuniesz się codziennie o milimetr. To wcale nie muszą być mile czy kilometry. Centymetry i milimetry też się liczą. Minimalne kroki w kierunku, który pomoże Ci zbudować tak mocne fundamenty, że aż trudno będzie Ci w to kiedyś uwierzyć! Czas przecież i tak minie...

Może Cię zawodzić cały świat: partner, przyjaciółka, sąsiedzi, szef i każda osoba, która Ci tylko przyjdzie na myśl. Wiesz, dlaczego to będzie nieważne? Bo będziesz całą sobą wiedzieć, że możesz liczyć na siebie. Na nikogo innego nie musisz. Bo będziesz wierzyła sobie i zawsze znajdziesz sposób, żeby przejść przez to niewyobrażalne bagno, przez które nie chce Ci się żyć.

Ta sytuacja się zmieni, to kwestia czasu przecież. Być może jest ona poza Twoją kontrolą, a może wpakowałaś się w nią po raz kolejny, doskonale wiedząc, że znowu będziesz zbierać pogubione kawałki serca i wszystkiego, co zgubiłaś, rezygnując z najważniejszej osoby w Twoim życiu.

Obiecaj mi, proszę jedną rzecz. Że od dziś już nigdy, przenigdy siebie sobie nie odpuścisz. Jesteś przecież najważniejszą osobą w swoim życiu.

20 sierpnia

Ktoś powiedział, że ze szczęściem czasami bywa tak, jak z okularami, szuka się ich, a one siedzą na nosie. Mimo że nie zawsze marzenia spełniają się od razu. Czasem pół życia trzeba przeczekać. Albo nie spełniają się, bo okazuje się, że tak naprawdę to nie były nasze marzenia. Albo zmienia się nasz światopogląd, a z nim nasze priorytety – i to, czego bardzo chcieliśmy w pewnym momencie, mija i nie jest już takie ważne...

Na dzisiaj - i każdy niepozorny dzień – życzę i Tobie, i sobie też, by zawsze pamiętać, że szczęście to:

- uczucie spokoju i błogości

- życie bez bólu, choć niektórzy bezmyślnie powtarzają, że ból uszlachetnia

- tańczenie - pod gruszą, pod palmami i gdzie popadnie

-wdzięczność za ludzi, którzy są obok, nawet jeśli uczą pokory i cierpliwości.

wkurzające nas osoby (te wkurwiające jeszcze bardziej) służą nam, byśmy mogli pozbyć się trudnych emocji. By te emocje (które od dawna mamy w sobie), mogły wybrzmieć. Tak, tak... bycie ofiarą jest dużo łatwiejsze, a taka postawa wymaga odwagi i odpowiedzialności. (Iza, dziękuję po stokroć)

słońce, chmury, wiatr

zmarszczki. Nie każdy ma zaszczyt ich doczekać. Mam nadzieję, że jesteś ze swoich dumna tak, jak ja

dom, w którym schronił się każdy, kto tego potrzebuje

dostatek i obfitość, które są czymś znacznie więcej, niż tylko posiadaniem pieniędzy (tak przy okazji podobno pieniądze nie dają szczęścia, ale warto pamiętać, że nie daje jej też bieda).

zachody słońca

wdzięczność za przyjaciół, dzieci, rodziców i siostry, sąsiadów i mijanych nieznajomych

- czarny futrzak plączący się pod nogami

21 sierpnia

Nie musimy spotykać się z ludźmi, przy których się dusimy. Wiemy, że obrabiają nam nasze zgrabne cztery litery i najbardziej się cieszą, gdy nam się nie wiedzie, a jeszcze bardziej, gdy się poddajemy, albo wątpimy w siebie. Gdy się poddamy, tacy znajomi nie będą już musieli się wściekać, że sami nic nie robią (co też według mnie jest ok).

Ale zaraz… ktoś może powiedzieć, Kasiula przecież mamy prawo być nie do zatrzymania. Mamy prawo mieć znajomych, którzy cieszą się z naszych działań i szukają sposobu, żeby nam pomóc – albo przynajmniej nie przeszkadzać.

Nie musimy dzwonić do koleżanki ze studiów, która sprawia, że za każdym razem, gdy z nią rozmawiamy, czujemy się winne i chce nam się płakać, gdy odkładamy słuchawkę. Odnajdźmy kogoś, kto jest dumny z naszych błędów, bo wie, że próbujemy i po prostu rozumie, że pewnego dnia nam się uda to, czego się tak panicznie boimy.

Na imprezy nie musimy zapraszać gości, których wypada zaprosić, bo przecież teściowa się obrazi i w odwecie nie zaprosi nas na swoje imieniny. Przecież tak naprawdę nawet nie chcemy tam iść i tak naprawdę zrobiłybyśmy wszystko, żeby się tam nie pojawić. Przyznasz się przed sobą czy dalej będziesz udawała przed wszystkimi, bo przecież nie wypada inaczej? A co by się stało, gdybyś przyznała przed ważnymi osobami, jak się z tym czujesz? Jak ogromną ulgę byś czuła, gdybyś przyznała to przed sobą?

Nie musimy uciekać na koniec świata, bo nie idzie nam tak, jak sobie zaplanowaliśmy... Przed sobą nie uciekniemy. Im więcej naszego zawzięcia, tym jest bardziej prawdopodobne, że spotkamy się z wielkim oporem... Próbowałam nieść na swoich ramionach cały świat. Uwierz mi, proszę, że dużo skuteczniejsze jest przyznanie prawdy przed sobą. Jak zacząć? Stań przed lustrem i wyszepcz: „Czuję… poczuj… i pozwól sobie na wszystko, co przyjdzie”.

Uwierz mi, proszę, że nie musimy z nikim walczyć. A już najbardziej nie ze sobą… Im bardziej udajemy idealne życie, tym będzie gorzej, bo przecież ta siła na udawanie się nam kiedyś skończy… I co wtedy zrobisz? Co by się stało najgorszego, gdybyśmy dopuszczały nasze serce do głosu, aby po prostu być takie, jakie jesteśmy? To wymaga niezwykłej odwagi i bardzo wyzwala. Szczerość z sobą pozwoliła mi ruszyć ze swoim życiem.

Pamiętaj też, proszę, że nie musimy udawać, że jesteśmy średnie, że nam się nie wiedzie, że mamy gorszy dzień, że nie lubimy słuchać tej samej muzyki, co nasz partner, że jesteśmy bałaganiarzami. Możemy też mówić o tym, co naprawdę lubimy, o rysowaniu (chociaż jest niemodne), aktywnym zwiedzaniu (zamiast niekończącym się leniuchowaniu na plaży), o tańczeniu (nawet jeśli inni wolą oglądać telewizję). Mamy prawo, a nawet obowiązek dzielić się naszymi darami i umiejętnościami.

Nie musimy udawać, że nie mamy swoich potrzeb. Planujmy czas, by mieć chociaż 10 świadomych minut dla siebie. Zróbmy, cokolwiek chcemy, z kim chcemy – kiedy mamy na to tylko ochotę. Nawet na randkę ze sobą możemy iść, kto nam tego może zabronić?

Możemy mieć dobre relacje z ojcem naszych dzieci i cieszyć się, że, mimo że był nie takim partnerem, jak sobie wymarzyliśmy, jest dbającym tatą i jego nowa rodzina jest fajna i dobrze, że jest szczęśliwy. Mimo wszystko.

Nie musimy mieć najnowszej kolekcji torebek ani zegarków Gucciego, żeby czuć się wartościowe. Ani mercedesa. Gdy zaczniemy rozumieć, że to, że żyjemy jest największą wartością - pozbędziemy się potrzeby imponowania innym. Gdy to zrobiłam (równocześnie pracując nad sobą) bardzo uspokoiłam się i byłam w szoku, że życie jest takie proste.

Nie musimy wierzyć w bogów, których pokazano nam, gdy byliśmy dziećmi. Mamy absolutne prawo wierzyć w jakiegokolwiek boga sobie zażyczymy. Mamy też prawo być swoim własnym bogiem i być wdzięcznymi za każdą sekundę życia. Wiara jest ogromną mocą, a zrozumienie konceptu boga może zająć nam kilka żyć. Każda religia i organizacja religijna jest stworzona przez człowieka i w każdej religii jest poruszany koncept stwórcy patrzącego na świat naszymi oczami. Bóg jest nami, a my mamy cząstki boga w sobie. To może prowadzić do stwierdzenia, że jesteśmy jego odbiciem. A jeśli tak jest, jesteśmy tacy, jacy mamy być. I dziękujmy za dar życia.

Możemy mieć brudne okna i zakurzone meble. Jest mało prawdopodobne, że na naszych grobach wyryją tablicę „tu spoczywa ta, która miała bałagan w pokoju". Zatrudnij panią, która zrobi to za ciebie, a ty idź do lasu, by ten odkurzył twój umysł. Tak, tak… ja też mówiłam, że nie mam na to pieniędzy. Równocześnie było mnie stać na kupowanie pizzy z dowozem raz w tygodniu.

Mamy prawo czytać książki, które wprawiają w osłupienie nasze przekonania i nie czuć się z tego powodu grzesznicami, na które czeka piekło i wieczne potępienie.

Mamy prawo być roztrzepane i stanowcze. Romantyczne, słabe, silne i dominujące. Szalone i skupione. Nikt nie może nam tego dziś zabronić, nawet jeśli jako dzieci doświadczyliśmy zdarzeń, których nie powinien doświadczyć żaden człowiek. Gdy zmuszano nas do rzeczy, których nienawidziliśmy i w myślach błagaliśmy, żeby ktoś nas uratował, przerwał katusze lub po prostu pomógł albo wytłumaczył, co tak naprawdę się dzieje.

Dziś możemy to zrobić same. Nie jesteśmy żadnymi ofiarami. To znaczy możemy nimi być, jeśli tylko zechcemy. Możemy też stanąć w odwadze do siebie.

Róbmy to, co trudne. Dawajmy i miłość, i wolność każdemu, kto tego chce. Bądźmy dobre i życzliwe dla innych – a przede wszystkim dla siebie.

23 sierpnia

- Mamo, jesteś moją przyjaciółką - powiedziała moja córa kilka dni temu...

- Taniutko jestem twoją mamą, nie przyjaciółką...

A jaka jest różnica? (Kurde, ona chyba zostanie ministrem od zadawania trudnych pytań).

- Przyjaciółką jest ktoś, kto cię tak bardzo rozumie, że jesteś w szoku. A jak nie rozumie, to i tak chce Ci pomóc i się z tobą bawić. Chcesz z nią rozmawiać, gdy robisz coś ważnego. Czasami bawicie się i śpiewacie, a czasem tęsknicie za kotem, którego razem głaskałyście w parku. Czasami też pijecie wodę z sokiem i każda jest zajęta swoimi zabawkami. To taka osoba, której mówisz prawdę, nawet gdy się boisz, na przykład, bo zgubiłaś jej ulubioną książkę. Przyjacielowi możesz powiedzieć wszystko i robi się tak ciepło na serduszku. Z przyjacielem możesz zbierać kwiatki i rozmawiać długo przez telefon, tak, jak mama ze swoimi przyjaciółkami. Mam szczęście, bo mam przyjaciółki, z którymi zawsze mogę porozmawiać. Aniu, a ty masz przyjaciół?

- Tak. W szkole. Tęsknię za nimi. U taty jest Kate, Alex i Margerita.

- A mama?

- Mama to Ty. Ty jesteś na całe moje życie, a one kiedyś sobie dorosną i będą miały dużo dzieci (tu mi oczy zaczęły się pocić)...

- A Jamie?

- On jest moim bratem... Czy on może być moim przyjacielem, czy tylko bratem (brother-friend)?

- A jak myślisz?

- Nie, chyba nie....

- Pamiętaj kochanie, że wszystko w życiu musi mieć swój porządek. Wyobraź sobie wielkie drzewo. Takie duże jak to koło naszego strumyka. Jesteś listkiem. Mama i tata są gałązkami, do których jesteś przyczepiona. Obok ciebie jest twoje rodzeństwo (te dwa listki, które spadły - dzieci, które mama straciła i się nie urodziły - też są częścią tego drzewa). Ta grubsza gałąź połączona z moją to moi rodzice a twoi dziadkowie. Te grubsze połączone z nimi to pradziadkowie i prapradziadkowie...

- Mamo, a kiedy dotrzemy do korzeni?

- Kochanie, każda część drzewa łączy się z korzeniami. Z nich bierze siłę i stabilność. Chcę, żebyś zrozumiała, że nie możesz stawiać się ponad gałęzie (ponad swoich rodziców i przodków). Nie możesz o nikim zapominać ani nikogo odrzucać. Każda część drzewa przynależy do niego. Nawet jeśli podczas burzy opadną liście lub gdy porywisty wiatr połamie gałęzie. Nie wolno Ci też uważać mnie za przyjaciółkę i brać na siebie moich kłopotów. Jestem twoim rodzicem i to ja mam pomagać Tobie. Pamiętaj o tym, proszę...

Życzę wszystkim dzieciom, by mieli takich przyjaciół na swojej drodze, jak ja.

Wiem, to naiwne. Ania zjedna sobie ludzi (gdy już okiełzna odziedziczoną po tacie upartość). Mojemu synowi zajmuje to więcej czasu. Znacznie więcej.

Niedawno był dzień przyjaciela...

Życzę Ci stokrotko, byś oprócz przyjaciół na Fejsie i na podwórku odważyła się być swoją najlepszą przyjaciółką.

Byś zapanowała nad emocjami; rozpoznawała je, gdy się tylko pojawią i nauczyła do nich zdystansować. To, co czujesz dzisiaj za kilka dni zmieni się. Dotyczy to szczególnie skrajnych emocji: poczucia zakochania, gniewu, wściekłości, you name it. W gniewie i w ekscytacji podejmowałam mnóstwo decyzji, których żałowałam.

Życzę Ci byś dbała o siebie, tuliła mocno i nagradzała.

Byś kupowała kwiaty, które lubisz, jeździła nad morze, które kochasz, jadła truskawki i dużo się śmiała. I płakała, gdy czujesz taką potrzebę.

Byś zawsze mówiła sobie prawdę. I żebyś zrozumiała, że twoja prawda może nie pokrywać się z prawdą innych ludzi i szanowała to, że ktoś może myśleć inaczej niż ty.

Byś zawsze była najważniejszą osobą w swoim życiu, nawet jeśli dzisiaj nie widzisz takiej opcji.

Będziesz zmieniać torebki, kupować nowe meble, sukienki, samochody. Będziesz zmieniać pracę, lokalizacje... tak naprawdę wszystko będzie się zmieniać. Czy będziesz tego chciała, czy jakoś niespecjalnie.

Czy będziesz tego chciała, czy nie, z Twojego życia będą odchodzić najbliżsi ludzie i często będziesz zostawała tylko z biciem swojego serca. Ważne jest, żebyś umiała je usłyszeć. To czasem będzie odbierało oddech, a czasami będzie wybawieniem. Mając to na uwadze, pamiętaj, proszę, że wszystko w twoim życiu dzieje się dla Twojego wyższego dobra – szczególnie wtedy, gdy będziesz myślała, że to twój najgorszy dzień w życiu. Twoja dusza potrzebuje tego doświadczyć. Po to tu jest.

Życzę Ci, byś miała ogród z sadem, a pod pachnącym jaśminem spędzała piękne momenty, jeśli tylko tego zapragniesz.

Byś miała wymarzoną kuchnię (lub inne miejsce na ziemi), która będzie twoją kreatywną przestrzenią do tego, co kochasz robić. Albo oazą, w której cieniu będziesz chowała się przed pędzącym często donikąd światem.

Na to i każde następne święto życzę Ci wszystkiego, czego życzysz ludziom, którzy są dla ciebie ważni. Żebyś czuła się tak, jakbyś tuliła osobę, którą kochasz najbardziej na świecie. Masz przecież taką osobę…

25 sierpnia

Zamykam oczy i już tu jesteś... Słoiczki, serduszka i kwiatki kokardki, wstążki i piórka rumiane ciastka, warkocze i słońce

odcienie zieloności roześmianych oczu. Piosenki, które nucisz, słyszę wyraźnie przekręcone słowa i nowe wyrazy wygłaskane pieski i kotki

ukochane mrówki i myszki maliny, karmel i wdzięczność

wybawione parki, przepłynięte wody Na koniec świata podróże wyśnione

i w każdym zakątku przyjaciół czekające ramiona

Kapryśność od angielskiej pogody większa i ta niewyjaśniona pogoda ducha. Jestem, bo jesteś.

Jesteś, bo ja jestem...

26 sierpnia

Dwadzieścia lat temu byłam bardzo nieszczęśliwą, kontrolującą i roszczeniową nastolatką. Nazywając rzeczy po imieniu, byłam emocjonalną kaleką. Miałam przekonanie, że nie jestem warta złamanego grosza i że moje życie najlepiej byłoby skończyć... ale moje istnienie miało dużo większy plan, niż kiedykolwiek mogłabym się spodziewać.

Trafiło mi się takie życie, które było mi wtedy potrzebne, by nauczyło mnie pokory i szacunku do siebie i innych ludzi. By zrozumieć, że jeśli nie zacznę siebie akceptować, jeśli nie zacznę traktować dobrze innych ludzi – dokładnie to samo będę dostawała od innych. Dziś to już wiem bardzo dobrze.

Co nauczyło mnie siły? Partner, który był uzależniony od hazardu i narkotyków tego nie zrobił. Chociaż przez długie lata szukałam powodów, by od niego odejść... byłam tak zaprogramowana na lojalność, że długo tego nie zrobiłam. Nawet gdy byłam wrakiem człowieka. Odeszłam po prawie tysiącu pięciuset dniach, chociaż od samego początku wiedziałam, że to osoba nieodpowiednia dla mnie. Ego wygrało i nauczyłam się bardziej bolesnym sposobem.

Nie zaplanowałam sobie dobrego życia, w którym inni ludzie będą tak samo ważni, jak ja sama. Pozwoliłam, by życie przydarzyło się samo, no prawie samo.

Gdy zauważyłam siebie dokładnie taką, jaką byłam stałam się dla siebie na tyle ważna, by zacząć o siebie dbać - zaczęłam podejmować bardzo trudne decyzje, a nie tylko te wygodne. Najprostsza linia oporu przestała być już opcją.

Przez większość życia myślałam, że gdy się obrażę albo ucieknę od problemu, on sam się rozwiąże. Tak, jak małe dzieci udają, że gdy zamkną oczy to ich nie widać. Zapłaciłam za to bardzo wysoką cenę. Inaczej bym się nie nauczyła tego, co miałam wynieść z tych doświadczeń. Po latach dopiero to widzę.

Odważyłam się na to, by ludzie, którzy przez lata byli dla mnie toksyczni i oplatali jak jemioła, przenieśli się na inne drzewo. Równocześnie dzisiaj też widzę, że zasłużyliśmy sobie wzajemnie. Jeśli partner mnie nie szanował, znaczyło to tyle, że nawet jeśli mogło się wydawać, inaczej sama siebie nie szanowałam. Mój „upiorny" wtedy partner (jak mi się wtedy wydawało) mi to pokazywał, ja przecież byłam dla niego taką samą zołzą i byłoby to nieuczciwe, gdybym powiedziała, że było inaczej. Ba! Gdybym od niego odeszła znalazłabym sobie takiego samego „asa".

Przez wiele lat – na moje własne życzenie - moja energia była zabierana i marnowana przez ludzi, którym dawałam kredyt zaufania. Kiedyś bym powiedziała, że nie potrafiłam zauważyć, że dawałam się wykorzystywać - to była zwyczajna naiwność. Dzisiaj wiem, że to była nauka, której nie umiałam wtedy zauważyć. Sama pozwalałam na to, bym marnowała jedne z najważniejszych rzeczy w życiu - czas i energię, które są według mnie bezcenne, a my pozwalamy, żeby nam je rozkradli.

Byłam zbyt słaba i przerażona, by cokolwiek wtedy zauważyć. Przez długie lata pozwalałam na to, by traktowano mnie jak zwykle popychadło, nawet jeśli znajomi z boku widzieli uśmiechniętą babkę... Sama takim popychadłem byłam dla siebie. Być może widzieli prawdę, a ja wolałam żyć w iluzji.

Pseudo Życie bez pasji, których nie miałam wtedy siły odkryć. Wieczna droga na skróty, bez szacunku dla drogi, którą trzeba przeżyć, by zrozumieć, po co jestem, skończyła się wtedy, gdy zaczęłam uczyć się o wibracjach – a nie tylko o podświadomości i sile umysłu. Praca nad celami nie zadziała, jeśli mamy nierozwiązane traumy, które betonują nam nogi.

Praca nad trzynastoma nawykami w klubie 555 pięknie zgrała się z koncepcją edenu Zbyszka Popka (który wtedy mi służył) i praca nad sobą pod kątem energetycznym były dobrym początkiem.

Na mojej drodze pojawiają się „przypadkowe" osoby, a ja mam wrażenie, że dopiero zaczynam swoje życie. Tym razem świadomie, z pomocą przyjaciół, wyższej siły i wiary, że wszystko mi sprzyja, nawet jeśli bywa trudno.

Dlaczego to robię? Bo mogę. Nie muszę już udawać kogoś, kim nie jestem. Bo to moje życie przecież jest.

By być lepszym człowiekiem.

By rozpoznawać swoje emocje od tych drukowanych przez innych ludzi. By umieć zdystansować się od emocji, które kiedyś mną rządziły.

By żyć.

Tym razem tak naprawdę.

Z wdzięcznością za każde trudne doświadczenie. To dzięki nim mogę Ci dzisiaj napisać.

30 sierpnia

Co za dzień! Normalnie bez kija nie podchodź. Okoliczności i haczyki prawne testowały moją cierpliwość i wydolność oddechową jak nigdy. Dystans do emocji trafiła jasna cholera. Chuj w bombki strzelił, choinki nie będzie. Rzucanie talerzami i mnóstwo łaciny podwórkowej. Grrrrr! Myślałam, że wyjdę z siebie i stanę obok! I wyszłam.

Zapłakana zamknęłam oczy i gdy już oddech zaczął się uspokajać, zobaczyłam nade mną uśmiechniętą Krawiecką z dalekiej przyszłości. Wyobrażałam sobie, że siedzi na chmurze wysoko nade mną i patrzy na mnie z miłością. Miała z trzydzieści lat więcej niż dzisiaj ja, jej siwiutkie włosy błyszczały w słońcu. Mimowolnie w myślach uśmiechnęłam się do siebie ciepło, a ta „druga" mocno mnie przytuliła, jak pogubione bezbronne dziecko. Moje ciało zaczęło wypełniać się złotym światłem i uspokoiłam się tak bardzo, że aż trudno było w to uwierzyć. Wyszeptała: „Kasiula, dasz sobie z tym radę. Jesteś najsilniejszą i najbardziej zaradną osobą, jaką znam. A ja już zawsze będę przy Tobie. Zawsze…"

Osz w mordę! Dwa wdechy. Bez wahania wykręcam numer telefonu. Proszę o pomoc.

Po dziesięciu minutach jestem w drodze na drugi koniec krawieckiego świata. Problem nie do rozwiązania zniknął tak szybko, jak się pojawił.

Krawiecka z przyszłości uratowała mi tyłek. Krawiecka, chyba częściej muszę cię zauważać. I częściej tulić do ciebie. Dziękuję.

Gdy jest Ci trudno, zamknij oczy i poczuj, kto Ci kibicuje. Poproś o pomoc przez łzy i oniemiej, tak, jak ja dzisiaj.

1 września

Od około siedemnastego roku życia miałam depresję. „Przesadzasz", „masz wszystko", „chcesz zwrócić na siebie swoją uwagę", „histeryzujesz". Szukałam pomocy u psychologów, ale żaden do mnie nie dotarł... Przez długie lata, już jako dorosła osoba, łykałam proszki. Przez wiele długich lat.

Czego chciałam? Rozumieć, że jestem wartościowa taka, jaka jestem. Chciałam być też zauważona i gdy chorowałam, miałam uwagę. Byłam ofiarą i to mi pasowało.

Nie chciałam być stawiana za wzór, za który się nie uważałam, bo w mojej głowie miałam przekonanie, że nie zasługuję, bo przeze mnie o mało co nie spłonęła moja rodzina.

Nie miałam w sobie empatii ani umiejętności komunikacyjnych. Na trudne tematy reagowałam płaczem, ciszą i ucieczką. Jestem dumna, że moja córka umie powiedzieć, gdy jest jej trudno i umie opisać co czuje. Choć bardzo chciałam, nie umiałam rozmawiać o oczywistych rzeczach, zjawiskach i sprawach. W mojej głowie były tabu, choć nie powinny. Dzisiaj możesz ze mną porozmawiać o wszystkim.

Szukałam aprobaty innych, chociaż nikomu nie ufałam. Najbardziej sobie, bo przecież mi nie wolno w niczym ufać.

Kochanie innych to rozmowy, tłumaczenie, spędzanie czasu, robienie trudnych rzeczy, ciągłe wychodzenie ze strefy komfortu. Dzisiaj to rozumiem.

Wszystko zaczyna się od zaakceptowania naszej rzeczywistości.

Od wybaczenia sobie. I innym. Inni robili wszystko tak, jak umieli najlepiej. Nikt ich nie nauczył, że można było inaczej, albo nie umieli tego zaakceptować, bo nieśli swoje ciężkie krzyże.

Od zrozumienia, że gdy kochamy siebie, nie potrzebujemy aprobaty ludzi, którzy nie mają z nami nic wspólnego.

Od zaprzestania biczowania się za przeszłość. I za błędy, bo one najbardziej nam mogą pomóc w rozwoju ... chociaż łatwiej jest obwiniać innych.

Rozmawiajmy. Dawajmy czas innym. I sobie. Nie pozwalajmy, by inni obrastali nas, jak trujący bluszcz. I oczyśćmy gangreny, które nas niszczą.

Kochanie siebie to też stawianie granic innym, gdy zaczynają nam wchodzić na głowę...

Obserwujmy i nazywajmy nasze uczucia i mówmy o nich swoim dzieciom, by nauczyć je tego samego. To podstawa. To fundamenty na całe życie.

Zadawajmy otwarte pytania i dawajmy im czas, by mogły odpowiedzieć spokojnie. Dajmy naszym dzieciom wybór bez wpędzania w poczucie winy.

INTERESUJMY SIĘ LUDŹMI, KTÓRZY SĄ DLA NAS WAŻNI.

Tak naprawdę...

Przyznawajmy się do błędów przed innymi.

Uczmy się rozmawiania i słuchania (nie tylko słyszenia) innych. Przełamujmy tabu.

Wspierajmy się.

Mimo wszystko, bo jesteśmy wystarczająco dobre takie, jakie jesteśmy.

5 września

Niech ta Lwia Część Ciebie tęskni za sobą tak, jak jeszcze nigdy wcześniej. Wreszcie bądź dla Siebie najważniejszą osobą - i nie tłumacz się z tego nikomu. Każdy chce być kochany i ma rację; to wyjątkowy uczuć przecież.

Nie każdy jednak wie, że dopiero majstersztykiem jest, gdy najpierw kochasz samą Siebie - i wtedy możesz pokochać świat tak naprawdę.

Gdy mimo napierającego oporu, zaczynasz dbać o siebie i jesteś w centrum swojego życia.

Gdy zamiast z wywieszonym językiem, spełniać zachcianki innych zapominając o własnych potrzebach i rezygnując z siebie, zaczynasz podejmować świadome decyzje zgodne z SOBĄ - nawet jeśli inni domagają się niepodzielnej uwagi lub zaczyna ich to irytować i robią Ci wyrzuty... zaczynają dziać się cuda.

Boisz się być samotna, więc wszędzie Cię pełno, by nikt tego nie poznał.

Brakuje Ci szacunku do siebie, więc udajesz twardą, babkę nie do złamania. Nadmiar emocji zapijasz kolorowymi drinkami, bo przecież trzeba się odstresować...

Boisz się być sama, więc bywasz z każdym...

Nie angażujesz się emocjonalnie, bo panicznie boisz się, że ktoś Cię przejrzy i zobaczy słabą - i ucieknie, gdy zaczniesz czuć namiastki szczęścia.

Robisz wszystko, abyś tylko nie musiała zostać sam na sam ze sobą, bo wtedy krzycząca cisza bezpardonowo mówi, jak jest - a Ty kompletnie nie wiesz, co z tym zrobić...

Stań się Lwicą, która sama się obroni nie, czekając, aż ktoś Cię wreszcie uratuje i zmieni życie, którego nie znosisz. Albo maciupkim lwiątkiem, które jedyne, o co prosi to utulenie. Daj sobie wszystko. Pogłaszcz przeszywający strach. Wtul się w wełniany koc.

Polub krzywe nogi, szpiczasty nos i blizny na kolanach. One są przecież częścią Ciebie.

Uśmiechnij się przez łzy, jeśli trzeba - bez filtrów, otoczek i idealności, którą sama sobie wmawiasz.

Już wystarczy. Czas na reset. Czekasz na to całe życie.

To idealny moment.

6 września

To, że nie nosisz markowych ubrań, nie znaczy, że jesteś gorsza i czegoś Ci brakuje. Są w kolorach, które dodają Ci uroku. Lubisz je, bo miękki materiał cudownie Cię tuli, nie gryząc siedmioma metkami udowadniającymi autentyczność superświetnej firmy (made in Sri Lanka).

Czapka zrobiona kochającymi rękami, które poświęciły swój czas, by nie zmarzły Ci uszy, gdy wieje wiatr. Prześliczny kocyk, który był robiony miesiącami i drugiego takiego nie ma na świecie. Ruda makrama, krzywa jak cholera przez dziecko zrobiona i owinięta wstążką, jak największy skarb.

Bluza z markowym napisem i paskami co najmniej trzema - uszyta przez dzieci, które pracują od szóstego roku życia, by przeżyć - by wiele z nas mogło zbudować sobie ułudę poczucia wartości.

To, że nie jeździsz szpanerskim samochodem, tylko takim, na który Cię stać. Który, chociaż jest stary i sprawny zabierze Cię dokładnie tam, gdzie potrzebujesz dotrzeć. Mogłabyś kupić droższy, który poza karmieniem ego - byłoby pewnie wątpliwą inwestycją.

Spędzałabyś jeszcze więcej czasu w pracy, a Twoje dzieci spędzałyby czas z nianią, która jest obcą osobą. Co wybierasz? Czas na spędzanie z bliskimi ? Imponowanie ludziom przedmiotami, które masz? A może jest inny sposób widzenia tej sytuacji?

To, że wolisz samotny spacer po lesie od spotkania z ludźmi, którzy oczerniają innych. Plotkują i zawsze widzą w Tobie nic więcej niż marny puch, który trzeba zdeptać, by poczuć się lepiej... Świadomy wybór odcięcia się od toksyka to trudna decyzja, konieczna taka...

To, że nie oglądasz telewizji, a spędzasz każdą wolną chwilę na Fejsie i TikToku, bez względu na to, jak zręcznie ubierzesz to w słowa - są oszukiwaniem siebie. Chcesz zmian? Zacznij od szczerości z samą sobą, gdy nikt nie patrzy… Gdy sama się przyznałam do tego, poczułam ogromną ulgę. A wypierałam i usprawiedliwiałam moje uzależnienie od telefonu na wszystkie możliwe sposoby.

To, że zamiast bylejakości wybierasz zaangażowanie, prawdziwość, drogę bez filtrów i skrótów, trud i brak wymówek i lojalność do siebie - wierz mi proszę to jedna z lepszych inwestycji.

7 września

Warto sobie uzmysłowić, że jeśli chcemy pomagać innym - musimy same być gotowe na świadome niesienie pomocy.. I poproszone o pomoc bez narzucania się.

Znajoma użyła kiedyś bardzo ciekawej ilustracji, która pomogła mi to zrozumieć. Pozwól, proszę, że Ci ją dzisiaj przedstawię. Rozwinęłam ją, by pokazać Ci alternatywne rozwiązania.

Wyobraź sobie, że jedziesz autostradą na szóstym biegu. Zauważasz, że ktoś bliski złapał gumę i prawie wpadł do rowu.

Masz kilka opcji.

Nie zatrzymujesz się, bo wiesz, że ta osoba ma narzędzia, by sobie z tym poradzić. Zwalniasz i obserwujesz sytuację czy jest bezpieczna. Nagłe hamowanie mogłoby spowodować zachwianiem ruchu drogowego. Miałoby też wpływ na pasażerów, których wieziesz. Dzwonisz, żeby sprawdzić, jak sobie radzi ten ktoś, ale nie jesteś proszona o pomoc i słuchasz - bez dawania rad. Dzwonisz po pomoc drogową lub kogoś, kto może pomóc - jeśli chce tego druga strona lub gdy jest ona w niebezpieczeństwie - po ambulans i policję.

Wyłączasz się z pędzącego świata, pomagasz, na ile możesz - i wracasz do kontynuacji swojej podróży na szybkim pasie ruchu. Pomogłaś, wiesz, że znajoma da sobie radę i jest bezpieczna. Równocześnie masz swoje plany, punkt docelowy swojego życia, a tylko jadąc w skupieniu - dojedziesz na miejsce przed zmrokiem. Pomagasz świadomie i wracasz do swojego życia - zachowujesz dystans, byś nie dała się wciągnąć do rowu.

Zatrzymujesz się gwałtownie. Chaotycznie próbując pomóc, bez odpowiedniej wiedzy sama wpadasz w poślizg i Twoja podróż musi się skończyć w nieplanowanym miejscu. Sama teraz musisz czekać na pomoc. Znajoma dała radę wyjechać i pojechała. Albo są takie warunki pogodowe, że obie zamarzacie z zimna. Po co Ci było wpieprzanie się, gdy sama masz sporo swoich nierozwiązanych problemów? Do stacji jest daleko, a masz mało paliwa i marudzące dziecko. Dlaczego narażasz zdrowie i bezpieczeństwo swoich bliskich? Teraz już wiesz, że nadgorliwość jest gorsza od faszyzmu...

Przełóżmy tę sytuację w życie. Czy nieproszona pomagasz, myśląc, że ratujesz? W rzeczywistości wyręczasz drugą stronę w podejmowaniu własnych (i czasem nieziemsko trudnych decyzji)? Przecież tylko tak druga osoba może wykreować swoje życie...

Niosąc niechcianą pomoc, możemy się poczuć odrzuceni (no halo... ja tu Ci pomagam, a Ty jesteś taka niewdzięczna?). Być może też stawiamy się ponad drugą osobą - przecież wiemy co dla drugiej strony jest lepsze - lepiej niż ona sama (nie mówimy tu o braku świadomości spowodowanych takimi chorobami jak alkoholizm).

Mamy dzieci, hobby, własne życie i to właśnie one powinny być w centrum naszego życia. Nie dramaty rodzinne bliskich ani znajomych. Zajmijmy się swoimi sprawami.

Gdy pomagamy, wracajmy zawsze na swój pas, by nie zatracić siebie i aby dać przestrzeń osobie, której pomagałyśmy.

By nasze plany były ważniejsze niż plany innych. Jeśli pomagamy - pomagajmy z serca, nie przez wyrafinowanie albo żeby coś ugrać.

Nie dawajmy wmanewrować się w poczucie winy. Masz prawo postawić swoją rodzinę - i siebie - na pierwszym miejscu. Jeśli ktoś robi Ci z tego powodu wyrzuty, zastanów się, proszę czy ten przyjaciel przypadkiem Cię nie wykorzystuje albo Tobą nie manipuluje.

Pomagajmy proszone o pomoc - i wracajmy do swojego życia. Wiele z nas zamartwia się dniami i nocami, a ta osoba wcale nie myśli o problemie - często liczy na gotowe rozwiązania. Marnujemy swoją energię...

Każdy z nas ma dostęp do bardzo podobnych narzędzi rozwojowych. Ma prawo z nich nie korzystać. Im bardziej będziemy zachęcać i namawiać, tym skutek będzie odwrotny.

Pamiętajcie, proszę, że życie możemy przeżyć tylko za siebie. Jakie ono będzie? To będzie zależało tylko od nas i od prawdziwych relacji opartych na szacunku i partnerstwie. Pamiętajcie proszę o wracaniu na swój pas - by nie przeszkadzać innym w budowaniu swojego życia.

O to też inni mogą mieć pretensje. Mają do tego prawo. Tak samo jak Ty, by robić to, co jest ważne dla Ciebie.

PS Nie wspomniałam o losie. Każdy ma swój i warto zrozumieć, że pewne rzeczy zadziać się muszą, byśmy mogli doświadczać. Tego, co dobre i również tego, co trudne. Wtedy też warto rozważyć czy pomaganie, gdy ktoś nas o to prosi, jest czymś, co możemy udźwignąć. Skąd mamy to wiedzieć? Zapytaj siebie przed snem (lub gdy się tylko obudzisz) i odpowiedzi przyjdą same.

9 września

Rozpłakałam się już rano, gdy uświadomiłam sobie, że biegnę 5 kilometrów dla taty, którego nie ma z nami od 2016. Już nie jako mała dziewczynka. Bez błagania o uwagę, by być kochaną.

W podziękowaniu, że był. I by inni rodzice też mieli czas, by być - nie tylko, by biec na oślep.

Rozpłakałam się też, gdy podczas biegu dojrzałam moje cudowne kobiety z Walii. Nie miałam pojęcia, że się pojawią - przecież widziałyśmy się w Port Talbot kilka dni wcześniej... biegłam i płakałam. Trochę z zaskoczenia. Bardziej z szoku.

Chociaż nie przebiegłam całości, ukończyłam mój pierwszy Race for Life.

W Corbiańskim Babińcu poczułam się jak w domu. Każda kobieta włożyła mnóstwo serca w „swój kawałek". Wszechobecna życzliwość i dążenie do win-win są nie do opisania. I dają mi pewność, że bycie dobrym człowiekiem, praca nad sobą - a nie nadmuchany marketing mają sens.

Każda z nas ma talent. Jeśli o tym nie wie lub w to nie wierzy, znaczy to nic więcej, jak tylko, że jeszcze go nie odkryła. To tylko kwestia czasu, kiedy to nastąpi!

Odważyłam się wziąć udział... i wygrałam siebie. Przekroczyłam kolejną barierę. Większość życia płakałam, bo przecież nie nadaję się. Za głupia jestem i za gruba. A tu masz Ci los! Nie dość, że ziemia się pode mną nie zarwała, to miałam ogromny doping naziemny (i tych, którzy siedzą na moim ramieniu, gdy ciężko jest złapać oddech).

Dzieci zaopiekowane, nakarmione. Cynamonowa kawa wypita w filiżankach czekających na uśmiechy. Rodzina pomogła, dziękuję, że mogę na Was liczyć.

Wisienką na torcie jest biurko, które sobie wymarzyłam. Pojawiło się i zamieszkało pod moim oknem.

Bycie kochanym i uczucie ciepła na sercu Wam życzę. Tak po prostu. Bez spiny, żadnej spiny.

10 września

Życzę Wam takich ludzi dookoła, z którymi możecie być sobą.

Takich, którzy są tak nienormalni, jak Ty - i czują się z tym nienagannie.

Ludzi, przy których nie musisz ani udawać, ani spinać. Takich, którzy Cię opieprzą, gdy trzeba - i zawsze utulą. Ludzi, którzy są blisko, nawet gdy są daleko.

Cieszą się z Tobą. Kibicują. Motywują. Nakarmią. Są, gdy trzeba. Jadą do domu, gdy masz ich dość.

Dziękuję za moich wariatów!

A Ty za kogo jesteś wdzięczny w swoim życiu?

11 września

Nie Tylko Niedzielna Słodycz Nicnierobienia Bez obsesji sprzątania

Excela Kontroli

Listy rzeczy do zrobienia Wybacz sobie zakurzoną półkę...

Przestań, choć na chwilę myśleć o galopujących myślach i poczuciu winy. Przyjrzyj się każdej z miłością, przytul, zamknij w szufladzie z ogromną kluczem i nie wypuszczaj już nigdy.

Wybacz sobie zerkającą w twoją stronę stertę prania

brudne kubki pomazane lustro

i nieskoszoną trawę, która rośnie znacznie za szybko, bo zwariowała chyba z nudy.

Poddaj się chęci odpoczynku! Już! Teraz! Natychmiast!

Zatęsknij za zapachem jabłonek i czeremch,

Głośnymi kroplami deszczu na drewnianym stole. Na kolorowym hamaku zapamiętuj te zapachy, byś pamiętała o nich, jak o waniliowym zapachu babcinego ciasta.

I do książki, która zaprasza do swojego świata od miesięcy, a ty przekładasz ją coraz bardziej zakłopotana.

Uśmiechnij się szeroko do nieumytych okien i niekończących się list z rzeczami do zrobienia na wczoraj.

Poczekają. Zaufaj mi. Testuję je raz po raz.

15 września

Jestem bogata w przyjaciół, którzy przynoszą chleb i pomidory, gdy nie mogę sama wyjść do sklepu. I bzy przynoszą, by dzień poprawić.

Jestem bogata w możliwość słuchania delikatnego stukotu pojedynczych kropelek deszczu rozbijających się o liście nasturcji.

Jestem bogata w zdrowie, nad którym mozolnie pracuję każdego dnia, chociaż łatwiej jest sięgnąć po magiczne zabiegi i supertabletki.

Jestem bogata, bo chcę więcej niż bylejakość pokazywana w mediach, w których gloryfikuje się lenistwo, plotkarstwo i wzrastanie przez niszczenie innych.

Jestem bogata dzięki świadomemu wyborowi bycia szczęśliwą każdego dnia, a nie tylko, gdy umrę, bo spełniam warunek wierzenia w odpowiedniego boga i udaję, że wierzę, bo chodzę na spotkania religijne.

Jestem bogata, bo mozolnie zmieniam swoje nawyki, by pokonać własne buractwo i obojętność, które czasami jeszcze wystają, jak ta cholerna słoma...

Jestem bogata w przekonanie, że żeby być biednym nie muszę kiwnąć nawet palcem i zaakceptować, że się nie da i już... a ja chcę, by mi się chciało, nawet jeśli mi się nie chce.

Jestem bogata w dzieci, które motywują mnie do znalezienia sposobu, by nauczyć ich ambicji bycia bogatym, a nie tylko zamożnym.

Próbuję, choć bywa szaro - by życzliwość, gotowość niesienia pomocy sobie i innym wygrywały za każdym razem z miażdżącym lenistwem prowadzącym do śmierci za życia - stagnacji.

Tego życzę też Tobie - na dziś i na każdy kolejny dzień. 16 września

Nie czekaj, by być szczęśliwą, gdy życie stanie się łatwiejsze, bo życie możesz zmarnować przez nieuwagę.

Nie odkładaj siebie na zakurzoną półkę, bo dzieci, praca i mąż ważniejsi. Pamiętaj, by kota tulić zawsze i by czułe słowa mówić do siebie.

W odbiciu lustrzanym zauważ wrażliwość, która da Ci niewyobrażalną siłę, gdy wsłuchasz się w bicie serca, które tylko na to czeka.

I serca głośnik niech szumi, byś każdy szelest siebie słyszała już zawsze.

Kochaj siebie, skoro już tu jesteś. Nie musisz szukać konkretnego powodu. To nie ma zupełnie znaczenia.

Błyszczące Radością oczy, spokojna głowa i oddech, który nie będzie trwał wiecznie, liczą się najbardziej.

18 września

Chcemy mieć wszystko na już. Natychmiast. Najlepiej teraz i od razu!

Szukamy półśrodków, skrótów, by było łatwo i przyjemnie i żeby marzenia same nam się spełniały bez naszego zaangażowania.

Ba! Najlepiej jak spełnią się, gdy będziemy oglądać seriale, jeść pyszne ciastka i nic nie robić. Niech się wszystko zrobi, gdy pijemy piwo i narzekamy na życie.

Bo nasz mózg nie lubi zmian. Nam też jakoś niespecjalnie chce się wysilać, chyba że zrobimy to trzy razy i już mamy wymarzony efekt.

Na uczenie się nowych rzeczy nie mamy czasu albo wiemy już wszystko, a przecież tylko głupi marnują czas na naukę.

Rzeczy ważne i te, które mają realne znaczenie, wymagają zaangażowania. I czasu. Powtarzalności.

Dorastamy do nich jak do marzeń. Pracujemy codziennie, często przez wiele lat.

Ja dopiero zaczynam. Bo wiem, że jestem tego warta. I jestem gotowa na ciężką pracę, choć niektórzy się na nią krzywią. Bo chcę być jeszcze lepszym człowiekiem, niż jestem. Bo szanuję czas, który wciąż mam.

Bez względu na to, z którego miejsca startujesz, życzę Ci wytrwałości. Będzie ona nam potrzebna, by nauczyć się mówić o sobie dobrze i by nie zrezygnować ze swojego życia, gdy pojawi się pierwsza góra.

17 września

Kiedyś bolało mnie każde spojrzenie w lustro, a prawdziwy uśmiech do siebie wydawał mi się być nadludzkim wręcz wysiłkiem. Każdy oddech był ciężarem. Trzęsło mnie w środku i często nie wiedziałam, o co mi właściwie chodziło.

Często nie poznawałam siebie w takie dni. Pisałam o tym publicznie, bo social media są tak idealnie wyretuszowane, że aż nieludzkie w tym udawaniu.

W takie dni spóźniałam się częściej niż zwykle. Dziwnym trafem w takie dni większe korki się zadziewały, co wcale mi nie pomagało wtedy...

W dni takie zamiast na kałużach, przez które mogę przeskakiwać z moimi łobuzami, skupiałam się na narzekaniu na deszcz i na źle dobrane buty do pogody.

W takie dni bardzo drażniły mnie dzieci. Najbardziej moje. One wyczuwały to momentalnie i ich zachowanie pogarszało się z minuty na minutę. Były moim barometrem. Filtrowały moje emocje, zanim się zorientowałam, że one we mnie są. One czuły po prostu wszystko. A ja wściekałam się na nie, gdy one po prostu były moim emocjonalnym lustrem.

Kiedyś potrzebowałam masę czasu, żeby pozbierać się do kupy. Dzisiaj rozumiem, że nie muszę reagować na każdą emocję. Obserwuję je jakbym była nad morzem i patrzyła na fale. Gdy morze jest przyjemne i ciepłe wchodzę do niego. Spaceruję godzinami; z uwagą przyglądam się kamieniom i meduzom. Szukam kijów do nowych makram i bursztynów. Czuję delikatną bryzę, płynę do mielizny i czuję słońce odbijające się od wody na mojej twarzy. Gdy morze jest wzburzone, nie musimy się kąpać w podtapiających nas falach. Nie musimy chodzić po wciągającym nas brzegu. Możemy chronić się przed tnącym wiatrem niosącym piasek. Nie musimy wchodzić do zimnej wody... Możemy z niej wyjść, jeśli jest nam niedobrze. Podobnie jest z reagowaniem na to, co się dzieje dookoła nas. Jeśli inni się kłócą, jeśli ktoś próbuje na nas coś wymusić, mamy prawo wyjść z tej wody. Jeśli jest trudno, możemy traktować się bez szacunku lub otoczyć troską i miłością. Bo to, co się dzieje dookoła minie.

Mamy ogromną moc; możemy powiedzieć do siebie: czuję się fatalnie i nie mam na nic ochoty. Możemy też powiedzieć, dziękuję, że się obudziłam; to będzie dobry dzień. To my decydujemy, jak się czujemy. To my decydujemy, w jaki sposób przyjmujemy chwilowe wahania.

W trudniejsze dni nie podejmuję żadnych decyzji. Wyłączam telefon. Na siłę nie robię nic. Świadomie obserwuję swoje myśli. To tak, jakbym siedziała na plaży na moim nadmorskim końcu świata. Mam bose stopy. Stoję na brzegu i obserwuję fale, które przychodzą i odchodzą. Niektóre fale agresywnie zalewają mnie do kolan, niektóre nieśmiało zbliżają się do mnie, by uciec jakby ze strachu. Obserwuję te fale jak moje kosmate myśli, które bezlitośnie chcą mnie wgnieść w stare koleiny, z których uwalniam się przez pół życia.

Dlaczego nie zagłębiam się w te emocje? Wiem, że często nie są

„moje". Odkąd uczę się praw energetycznych, wiem, że jestem atakowana przez silniejszą jednostkę. Muszę zapanować, zanim ona zacznie mnie niszczyć. Udaje się to za każdym razem, dzięki pewnemu nauczycielowi, dzięki któremu mam narzędzia, by skrupulatnie przed takimi atakami się chronić. Krawiecka, Tobie się już poprzewracało w głowie - pomyślisz. Myślę, że walka o siebie jest niekończącym się procesem. Słowo walka nie jest odpowiednia, więc zamienię je na życzliwe życie.

Jeśli masz na sobie białą bluzkę, łatwiej jest się pobrudzić. By tego nie zrobić, bardziej uważasz na wszystko dookoła.

Podobnie jest z wibracjami. Im są wyższe, tym bardziej się wychylasz i wtedy jest łatwiej Cię dopaść. Musisz uważać na wszystko, co Cię otacza...

Powodzenia życzę. I sobie, i Tobie.

18 września

Strach jest większy niż decyzja, od której zależy więcej, niż przypuszczasz.

Jeśli zaufasz sobie - i odważysz się mimo niepokoju, paniki czy lęku - wygrasz życie, o jakim nawet nie śniłaś.

19 września

Ludkowie z Mimo (na podstawie starej bajki irlandzkiej)

Dawno, dawno temu żyli na ziemi mali ludkowie. Większość z nich zamieszkiwała niewielką wioskę Mimo i nazywali siebie Mimoludkami. Byli bardzo szczęśliwi i krzątali się wokół swoich spraw, śmiejąc się od ucha do ucha i pozdrawiając serdecznie wzajemnie. Tym, co Mimo Ludkowie lubili najbardziej, było obdarzanie się ciepłymi, mięciutkimi kłębuszkami wełny. Każdy nosił na ramieniu wypełniony nimi woreczek.

Rozumowali bowiem w ten sposób: ofiarowanie komuś ciepłego mięciutkiego kłębuszka jest rzeczą szczególnie piękną. Oznacza dla obdarowanego: Jesteś kimś szczególnym! To taki sposób wyznania: Lubię cię! Otrzymanie takiego kłębuszka sprawia oczywiście wielką radość. Kiedy ktoś ofiaruje Ci kłębuszek, a ty go bierzesz w dłonie i czujesz na policzku jego ciepło i puchatość, kiedy go miękko i delikatnie umieszczasz w swoim worku pośród innych kłębuszków, od razu ogarnia cię cudowne uczucie. Czujesz otaczające cię uznanie i szacunek, więc gdy ktoś wręcza Ci kłębuszek, ty też chciałbyś zrewanżować się czymś podobnie pięknym. Ludkowie z Mimo chętnie obdarowywali się ciepłymi, mięciutkimi kłębuszkami i chętnie przyjmowali ciepłe, mięciutkie kłębuszki, a ich wspólne życie było bardzo szczęśliwe i radosne.

Poza wioską, w zimnej i ciemnej jaskini, mieszkał wówczas duży zielony Kobold. Właściwie to nie chciał on mieszkać sam i czasami czuł się bardzo, bardzo samotny. Ale nie umiał się z nikim zaprzyjaźnić i z nikim nie potrafił żyć w zgodzie. I z jakiegoś powodu nie chciał się wymieniać ciepłymi i mięciutkimi kłębuszkami. Uważał to za kompletną niedorzeczność.

Pewnego wieczoru Kobold poszedł do wioski i spotkał życzliwego Mimo Ludka. Czy to nie jest piękny Mimo-dzień? – zapytał ludzik z uśmiechem. – Proszę, weź ten mały, ciepły, mięciutki kłębuszek. Jest wyjątkowy. Zachowałem go specjalnie dla ciebie, bo widuję cię tak rzadko. Kobold rozejrzał się, czy nikt inny go nie usłyszy i wtedy szepnął Mimo Ludkowi do ucha: Posłuchaj! Czy ty nie rozumiesz tego, że jeżeli będziesz te twoje kłębuszki tak po prostu rozdawał, to pewnego dnia wyczerpie Ci się zapas?

A kiedy spostrzegł zdumione spojrzenie i strach na twarzy maleńkiego człowieka, zajrzał do jego worka z kłębuszkami i dorzucił: Widzę, że teraz pozostało Ci już chyba nie więcej niż dwieście siedemnaście kłębuszków. Bądź lepiej ostrożny z rozdawaniem! Po czym poczłapał swoimi dużymi, zielonymi nogami z powrotem, pozostawiając skonsternowanego i nieszczęśliwego Mimo Ludka.

Nie upłynęło wiele czasu, kiedy przechodził tamtędy inny Mimo Ludek i przyjaźnie pozdrowił owego nieszczęśnika. Był to jego dobry przyjaciel, z którym wymienił już wiele ciepłych, mięciutkich kłębuszków. Przybysz ku swemu zaskoczeniu spostrzegł, że po wręczeniu przyjacielowi ciepłego, mięciutkiego kłębuszka otrzymał odeń tylko zakłopotane spojrzenie. Obdarowany poradził mu jedynie, by pilnował ubywających mu z worka kłębuszków, i szybko się oddalił.

Jeszcze tego samego wieczora niektórzy Mimo Ludkowie zaczęli mówić do innych: „Przykro mi, ale nie mam dla ciebie ciepłego, mięciutkiego kłębuszka. Muszę uważać, żeby mi się zapas nie wyczerpał". Następnego dnia nowina rozeszła się po całej wiosce. Teraz już wszyscy zaczęli ukrywać swoje kłębuszki. Wprawdzie rozdawano jeszcze trochę, ale już bardzo, bardzo ostrożnie. Patrz, komu dajesz! – mówiono.

Mimo Ludkowie zaczęli spoglądać na siebie nieufnie, a na noc chowali swoje worki z kłębuszkami głęboko. Wybuchały spory o to, kto ma najwięcej kłębuszków, a niektórzy zaczęli nawet wymieniać kłębuszki na różne przedmioty, zamiast je po prostu rozdawać. Wójt Mimo postanowił w końcu, że ilość kłębuszków ma być ograniczona, i tym samym ogłosił oficjalnie kłębuszki środkiem wymiany. Już wkrótce zaczęły się swary o to, ile kłębuszków powinna kosztować kolacja lub nocleg. Były nawet przypadki ograbiania z kłębuszków. Szczególnie ciemnymi wieczorami nie można już było czuć się bezpiecznie poza domem – a przecież nie tak dawno Mimo Ludkowie co wieczór wychodzili na spacer i nawzajem się pozdrawiali, aby ofiarować sobie wzajemnie ciepłe, mięciutkie kłębuszki.

Najgorsze ze wszystkiego było to, że coś złego zaczęło się dziać ze zdrowiem Mimo Ludków. Wielu skarżyło się na bóle ramion i pleców, a z czasem coraz więcej i więcej Mimo Ludków cierpiało na chorobę znaną jako skrzywienie kręgosłupa. Chodzili przygarbieni, w skrajnych przypadkach nawet do samej ziemi, a ich worki z kłębuszkami ciągnęły się za nimi. Wielu z nich zaczęło myśleć, że przyczyną choroby jest duży ciężar tych worków i że lepiej byłoby zamykać je bezpiecznie w domu. Wkrótce nie sposób już było spotkać żadnego Mimo Ludka z workiem kłębuszków.

Kobold początkowo był bardzo zadowolony z rezultatów swojej intrygi. Chciał się przekonać, czy Mimo Ludkowie będą tak samo postępowali i staną się podobnie nieczuli i samolubni jako on. Rozpierała go satysfakcja z takiego obrotu sprawy. Kiedy teraz szedł do wioski, nie witano go już uśmiechem tak jak kiedyś, ani też nie ofiarowano mu ciepłych i mięciutkich kłębuszków. Zamiast tego ludzie spoglądali na niego nieufnie, podobnie jak na siebie wzajemnie. To mu całkowicie odpowiadało. Dla niego znaczyło to: Patrz rzeczywistości w oczy! Taki jest świat! – jak zwykł mawiać.

Z upływem czasu doszło jednak do jeszcze gorszych rzeczy. Zmarło kilku Mimo Ludków. Może to z powodu zwyrodnienia kręgosłupa, a może dlatego, że nikt nigdy nie podarował im ciepłego, mięciutkiego kłębuszka, tego nie wie nikt. Jedno jest jednak pewne. Odtąd zniknęło wszelkie szczęście z tej wioski i wszystkich ogarnął śmiertelny smutek. Kiedy Kobold dowiedział się o tym, rzekł do siebie: Nie życzyłem im śmierci. Chciałem tylko, by zobaczyli, jaki jest świat naprawdę.

20 września

Jak to możliwe? A może to wybryk natury? Pół roku temu ktoś na plaży skubał słonecznik. Przez nieuwagę rozsypał ziarenka i pewnie nawet tego nie zauważył.

Bez wsparcia otoczenia porzucone ziarenko zaparło się i postanowiło, że nie będzie oglądać się na gałązki wierzby, które oddzielały ją od pięknej plaży, przysłaniając piękne widoki. Przecież tu nie pasowało. Nie miało też wsparcia, bo pewnie inne ziarenka poddały się i nawet nie zaczęły rosnąć.

Spoglądało pewnie na drzewa za wydmowym oceanem każdego dnia i marzyło, że będzie tak cudowne, jak lipy i świerki dodające otuchy szumiąc przyjaźnie każdego dnia.

Byłam zaskoczona, widząc kwiat, który logicznie nie powinien tam rosnąć... a urósł! Tak samo, jak uczeni odkryli, że bąk ma za małe skrzydełka i nie ma prawa latać - a ten o tym nie wie - i to robi! To skojarzyło mi się z pewną analogią. W życiu przecież bywa podobnie.

Często myślimy, że jesteśmy niechciani albo rodzimy się „z nieuwagi" (a tak naprawdę Życie porywa naszych rodziców do roli, na którą nie są gotowi).

Często jesteśmy nie rozumiani, inni, nie umiemy się wpasować w otoczenie. Czujemy, że i ludzie, i okoliczności są przeciwko nam. Często stajemy się tacy jak inni, bo dajemy sobie podciąć skrzydła, wpuszczamy innych do naszego życia... i pozwalamy im, by wyrzucali nas jak śmieć.

Rodzice, nauczyciele, znajomi często wiedzą lepiej, czego potrzebujemy. Pozwalamy, by miażdżyli nas swoją kontrolą, swoimi wizjami i swoim niewyrażającym sprzeciwu zdaniem. Marniejemy.

Nie pasujemy do otoczenia i poczucie odrzucenia i chęć bycia takimi, jak inni zabija w nas cud indywidualizmu, który tylko czeka na to, by go odkryć i pozwolić, by ubarwił nasze życie - nawet jeśli zupełnie odstaje od rzeczywistości.

Nie pasujemy i tak bardzo nas to boli. Nie rozumiemy, że właśnie IN-

NOŚĆ jest najwspanialszą częścią nas. Możemy uczyć się zasad, by wtopić się w tłum. Możemy też tworzyć swoje własne zasady.

Gdy następnym razem będziesz chciała się poddać, pomyśl, proszę o słoneczniku, który się nie poddał i postanowił wyrosnąć w tak ekstremalnym miejscu. Niech pozorna słabość stanie się Twoją siłą.

Wyobraź sobie, co Cię ominie za kilka lat, gdy opinia drugiej osoby wygra z tym, co tak naprawdę czujesz? Niech żyje INNOŚĆ!

21 września

Co jeszcze dobrego przed nami?

Zbieranie grzybów na wigilijny barszcz.

Chłodne wieczory pod ciepłym kocem.

I delicje tak słodkie, że hej...

Cudowne książki będą uśmiechać się z półek. Marzenia, do spisania.

Uśmiechy do odkrycia

Morze wspaniałej kardamonowo-goździkowej kawy. I kakao z miodem i przyprawami dla wyostrzenia zmysłów.

Jarzębinowe koralików nawlekanie przez zwinne, choć maciupkie rączki. I czerwono-żółto-pomarańczowe klonów wystrojone liście mieszkające wygodnie w największych książkach, by nie pognieść swoich kreacji.

Znikające w mgnieniu oka cynamonowe cuda pełnych rumianości. Oszałamiający zapach świecy w kształcie dyni.

Wieczory przy lampce wina z ważnymi ludźmi.

Rozmowy pełne szacunku i wdzięczności.

Zawsze zmieniające obraz świata...

To będzie jesień pełna niesamowitego szczęścia!

Ściskam najmocniej

Jesień

25 września

Jabłka, gruszki, morele, cynamony, pomidory, papryki, kardamony, kakao, grzyby i wszystko, co pomoże mi stworzyć ogrzewające potrawy dla bardzo ważnych osób w moim życiu.

Jesień jest cudowna po prostu.

Tak cudowna, że aż chciałoby się zakochać!

30 września

Z lampką Muscatela schodzę na plażę i gwar ulicy zamienia się w przyjemne, regularne uderzenia. Czuję, że ciepła fala łapie mnie za bawełnianą spódnicę i zaskoczona daję się jej prowadzić kilka metrów od brzegu.

Spoglądam w górę i truchleję z przejęcia. Zachody słońca, które, choć oglądam z pewną regularnością - od lat mi się nie nudzą.

Czasem to chmury zbierają się dookoła ciepłego słońca, by spoglądać na mnie tak, jak ja patrzę na nie, tak, jak dziś. Nie mogą się nadziwić, co takiego w nich widzę. Przecież są nic nie warte.

Podsłuchałam je i uważam, że myślą zbyt srogo o sobie - stratusy czy nimbostratusy są nijakie i tylko cumulusy wyglądają cudnie na tle nieskazitelnego nieba. Bollocks! - myślę.

Bicie serca jak bęben szamański przypomina mi, że wciąż zbyt często zapominam, jak ogromnym darem jest życie, mimo szarości, które chowają się pod słomkowym kapeluszem.

Nagle telefon domaga się niepodzielnej uwagi. Uśmiechnięte, idealne panie wyglądające z coraz mniejszych ekranów przypominają przypadkiem usłyszaną rozmowę chmur, które nie muszą przyglądać się w wodzie, chować za górami ani odbijać w słońcu, by być ważne i kochane. Są przecież częścią zbiorowej świadomości.

Nie mogę powstrzymać łez, więc zamykam oczy, mając nadzieję, że nikt z przechodniów ich nie zauważy.

Jestem wystarczająca. Tak samo idealna w swej ułomności jak każda z chmur, która chce być zauważona, otulona i zapamiętana, choć na chwilę.

Wystarczająca, by być chmurą, która może z ufnością wtulić się w słońce, które tylko na to czeka.

Dopijam zbyt słodkie wino. Z roku na rok okazuje się ono coraz mocniejsze (albo moja siwiejąca już głowa jest coraz słabsza). Zanim schowałam do torebki kryształową lampę, jak w kalejdoskopie spoglądam z ciekawością na cudownie zawstydzone i poprzypiekane życzliwym słońcem chmury.

Wracam do hotelu w ciszy. Odprowadza mnie kilka rozśpiewanych świerszczy. Dziś jestem chmurą. Wystarczającą chmurą.

1 października

Bad choices make good stories.

Bad choices are the best teachers, despite the fact that they hurt the most.

Bad choices can teach you how to breathe without air and smile without a reason.

They can stop your heartbeat in no time.

Bad choices make you ask you the most significant questions; Are you happy or just satisfied?

Have you given up or just got scared and just walked away?

Bad choices can be good ones, once you get patience and courage.

3 października

Jak często mówisz bliskim, że ich kochasz? Że dziękujesz za to, że są w Twoim życiu?

Że są dla Ciebie ważni?

Że lubisz się tulić do kochanych rączek i silnych ramion?

Że bez nich Twoje życie wyglądałoby inaczej, a Ty byłabyś zupełnie kimś innym.

Że śniadania, które razem jecie każdego ranka są namiastką zwyczajnej świętości.

Że poranna kawa smakuje dużo lepiej, gdy jesteście razem. Wschody słońca są wyraźniejsze.

Że dużo łatwiej jest być dobrym człowiekiem, gdy masz koło siebie kogoś, dla kogo warto zmagać się ze swoimi słabościami.

Jak często mówisz im o ważnych rzeczach, niezauważalnych dla innych ludzi? Zwykłe „Przepraszam" są czasami najtrudniejsze. I najbardziej potrzebne.

„Dziękuję, że jesteś" mogą brzmieć dziwnie za pierwszym razem. Z czasem przyzwyczaisz się do drżącego głosu i ledwo słyszalny szept zamieni się w uśmiechniętą oczywistość.

Może Twoje słowa nie będą tak doniosłe, jak te z ambony. Ani nie będą miały ogromnego wydźwięku jak bardzo ważnych ludzi (dla niektórych) w telewizji.

Może nie usłyszą ich wszyscy. Ale będą ważne. Bo będą Twoje.

Bo jest ktoś, kto na te słowa czeka bardziej niż na zbawienie.

5 października

Mówmy sobie miłe rzeczy.

Uważnie.

Z życzliwością.

Rozpieszczajmy komplementami od serca.

Jeśli widzisz coś, co Cię urzeka w drugiej osobie - koniecznie jej o tym powiedz.

Może się okazać, że nawet sobie z tego nie zdawała sprawy i zrobi jej się miło...

Istnieje też możliwość, że możesz przywrócić jej wiarę w drugiego człowieka. Mówię poważnie!

Wyobraź sobie, że taka Krysia walczyła ze sobą od roku, żeby założyć spódnicę, bo przez całe życie zazdrosna „przyjaciółka" mówiła, że swoich nóg to nie powinna publicznie pokazywać?

Więc Krysia po miesiącu negocjacji samej ze sobą zakłada spódnicę, a Tobie się bardzo podoba... Rozumiesz już?

Celowo nie wspominam opcji pod tytułem: „czego ona ode mnie chce?", bo jeśli jesteś sobą i mówisz szczerze.., Taka osoba z czasem to zauważy ☺

Mówmy sobie miłe rzeczy...

Mamy tyle hejtu dookoła... Tyle zakompleksionych osób z naszego otoczenia chce poczuć się lepiej (a nie zna lepszego sposobu), wyśmiewa, wytyka błędy, poniża innych i umniejsza ich zasługom.

Nawet nie przychodzi im do głowy, że siebie nie lubią i są swoimi własnymi wrogami (a jeśli to czytają, zaprzeczają temu od razu i powiedzą, że mnie do reszty pogięło).

Mówmy sobie miłe rzeczy. Zacznijmy od siebie.

Od dzisiaj. Od teraz!

Od spojrzenia w lustro.

Powiedz sobie: Jestem fajna. Przejdę przez to. I z uśmiechem na buzi wychodząc z domu, dodaj: „Genialnie, że jestem".

6 października

1.

Słyszę, że moja córka płacze u siebie w pokoju. Po kilku minutach schodzi po schodach, podchodzi do mnie i patrzy wyczekująco.

Ja ze spokojem:

- Anniczka, czemu płaczesz? Co się stało? Ta znowu w ryk... po kilku chwilach pada wyznanie roku:

- Mamo, ja płaczę, bo zapomniałam, co chciałam Ci powiedzieć, a Ty nie wiesz, o co mi chodzi😱

Rynce opadajo.

2.

Annika (lat 7) weszła do pokoju i zauważyła, że się nie uśmiecham.

- Mamo? Wiem, że ok jest być smutnym, bo można pomyśleć nad trudnymi sprawami. Mogę Cię o coś zapytać?

- Uhm...

- Czy trudno jest z dwójką?

- Dwójką czego?

- No dwójką dzieci, żeby słuchały i były dobre dla siebie i innych ludzi.

- A jak myślisz?

- Myślę, że bardzo i trzeba być jak taki „superhero".

- Masz rację...

- Kocham Cię mamo. Przytulę Cię mocno, bo robię to najlepiej na świecie. Dziękuję, że jesteś moją mamą i że o mnie dbasz najlepiej, jak umiesz...

(I jak pewnie możecie sobie wyobrazić, w tym momencie rozmazał mi się cały makijaż)...

3.

Annika skaleczyła się w palec i pyta:

- Mamo, a co mi się stanie, jak cała krew mi wypłynie.

- A jak myślisz? (A w głowie: wtf?)

- Mamo, czy ja zrobię się płaska?

4.

Annika:

- Mamo, ty wiesz wszystko! (Po chwili zastanowienia). Hmmm... Nie znasz telefonu do Ariany Grande, więc wiesz połowę wszystkiego😊

5.

Gdy opadasz zmęczona na fotel z poczuciem, że w sumie dobrze, że już koniec dnia, bo czujesz, że ktoś wyssał z Ciebie energię, a taka mała kopia podchodzi, wtula się i mówi:

- Kocham Cię mamo. Bycie smutnym też jest ok

I wtula się mocno...

6.

- Za co lubisz siebie?

Nic dziwnego... nie byłoby nic dziwnego w tym pytaniu, gdyby nie fakt, że zadała mi je prawie sześcioletnia Annika.

Odwróciłam pytanie:

- Aniu, a jak myślisz?

- Na pewno za to, że się uśmiechasz. Jestem szczęśliwa, gdy jesteś uśmiechnięta.

- I lubię Twoje niebieskie szydełko, na którym robisz moje czapki z długimi uszami, bo wiem, że mnie kochasz.

Zaszkliły mi się oczy.

- Aniu, co lubisz w sobie?

- Nie wiem...

- A gdy patrzysz w lustro, co Ci się podoba?

- To, że moje oczy są podobne do Twoich… Rozkleiłam się na dobre.

Mówmy innym, co w nich lubimy i dlaczego są dla nas ważni. Co nam się podoba... Są ludzie, którzy nigdy tego nie słyszeli i możemy zmienić ich życie.

Patrzmy codziennie w lustro, szczególnie gdy z jakiegoś powodu jest to dla nas trudne) uśmiechajmy się do siebie, zauważajmy tylko dla nas widoczne cuda i mówmy je na głos Mieszka w nas tyle dobra… tyle niewidocznych dla innych cudów. Czasami same niczego nie zauważamy i nie umiemy powiedzieć niczego pozytywnego na nasz temat. Bywamy ogromnie zaskoczone komplementami innych ludzi. Zapisujmy je wtedy, a zapisane karteczki umieszczajmy w widocznym dla nas miejscu, na przykład przy drzwiach. Będziemy je codziennie mijać. Chociaż przestaniemy na nie zwracać uwage - nasz umysł będzie je codziennie czytał. To sprawi, że staniemy się dla siebie bardziej życzliwe. Jeśli mi się udało pokochać duży nos i listę niekończących się wad i mankamentów, jestem pewna, że Tobie tez się to uda.

Cuda zaczynają się w nas samych. Moja córa przypomina mi o tym za każdym razem, gdy o tym zapominam.

Dziękuję, że tu ze mną jesteś.

7.

Annika:

- Jamie, pobawimy się w mamę?

- Jasne!

Po chwili, Annika:

- Mamo, czy dasz mi sweetie?

Jamie:

- Ja Ci zaraz dam, ale sriti!

Moja mina była bezcenna…

8.

Poranne wstawanie. Mozolne pobudki.

Codzienne przekomarzania i kłótnie o banały. Niekończące się negocjacje.

Listy niekończących się rzeczy do zrobienia. Świętość ukryta w pozornej zwykłości.

W uśmiechach i serdeczności.

W dobrym słowie we wdzięczności za to, co mam. I w przytulasach od łobuziaków.

W codziennym biciu serducha. Lubię to.

Bardzo to lubię…

9.

Moja córka przeszła samą siebie.

- Mamo... Czy mogę się z Tobą wykąpać? Myślę sobie wtf..., no ale się zgodziłam. W głowie miałam setki myśli, po co i na co, ale pomyślałam, że wszystkiego się dowiem w swoim czasie.

Kilka dni później Annika poprosiła o to samo... Nosz cholera, co jest grane? No, ale dobra - niech jej będzie...

- Annika, ja już wychodzę. Ty jeszcze się pobaw

- Mamo, ale Ty nie możesz teraz wyjść. Będę miała za mało wody!!!

10.

9 stopni. Pada od kilku dni. Wszyscy w depresji i narzekają...

Annika z powagą oznajmiła mi, że ona kocha deszcz. Gdy spytałam ją, dlaczego stwierdziła, że jestem po prostu niemądra, że ją o to pytam.

- Mamo, kocham deszcz, bo wtedy wszystko dookoła mnie rośnie. Ty też powinnaś. Mówię Ci!

11.

- Mamo, chciałabyś mieć więcej dzieci? - zapytał mnie mój dziewięciolatek.

- Hm????

- Ja Ci powiem, że chciałbym, żebyś miała dwójkę na raz.

- Bliźniaki? (a w głowie wtf)

- Tak, właśnie! Bliźniaki.

- Ale wiesz synku, że dzieci szybko rosną, dużo mówią i płaczą, więc nie wiem, czy to taki dobry pomysł...

- Mamo, o to się nie martw! Mam na to świetny sposób!

- Jaki synku? (jakim cudem, skoro ja nie znalazłam, a szukam, odkąd Cię urodziłam !?)

- Mamo, spokojnie. Kupimy dużą trąbkę i perkusję. Gdy tylko zaczną płakać, zaraz je zagłuszymy i nie będziesz się musiała martwić.

12.

Logika Anniki.

Mama:

- Aniu, a wiesz, która część drzewa sprawia, że ono mocno trzyma się ziemi w czasie wichur?

- Korzenie.

- Uhm. A wiesz, że w rodzinie jest podobnie? Nasze rodzinne korzenie dają nam wsparcie i siłę, gdy jest nam trudno i gdy na to pozwolimy. Ty jesteś jak listek, ja i tata jesteśmy Twoją gałęzią a babcie, dziadkowie, pra i praprababcie i prapradziadkowie korzeniami?

(myśli, po chwili pyta)

- Mamo, a czy to dlatego, że oni też są w ziemi? Zamarłam. I znowu czegoś się nauczyłam 🩶

6 października

Bycie mamą dzieci, które widzą świat po swojemu, wcale nie jest straszne. W życiu są naprawdę dużo gorsze rzeczy.

Jakie? Niech no pomyślę... Mam!

Pójść do pracy na złą zmianę. Zapomnieć kupić piwo na mecz.

Umieranie w samotności, udając przebojowość na social mediach. Bycie w kimś, kogo się nie kocha.

Nie ryzykowanie ze strachu, że się uda.

Pojechanie na deszczowe wakacje, licząc na słońce. Traktowanie siebie jako ofiarę.

Zimna kawa. Strach przed oceną.

Tkwienie w martwym punkcie. Życie życiem innych ludzi.

Brak papieru toaletowego, gdy jest potrzebny na już.

Wypchana szafa, w której nie ma niczego ciekawego.

Nieumiejętność zamknięcia drzwi i rozdziałów, żeby dać szansę na nowe. I wiele innych...

Bycie mamą dociekliwych dzieci wcale nie jest straszne 😃

7 października

Ach ten cudowny fejsbuczek... Każdy jeden uśmiechnięty, kolorowy i szczęśliwy... No normalnie żyć, nie umierać. Czyżby?

„Do Grecji pojechała..." sarkastycznie mamroczesz i, przeglądając słit focie koleżanki z pracy, czekasz, na przyłączenie się męża do wspólnego hejtu.

„Skąd ona ma tyle siana? Pewnie coś na lewo wykombinowała" kwituje – jak na zawołanie – mąż, na którego zawsze możesz liczyć w takich sytuacjach.

Najgorsze jest to, że ona tak ładnie wyszczuplała (a u Ciebie ta cholerna waga ani drgnie). Co się na nią gapisz? Sama skóra i kości! Do roboty się weź lepiej – cedzisz przez zęby kąśliwie, a Twój chłop doskonale wie, że jakiekolwiek formy sprzeciwu wywołają kilkudniową obrazę majestatu, więc potulnie kiwa głową, znika.

W środku Cię skręca, bo nie dość, że w tym roku przytyłaś, zamiast schudnąć (jak co roku zresztą), to w dodatku nie pojechałaś za granicę – chociażby do Polski – i nie mogłaś pochwalić się pięknymi selfies w skąpym bikini.

Obsesyjnie przeglądasz fejsbukowy grajdoł – może ktoś przytył, może ktoś ma krzywą kreskę na oku, może ktoś ma doła... NIKT!!! Tylko się upić z rozpaczy.

Czy zdajesz sobie sprawę, że tak samo, jak ludzie zakochują się w wyobrażeniu o drugiej osobie – tak samo widzimy ludzi przez „wyidealizowany pryzmat fejsbukowy"?

Przypomnij sobie, ile selfie Twoich koleżanek bez makijażu widziałaś w tym tygodniu? A ile zdjęć bez filtra? A nie uśmiechniętych, zdołowanych ludzi, ile? No właśnie...

Musisz wiedzieć jedną rzecz. FB to miejsce kreacji ludzi. Pokazują się tak, jak chcesz, byś ich widział.

Coraz więcej z nas porównuje się do tego, co widzi na ekranie i myśli: jakie ja mam życie do bani... Jolka była w Chorwacji, Heńka w Hiszpanii, a Sławek w Meksyku.

A ja? Tylko w Polsce, tylko na tydzień i tylko nad Bałtykiem.

STOP! STOP! STOP!

Przez takie „ona ma lepsze życie niż ja" potwierdzasz jedno: widzisz, analizujesz i przyjmujesz za fakt to, czego chcą inni...

Ania pojechała w góry. Piękne fotki zapierają dech w piersiach. Uśmiechnięta od ucha do ucha. „WOW' – myślisz. Ale ona ma fajnie… Nie wiesz jednak, że uciekła od świata do mamy w Zakopcu od zdradzającego męża. A jak byś na nią patrzyła, gdybyś wiedziała, że od kilku miesięcy z trudnością wstaje i ledwo funkcjonuje… Maluje się raz w tygodniu, bo częściej nawet nie może na siebie patrzeć w lustrze i swoją deprechę rekompensuje lajkami na fejsie…

Insta, Fb, you name it. Tu możesz się kreować, chwalić, promować. Proszę Cię o jedno – cokolwiek robisz, pozostań sobą.

Masz prawo mieć gorszy dzień. Spędzanie urlopu na wsi zabitej dechami jest cool i wcale nie musisz być kimś, kim nie jesteś. Skąd to wiem? Na wsiach - szczególnie tych nad Bałtykiem - wakacje są najgenialniejsze!

8 października

Jeśli będę miała... Jeśli zrobię… Jeśli osiągnę... To będę szczęśliwa. Tak kiedyś myślałam, gnając od zadania do zadania.

Schudłam, a wciąż siebie nie lubiłam. Osiągałam coraz więcej, a czułam, że jestem nikim. Do czasu, gdy zauważyłam siebie… Taką. Jaką. Jestem.

Z niskim wzrostem. Z nosem jak ziemniak. Z oczami pełnych iskier.

Z wiecznym roztrzepaniem. Patrzę na siebie i na innych życzliwością, a nie roszczeniowością. Przestałam obwiniać innych. I zdecydowałam, że nie będę żadną ofiarą… Lubię swoje towarzystwo. Siebie lubię. Widzę ludzi przez pryzmat dobra, a nie wagi czy metryki.

To mi pasuje. Tak wybieram.

Jeśli Ci się to nie podoba, to Cię zmartwię... Nie zmienię się tylko dlatego, by Ci dogodzić. Ty też nie musisz tego robić dla nikogo.

To, że czujesz się niekomfortowo, bo widzisz, że ktoś działa nie ma nic wspólnego ze mną. To nie ja wzbudzam w Tobie poczucia winy, tylko Twoja bierność. Zrozum to wreszcie, proszę.

Obiecuję wychodzić ze swojej strefy komfortu, by pokazywać, że szczęście to niedążenie do rozmiaru 8 i wieczne narzekanie...

Będę robić trudne rzeczy. Dla siebie. Dla ludzi, których kocham. I dla Ciebie, byś w końcu uwierzyła we wszystko, w co masz uwierzyć.

9 października

„Słoń w składzie porcelany" tak na mnie mówiono. Nie raz. Nie dwa. „Robisz wszystko, jakby to nie były Twoje ręce". „Pani Herbatka" - potłukła, wylała, nie zauważyła. Przegapiła. You name it.

Zapomniałam o egzaminach, terminach, kanapkach do szkoły. Pójściu do pracy. O sobie. Chciałam o sobie zapomnieć tak, bym już nie była pośmiewiskiem.

Bo byłam ze wsi. Bo nie umiałam się wpasować. No byłam stawiana za wzór, gdy czułam, że na to nie zasługiwałam. Bo mieć było ważniejsze niż być.

Nie lubiłam siebie. Swojego wyglądu. Roztrzepania. Zapominalstwa. Braku umiejętności utrzymywania przyjaźni. Braku umiaru. Kompleksów do nieba.

Do momentu, gdy zaczęłam dostrzegać w nich czarodziejskość. Magię bycia sobą.

Akceptowanie potknięć, błędów i wszystkiego, czego nie mogłam opanować przyszły po latach bycia swoim największym wrogiem.

Gdy słucham muzyki przez słuchawki, wciąż z łatwością tracę balans. Bywa, że potykam się o własne nogi. Po dwudziestu latach! To chyba się już nie zmieni. Tak samo, jak mój śmiech, za który strofował mnie tata, choć śmiał się dokładnie tak samo. Równocześnie umiem się z tego śmiać tak samo, jak inni.

Wiesz co? Kocham tego słonia najbardziej, jak umiem. Każdą jego molekułę. Rozumiem też mojego cudownego syna... widzę, że jesteśmy bardziej podobni do siebie, niż mogło mi się wydawać…

Życie pod gwiazdami przy świszczącym morzu obdarowało mnie wrażliwością, która, gdy byłam gotowa, okazała się idealną bazą do lepienia siebie od zera. Od zera, za które uważałam się przez ponad trzydzieści lat...

Bez kija w czterech litrach. Bez powalającego makijażu. W glanach i rozciągniętym swetrze. Bez otoczek i gadżetów, pod którymi chowa się większość „normalnych". W sukienkach w kwiaty, które uwielbiam.

Mam komfort nieudawania. Nie muszę też mieć długiej pamięci, przy mówieniu prawdy. Do wydarzeń, umówionych wizyt mam aplikacje w telefonie, które połączone są z komputerem. Kalendarz ma ustawione przypomnienia i dokładne informacje, bym zawsze była na czas.

Postawiłam na prawdę. Choć w przeszłości kłamałam bez mrugnięcia okiem. Bałam się bycia ukaraną za mówienie prawdy. Bo prawda mnie bolała. Bo stanięcie do prawdy wymagało odwagi. Bo moja prawda była zablokowana przez mój umysł. Spaliłam przecież dom i o mało nie umarła moja rodzina. Taka jest moja prawda.

Pewnie dlatego też piszę; dla siebie i dla Ciebie. Byś dostrzegła magiczny pył tam, gdzie czujesz chropowatość słonia. Bo każdy z nas widzi świat po swojemu i zajęcie się swoim życiem, zamiast obmawiania innych mogłoby znaczyć, że każdy musiałby spojrzeć tam, gdzie boli. Dzisiaj wiem, że boli tylko przez chwilkę... I że spojrzenie tam, gdzie trudno uzdrawia nas i cały nasz ród. I że stanięcie w prawdzie jest najważniejszą rzeczą, którą mamy do zrobienia. Stanięcie po swojej własnej stronie.

10 października

Kiedyś bym napisała, że to był bardzo trudny dzień. Pełen pisków, krzyków i wylewającego się z każdej strony niezrozumienia. Wątpliwości w rodzicielskie umiejętności. Wbijanie ostrych szpilek. Przytłaczających emocji. I przeszywającego płaczu. Bycie rodzicem dziecka, który widzi świat po swojemu, jest czasami jak budowanie zamku z piasku.

Wymaga nadludzkiej cierpliwości, której zbyt często brakuje. Uporu. Dystansu. Wiecznego szukania. Mozolnych czynności. Siły - i fizycznej, by nikt nie rozwalił sobie nosa - i tej wewnętrznej. Kiedyś bym obwiniała siebie.

Dzisiaj mam na to sposób; korzystam z metody lustra! Osoby z naszego otoczenia odbijają to, co mamy w sobie. Jeśli któreś z moich dzieci na mnie krzyczy, analizuję sytuację. Na górze kartki piszę: Moja córka na mnie krzyczy.

Co to może znaczyć? Że jest sfrustrowana, bo chce mojej uwagi. Czuję, że mnie nie szanuje. Wtedy patrzę, w jakich sytuacjach ja sama siebie nie szanuję i kiedy sama nie daję sobie uwagi, która jest mi potrzebna. Tym krzykiem moja córka „odbija" to, co mam w sobie. Co robię wtedy? Siadam w ciszy i zastanawiam się, kiedy siebie nie szanuję. Czasami jest to nie dawanie sobie czasu, ignorowanie swoich potrzeb albo zwyczajny odpoczynek. Planuję wtedy randkę ze sobą; wypisuję wszystko, na co mam teraz ochotę. Czasami jest to spacer, czasami tańczenie a czasem zjedzenie krokietów z grzybami. Gdy dam sobie czas, uwagę i miłość moja córka uspokaja się. Ponieważ uporządkowałam swoją sprawę - nikt nie musi mi już jej pokazywać.

Jeśli myślimy, że inni nas źle traktują, warto zwrócić uwagę na to, że to my pozwalamy na takie traktowanie i że nie jest to ani krzyż, który musimy nieść, ani żadna kara. Jeśli przyjrzymy się tej sytuacji, często okazuje się, że same źle siebie traktujemy. Pomijamy. Upokarzamy. Ignorujemy. Gdy skontaktujemy się z naszym wewnętrznym dzieckiem (albo zwyczajnie z naszym wewnętrznym głosem) i damy to, o co same siebie prosimy - sytuacja, w której jesteśmy, się zmieni. Sprawdziłam to na sobie; działa za każdym razem..

11 października

Tak, jak drzewa gubią liście co roku, tak ja gubię rzeczy, które mi już nie służą. Z szacunkiem i wdzięcznością daję iść innym tam, gdzie pragną.

Doceniam przelotność. Zamiast rozpamiętywać, że sezon na truskawki minął, doceniam fakt, że był. Tak, jak dłonie, które witają z czułością kogoś innego. Były obecne i wiele mnie nauczyły. Dziękuję.

Zbieram plony tego, nad czym pracowałam. O co dbałam, co pieliłam i nawoziłam. I mogę siać nowe, kiedykolwiek zdecyduję.

Zmiana to zaangażowanie. Trudne to jak cholera, bo wymaga przyznania się do winy i zauważenia błędów. Przeproszenia i podjęcia działania. I wytrwanie, gdy dni są coraz krótsze i gdy kołdra jest tak przyjemna…

Deszcze i wichury łapią mnie w najmniej oczekiwanych momentach. Moczą do suchej nitki i rozmazują makijaż. Zawsze mijają, a ja zawsze mogę zapukać do przyjaciół...

Inni lubią inne rzeczy niż ja. Chodzą w czapkach i nie lubią czekolady z marcepanem. Jakie to fajne, że jesteśmy różni!

Czas... zawsze mnie zachęci, bym znalazła dla niego czas. Kawą, ciepłym kocem i pomarańczowym płomieniem. Buziami domagającymi się uwagi. I byciem samą ze sobą. Strasznie mi się to podoba...

Kochana jesieni, tak wiele się od Ciebie nauczyłam.

12 października

Patrzymy za często na życie przez pryzmat braku, zamiast wdzięczności za wszystko, co już mamy.

Marzymy za często o tym, czego jeszcze nie mamy, ignorując za często to, co już osiągnęliśmy. Nasze umiejętności i mocne strony. Nawet jeśli je wypieramy, każda z nas umie robić coś ciekawego: upiec pyszne ciasto, dobierać kolory, śpiewać, obrać ziemniaki, pokroić cebulę bez płakania… każda z nas coś umie.

Chcemy więcej, mocniej, teraz, już, natychmiast, bo myślimy, że wtedy będziemy szczęśliwe, gdy będziemy szybciej pędzić i więcej robić.

Zasypujemy dzieci zabawkami, bo chcemy im dać to, czego sami nie mieliśmy, nie zastanawiając się, że nasze dzieci najbardziej potrzebują naszej uwagi. W ten sposób podświadomie uczymy je, że dzięki Najkom, tabletowi i IPhonowi są więcej warte. Wiele dzieci domaga się gadżetów, by się pokazać innym. Chcą poczuć, że dzięki posiadaniu są wystarczająco dobre, by mieć przyjaciół. Tego ich często sami uczymy.

A szczęście i największa wartość są w naszym wnętrzu. Bez masek. Udawania. Bez dizajnerskich ubrań. Bo szczęście młodego człowieka jest największe, gdy dajemy mu swój czas i uwagę. Gdy słuchasz. I gdy słyszysz, co ma Ci do powiedzenia.

Gdy dziecko ma braki w dorosłym życiu, będzie szukało i wymagało tego, czego mu nie daliśmy u partnera. A przecież w dorosłym życiu wszystko możemy dać sobie sami. By to zrozumieć, bardzo ważne jest odnalezienie w sobie wewnętrznego dziecka i zaopiekowanie się nim tak, jak jeszcze nikt nigdy tego nie zrobił.

13 października

Ciacha, kawki i wspomnień masa. Zamykanie rozdziałów, które prowadzą na manowce. Rozmowy ważne i bardzo ważne. Usłyszane słowa, które zmieniają kierunek świata i okolic. Działania, które dają sił i otuchy.

Tworzenie własnej świątyni, która wcześniej była supermarketem. Trudne decyzje, które przyprawiają o zaćmienie serca. Pracowity tydzień i zbieranie wniosków, które stają się drogowskazami na przyszłość. Potrzebne bardzo jak cholera.

Niby nie zadziało się nic, a tak wiele się wydarzyło.

....

Jesień. Jak dobry przyjaciel zjawia się z tobołkami, na które czekam stęskniona, jakby nikt mnie już miał nie odwiedzić...

Z uśmiechem wcześniejsze noce wypakowuje z troską, bym oprócz wypoczynku paradoksalnie znajdowała światło wszędzie tam, gdzie spojrzę.

Szarawe coraz bardziej niebo, wypełnioną wichrem ciszę i spokój po zwariowanym lecie.

Zmęczenie otulone kocem. Bezpardonowe zmiany. Zrozumienie i wybaczenie. Zawsze się przyda - szczególnie to dla samej siebie.

Wyschnięta naiwność, jak chrust pęka pod stopami... raz po raz pokazuje niepotrzebną cenę, którą zapłaciłam za życiowe zbędności.

Tajemnice życia. Teorie zmieniające świat.

I kolory, które stają się jednym, gdy przyjrzę się im wyraźniej.

Roztrzepane chmury jak przypadkowe cuda wędrują po niebie, chichocząc nad coraz bardziej oszronioną i zmęczoną głową.

Kardamony, czerwienie, pomarańcze, jabłka, cynamony. Witrażowe słońce uśmiechające się między klonami prosząc, by nie wątpić, choć są do tego powody.

Ramiona dające bezpieczeństwo małym główkom. I niezrozumiała siła, przecież mam tu wciąż tyle do zrobienia.

14 października

Są takie chwile, gdy w sercu deszcz pada... u mnie też padał. I to częściej niż niektórym może się wydawać. Przez lata. Dzień po dniu... Czego wtedy nie robię (A kiedyś robiłam)? Już nie lecę do lekarza po pigułki szczęścia.

Dla mnie chandry i depresje są znakiem, że robię rzeczy wbrew sobie, chociaż udaję, że nie...

Jak?

Pozwól, że Ci wytłumaczę, jak to działało u mnie. Gdy pojawiała mi się myśl, którą podpowiadało mi serce, by mi pomóc w mojej sytuacji, działy się niesłychaności.

Najpierw pojawiały się wewnętrzne komentarze „zrezygnuj”, „to nie jest dla Ciebie”, „zawracaj”...

Sekundę później wtrącał się rozum z jeszcze lepszą mądrością typu; „inne mają gorzej”, „jakoś to będzie „„ „nie ma tego złego, co by na dobre nie wyszło”, „co Ty już znowu wymyśliłaś Krawiecka?” „Ale marudzisz, że Ci się chce”...

Drugi głos wygrywał. Za każdym razem obrońca mojej strefy komfortu podsuwał mi setki wymówek w odpowiedzi na głos, który podpowiadał, co jest dla mnie dobre.

Słuchałam „przyjaciółek”, uciekałam w nowe projekty i różne zagłuszaczo-rozpraszacze. Im dalej od siebie, tym skuteczniej zagłuszałam ten głos. Z czasem był cichszy i coraz rzadziej go słyszałam.

Już przyzwyczaiłam się do ignorowania go - a może czekałam na kolejne wymówki, które logiczny rozum wysyłał mi, jak na zamówienie wygrywając za każdym razem.

Czuł moje wahanie i zagubienie i miażdżył moje serce... szanse na coś lepszego. Ba! Ja przecież sama się na to zgodziłam. Żeby było ciekawiej, obwiniałam wszystko, co mogłam…

Kiedyś tego nie rozumiałam i zamiast słuchać cichych szeptów, zamiast słuchać, zapisywać je i działać, słuchałam tego, co było łatwiejsze...

W środku coś nie grało. Z czasem zaczęłam udawać uśmiech i radość.

Tabletki szczęścia mnie zagłuszały i otumaniały. Zmuszały do nie-myślenia-o-tym-co-jest-ważne. Myślenie przecież bolało i było nie do pomyślenia…

Branie leków było dużo łatwiejsze niż powrót do siebie. Dostajesz tabletkę i ona ma zadziałać. Zrezygnowałam z odpowiedzialności za siebie i zamiast wyjść ze schematu bycia ofiarą traktowałam lekarstwa jako rozwiązanie moich kłopotów. Ktoś powiedział, że jest to relacja przedmiotowa. Nasze życie nie zmieni się, jeśli pójdziemy do apteki, wykupimy receptę i zażyjemy lek. Wzięcie odpowiedzialności za swoje zdrowienie jest kluczowe. Dzisiaj doskonale to rozumiem. Dzielę się z Tobą tym ze względu na to, że gdy szukałam pomocy, nikt mi nie wytłumaczył, na czym ona polega. Na odpowiedzialności za siebie. Wtedy też nie byłam gotowa na tę odpowiedź. Obraziłabym się i powiedziała, że ktoś się na mnie uwziął.

Chcę się dzielić tym z Tobą, być może ułatwi Ci to proces, jeśli jesteś w podobnym miejscu.

Niech Płynie

Ciiii. Nie mąć dnia. Niech sobie po prostu płynie. Pozwól mu potoczyć się bez kontroli.

Nie musisz wyglądać idealnie. Dom jest domem, a nie wystawą. Pokazuj prawdziwe rzeczy, bo na social mediach ludzie już wariują od tego udawania. Pozwól sobie na gorszy moment. Zwykły dzień wcale nie zmniejsza wartości życia. Kawa w ulubionym kubku smakuje często lepiej niż ta w fejsbukowej relacji w kubku z modnym logo.

Krzyczące i znudzone dzieci widzące świat po swojemu są tak samo kochane, jak te idealnie pozujące.

Gdy męczące myśli przychodzą to - też jest ok. Zamiast blokować, przyjrzyj się im i niech delektują się Twoim towarzystwem. Bez Twojej reakcji pójdą sobie dalej za kilka chwil.

Umów się ze sobą na ważne spotkanie ze sobą. Otul kocem, zatop się w tabliczce czekolady i książce, którą przekładasz od zawsze.

Zamiast rezygnacji odpocznij. I nikomu się z tego nie tłumacz. Słuchaj „na całą parę" ulubionej piosenki w aucie. Niech się gapią. Dzień im zrób.

To wszystko jest potrzebne.

Ciiii Nie mąć dnia. Niech sobie po prostu płynie.

17 października

Co byś zrobiła, gdybyś przestała się bać? Gdyby te strachy, lęki i wszystko, co w Tobie siedzi i zagłusza serducho, zniknęło, a Ty mogłabyś spokojnie wyjechać z kolein, które, chociaż są toksyczne - dają Ci iluzję bezpieczeństwa i chociaż jest do kitu, przynajmniej jest czymś, co znasz?

Co jest Twoim marzeniem, które - gdy tylko o nim pomyślisz - jest zawstydzane przez:

„Ale wymyśliłaś",

„Tobie to już się w tyłku poprzewracało", „Inni mają gorzej",

„E tam! Zupełnie się do tego nie nadajesz", „Jesteś za głupia",

„Za stara",

„Za gruba",

„Nie dasz rady",

„A weź",

„Co ludzie powiedzą", „Nie uda Ci się".

Zablokowałam się do robienia filmików. Kiedyś robiłam ich dużo, właśnie z wielu powodów (patrz wyżej) przestałam...

Dziś cały ranek spędziłam, rozmawiając z ludźmi, którzy - choć mnóstwo osiągnęli i są na przeróżnych etapach w życiu - (piosenkarka jazzowa, przyszły pisarz, przyszła pani maratończyk, uzdrowicielka) zmagają się z wieloma strachami. Oni wszyscy wiedzą o jednej, bardzo ważnej rzeczy... i dzisiaj właśnie każda z nich mi o tym opowiedziało (na swój własny sposób).

To mnie bardzo zainspirowało i chcę się z Tobą tym podzielić. Weź, proszę, kartkę papieru. Napisz kolejne zdania i dokończ je: „Czego tak naprawdę chcę to…"

„Pragnę tego, bo…" „Obawiam się, że ?"

„Niewspierające przekonanie, które chciałabym zmienić, by było mi łatwiej osiągnąć moje marzenie to… „

„Bym nabrała odwagi, potrzebuję… „

"Moje zasoby (wszystko, co może mi dzisiaj przybliżyć do mojego marzenia) to

Na kartce, w notesie. Zadawaj te pytania, zanim pójdziesz spać. Posiedź w ciszy kilka minut i czekaj na odpowiedzi. One przyjdą, pukając cichutko w niespodziewanej rozmowie, w piosence, być może zaczniesz pisać lub myśleć o rzeczach, które wydają się czystym wariactwem.

Odpowiedzi już znasz, nawet, nawet jeśli o tym nie wiesz... Obiecuję Ci, że wszystkie odpowiedzi są w Tobie...

To jak?

Kartka, długopis. Odlicz głośno… 5, 4, 3,2, 1 do dzieła! Bój się i rób. Bój się i rozmawiaj ze sobą. Bój się i zadawaj trudne pytania. Bój się i żyj.

18 października

Zrezygnuj z jesieni, by się spotkać z rodziną w święta. Ze świąt, by zyskać wolność w styczniu. Siedź w domu od stycznia do marca, by na Wielkanoc móc być wolnym. Izoluj się w Wielkanoc i musowo zaszczep, by na wakacje móc pojechać. Wakacje spędź w ogródku, by wyjechać jesienią, bo teraz granice zamknięte. Wiesz, kiedy odzyskamy wolność?

Gdy staniemy się upierdliwi, dociekliwi i będziemy wszystko kwestionować. Gdy zaczniemy zadawać trudne i niewygodne pytania. Gdy wyłączymy telewizory i zaczniemy myśleć samodzielnie.

Gdy wrócimy do natury...

Zastanawiam się tylko czy mamy jeszcze „wolność”... i czy kiedykolwiek ją mieliśmy. I czy zdobędziemy się na odwagę, by widzieć, co się naprawdę dzieje dookoła.

Co jeszcze musi się wydarzyć, żebyśmy zrozumieli, że udajemy, że nie widzimy tego, co się dzieje dookoła.

19 października

Wszyscy się rozwijamy. Taka moda.

Czym rozwój osobisty nie jest? Bezmyślnym kopiowaniem cytatów mądrych ludzi dla lajków. To budowanie ego. Odwracanie uwagi od naszych kompleksów. Jak rozpoznać, że ktoś się rozwija?

Po tym, jak zareaguje, gdy go zdenerwujemy. Gdy zróbmy coś, czego się nie spodziewa. Ba! Gdy zrobimy coś wbrew jego woli? To jak zareaguje, jest kluczem.

Będzie nas straszyć? Wyzywać? Manipulować? Biernie nic nie powie? Odejdzie? Ucieknie? Zmieni temat? Zignoruje? Zacznie płakać? Ukaże milczeniem?

Spróbuje zrozumieć Twój punkt widzenia? Sprawi, że zaczniesz się trząść, jak liść?

Jest tak zawzięty, że obali każdy argument i każdą życzliwość? Wypowie najtrudniejsze słowo świata, gdy opadną emocje?

Nie powie nic. Z kamienną twarzą przesiedzi cały dzień. Miłość. Przyjaźń. Komunikacja one nie powinny boleć.

Gdy bolą lub gdy wywołują niewyjaśniony; ucisk w sercu, nieziemski wkurw, panikę, nieumiejętność poruszania się, płacz, poczucie, że jesteś idiotką, najgorszą lub nie powinno Cię wcale być, bo jesteś nikim.

TO znaczy, że właśnie ten obszar (od którego być może uciekasz, atakujesz lub ignorujesz) wymaga uleczenia. Zauważenia, wypłakania i utulenia. Daj wyjść wszystkiemu... Każdej emocji. Innego wyjścia nie ma. TO WŁAŚNIE JEST ROZWÓJ OSOBISTY!!!

Tulę mocno.

20 października

"Co Ty opowiadasz Krawiecka? Mam się cieszyć powodzeniem drugiej osoby? Krawiecka, nie ma takiej opcji! Polacy to zawistne chamy i trzeba od nich uciekać, a nie im gratulować czegokolwiek" - słyszę znacznie częściej, niż bym chciała.

Tak wiem. Niektórzy z nas cieszą się z sukcesów innych do momentu, w którym nam wiedzie się lepiej. Dopóki sami jesteśmy lepsi. Gdy sytuacja się zmienia, bywamy zawistni i wcale nie chcemy ciężko pracować, by nam też się powiodło. Niestety nie chcemy mieć kury, która znosi złote jajka - taką jaką ma sąsiad - chcemy tylko, żeby jego kura po prostu zdechła. Jest to przykre…

A co, jeśli Ci powiem, że zachwycanie się talentami i sukcesami innych jest fenomenalne - mimo że wielu ludzi od tego ucieka?

Chyba już rozumiem… Żeby być życzliwym dla innych - w pierwszej kolejności trzeba zacząć od siebie i być życzliwym dla siebie. A żeby to móc robić - trzeba akceptować siebie, ufać sobie, wierzyć w siebie i cieszyć się sobą takim, jakim się jest. A w serialach, w polityce, na podwórku, niedzielnych kazaniach czy u cioci na imieninach niestety tego nie uczą. Kłócić, dzielić i poniżać za to idzie im cudownie.

Mam dla Ciebie propozycję nie do odrzucenia. Gdy komuś wiedzie się lepiej, niż Tobie szczerze uśmiechnij się (na początek, żeby nie było nam nieswojo przed nami samymi) zróbmy to w swoich myślach. Uśmiechnijmy się i cieszmy sukcesem drugiej osoby. Zapewniam Cię, że to wcale Tobie nie umniejszy. Co więcej to wcale nie będzie znaczyło, że chwaląc kogoś lepszego, będziesz w jakikolwiek sposób upokorzony.

Gdy byłam młodsza, tak właśnie myślałam. Myślałam, że gdy komuś przyznam rację, wszyscy zobaczą, że jestem gorsza, idiotka jakaś normalnie. Tak, tak o sobie myślałam. Jestem wdzięczna, że to się zmieniło, bo okazało się, że nie miałam racji… Że jestem tak samo wartościowa, jak każda osoba, którą spotykam na swojej drodze. Nie lepsza ani nie gorsza.

Czy chwaląc innych, umniejszamy sobie? Absolutnie nie! To znaczy tylko tyle, że mamy kogoś, od kogo możemy się uczyć, od kogo brać przykład. Kogoś, z kim możemy porozmawiać o naszych marzeniach. Bo jeśli komuś się udało podejść pod stromą górę, jest duża szansa, że nam też się uda i gdy będziemy podejmować trudne decyzje - będziemy miały chociaż jedną osobę, która będzie życzliwa.

Bo tej osobie nie spadło nic z nieba... W to, co robi, włożyła wysiłek, którego być może Tobie się nie chce i dlatego nie osiągniesz tego, co ona - to jedyna różnica między Wami.

Bo Jej chce się robić rzeczy, które wymagają wysiłku i zaangażowania. A nam się nie chce, co też jest OK. Taka osoba, zamiast rezygnować - odpoczywa. I zamiast udawać, że robi - nie ogląda się za innymi, nie porównuje... tylko działa z ludźmi, którzy w nią wierzą i jej szczerze kibicują... Zrozumiałam to dopiero, gdy pokochałam siebie. Gdy tak naprawdę zaczęłam być życzliwa dla siebie.

Z całego serducha życzę Ci, by Twój sukces (czymkolwiek jest) inspirował innych do działania.

21 października

Żyj tak, by kochając nikomu się nie narzucać.

By z serdecznością delikatnie rozświetlać innym drogę.

Pomagać tylko wtedy, gdy jest się o to proszonym i gdy druga strona jest gotowa na nowe. By wszystkim żyło się łatwiej i żyć się przede wszystkim chciało. By zawsze było z kim napić się kardamonowej kawy i zjeść cudowną bezę. By druga strona czuła się w pełni akceptowana - bez względu na to, kim jest - ani z kim jest. I bez względu na to, w którego Boga wierzy.

I by odejść z wdzięcznością, gdy czujemy, że nasza wspólna droga już się skończyła i zaczynamy żyć paralelnie.

Przyjaźń i miłość to nie warunkowanie, plotki, konkurowanie czy zazdrość, gdy drugiej stronie wiedzie się lepiej. To nie wymaganie lojalności i wyłączności. To miłości jest zaprzeczeniem bez dwóch zdań.

A kochać jak? Tak, by miłość była też wolnością. I nielogiczną, niewytłumaczalną pewnością. Wsparciem, a przede wszystkim spokojnym sercem.

Żeby nikt nie musiał wybierać ani czuć się winnym, bo chce spróbować czegoś innego. Być może ma ciut inny pomysł na siebie i potrzebuje więcej przestrzeni - nikt nie powinien czuć się winny, by z niej korzystać. To nasze prawo.

Jeśli chcesz z kimś być i jesteś gotowy na swoją prawdę, odnajdziesz ją na pewno - bez względu na to ile mórz i oceanów mentalnych Was dzieli.

Miłość to nie nakazy, zakazy, wybuchy zazdrości, manipulacje i dzikie szantaże. To zaprzeczenie miłości. Prawdziwa miłość to wolność.

22 października

Zrozumiałam coś arcyważnego. Decydując się na rzeczy przyjemne, proste i łatwe jest miło. Fajnie jest i w miarę bezpiecznie.

Siedzimy w bańce, którą znamy. Czasami myślimy, żeby coś zmienić, zwiedzić, odejść, przeprosić, poprosić o pomoc, przyznać się do winy, kogoś spotkać, wyjechać, wrócić, zmienić pracę, schudnąć, przytyć, kupić coś, oddać niechciane… I zostawiamy to w cholerę albo postanawiamy, że zrobimy to jutro. Albo magiczne później.

Odkładamy rzeczy trudne, niewygodne, nieznane. Te, które wymagają wysiłku, pomocy innych, odwagi, szczerości przed samą sobą, powiedzenia „nie", nauczenia się czegoś nowego. Spojrzenia w lustro i przyznania się do błędu i wybaczenia - i sobie, i innym.

Czego się nauczyłam?

Najważniejsze decyzje są najtrudniejsze. A najtrudniejsze najważniejsze.

Skąd to wiem?

Zgadnij ♡

23 października

Denerwujesz się, gdy „dobra znajoma" obmawia Cię za plecami , gdy osiągniesz sukces, dostaniesz nową pracę lub zrobisz coś odlotowego? A czy zastanawiałaś się, jak sama reagujesz na jej sukcesy?

Cieszysz się czy skręca Cię w środku z zazdrości i myślisz, że sama zrobiłabyś to, co najmniej pięć razy lepiej, a ona miała po prostu szczęście?

Ona na pewno przez znajomości dała radę, bo na pewno sama inaczej by nie ogarnęła?

Kiedy cieszyłaś się z tego, że Twojej znajomej powodzi się coraz lepiej? Że jeżdżą na wakacje z mężem.

Że poznała świetnego mężczyznę (a nie faceta jak zawsze).

Że dzieci ma uzdolnione.

Czy Twoja znajoma nie jest Twoją znajomą właśnie, byście się wspierały nawzajem?

Czy może próbujesz jej udowodnić na każdym kroku, że jesteś od niej lepsza? Czy to nie jest ukrycie faktu, że sama siebie nie lubisz?

Jeśli to znajoma „na pokaz" miej odwagę od niej się odsunąć, by popracować nad relacją ze sobą.

Naucz się życzliwości i ciesz się z sukcesów innych ludzi. Jeśli oni mogą go osiągnąć, Ty na pewno też to zrobisz - jeśli tylko się odważysz.

Tak naprawdę. Bez udawania. Taka, jak jesteś.

Ciesz się ze swoich, nawet maciupkich, kroków do przodu. Jeśli nauczysz się tego, będziesz wspierała swoje koleżanki, a nie wywyższała się. Przestań się wiecznie porównywać z innymi. Jesteście inne, macie inne doświadczenia i cele w życiu.

Wspieraj je BEZ oczekiwań i ukrytych pretensji. A jeśli chciałabyś porozmawiać o tym, co jest nie tak między Wami, może warto to wreszcie zrobić?

I otaczajmy się ludźmi pozytywnymi i dobrymi. Plotkarom i zawistnym marudom podziękuj.

Przyjaźnie są piękne. Cudze sukcesy także. Powodzenia kochana!

25 października

Prawie każdy z nas ma nierozwiązane lub niewygodne rodzinne (choć nie tylko) sprawy. Rodzice, którzy odeszli za szybko, siostra, która idzie w swoją stronę czy krewny, który zawsze robi na przekór i domaga się wiecznej pomocy. Ktoś, kogo kochamy, po prostu sobie poszedł i żyje po swojemu albo niszczy sobie życie każdego dnia i prawdę mówiąc, jest już martwy za życia... Istnieje masa sytuacji, które z jednej strony bolą nas na samą tylko myśl.

Jest na to niezawodne lekarstwo.

Przez długi czas nie zdawałam sobie sprawy z tego, że żyjąc przeszłością z goryczą i pretensjami sama siebie karałam. Czemu? Straciłam możliwość kreowania swojego życia i żyłam czyimiś problemami, które przez pół życia wpędziły mnie w depresje.

Ktoś dla mnie ważny odkąd tylko pamiętam, podejmował niszczące dla siebie decyzje i przez długi czas nie mogłam sobie z tym poradzić. Martwiłam się i często płakałam. Moje życie kręciło się wokół te osoby, a ja nie zdawałam sobie z tego sprawy.

Często w takich sytuacjach zaniedbujemy siebie, by pomóc komuś. Często rezygnujemy ze swoich planów i robimy wszystko, by pomóc tej osobie.

Często jest tak, że ta osoba nie dość, że nie prosiła nas o pomoc, to w dodatku wcale jej nie chce i izoluje się od nas.

Zrozumiałam, że każdy ma prawo do życia po swojemu. I że jest coś dużo potężniejszego niż moje chcenie. Los nas nie pyta, na co mamy ochotę. Każdy jest prowadzony i jedyne, co możemy zrobić to brać odpowiedzialność za swoje życie.

Wyobraź sobie, że z każdym wdechem wypełniasz się ciepłym światłem. Z miłością i życzliwością powiedz: „Drogi przyjacielu/mamo/wujku. Kocham Cię takim, jakim jesteś. Bez względu na wszystko. Bez stawiania żadnych warunków. Chociaż ciężko mi się na to patrzy, szanuję Twoją decyzję, bo mimo wszystko to Ty ponosisz odpowiedzialność za to, co robisz. To jest Twoje życie i Ty o nim decydujesz.

Dziękuję za wszystko, czego mnie nauczyłeś. Za wszystkie ważne momenty. Za Twój czas. I za Twoje zaangażowanie. Jestem za nie wszystkie bardzo wdzięczna.

Równocześnie oddaję Ci wszystkie „prezenty", o które nie prosiłam, a zasypujesz mnie nimi (pewnie czasem bezwiednie). One mi nie służą i niszczą mój szacunek do Ciebie. Proszę, weź to wszystko i idź tam, gdzie masz iść..

Dziękuję za to, że dzieliliśmy ten czas razem. Idę w swoją stronę i bardzo proszę Cię o to samo.

Co dalej?

Wyobraź sobie, proszę, że wracasz do siebie. Do swojego domu. Do swojego serca i zajmujesz się wszystkim, na co masz realny wpływ - Sobą i osobami, które Cię kochają i są koło Ciebie. Żyj w radości, z życzliwością do świata, nawet gdy jest trudno. Bądź wdzięczna za to doświadczenie. Chociaż dzisiaj jest niewyobrażalnie... za jakiś czas zrozumiesz, jak bardzo było Ci potrzebne i jak wiele się z niego nauczyłaś.

Bo życie to doświadczania. I tych fajnych rzeczy. I tych mniej. To odpuszczanie tego, co nam nie służy i skupianie się na dawaniu radości tym, którzy tego chcą.

Każde z trudnych momentów dużo Cię nauczy, jeśli na to pozwolisz.

Odejścia innych też. Każdy z nas ma inne rzeczy do doświadczenia i na tym polega fenomen życia. Żyjmy póki mamy czas, doświadczajmy i uczmy nawzajem od siebie.

Przemijanie

Za kilka, kilkanaście i kilkadziesiąt lat będziesz zawiedziona tym, że nie zadzwoniłaś, gdy miałaś okazję.

Będziesz wściekła, że się nie odważyłaś. Że udawałaś.

Że byłaś bierna.

Że nie powiedziałaś tego, co miałaś do powiedzenia. Że zmarnowałaś szansę.

Że nie powiedziałaś „tak". I „nie". Że kryłaś to, co naprawdę czujesz.

Że nie znalazłaś rozwiązania, a przecież mogłaś. Że się poddałaś.

Że o pomoc nie poprosiłaś, bo było głupio. Masz czas, by temu zapobiec.

Bądź.

Odważnie, choć ze strachem - Działaj. Pytaj.

Ucz się siebie. I innych. Proś o pomoc.

Rozmawiaj, a nie tylko mów.

Rozwiązuj problemy, zamiast wiecznie uciekać. Odcinaj i uciekaj, gdy próbują Cię niszczyć.

I świadomie bądź. Masz jeszcze czas.

Emocje

Przeraziłam się. Tak znikąd.

Było po ósmej. Nie oglądam telewizji, więc nie wiedziałam, co się dzieje. Poczułam TO za to całą sobą.

Poczucie klaustrofobicznego uwięzienia. Panikę.

Najsmutniejszy ze smutków. Ba... wszystkie smutki świata na raz. Panika, co ja teraz mam zrobić?

W mgnieniu oka straciłam nadzieję. Bez logicznego powodu.

Otworzyłam lodówkę i chciałam z niej wszystko wymieść. Zrobiłam krok do tyłu. Przecież sobie obiecałam, że emocje nie będą mną rządziły. Zaczęłam się im przyglądać. Jedna po drugiej.

I nagle mnie oświeciło: Krawiecka, co smutasz? Przecież to nie jest Twoje! No przecież...

Włączyłam Fejsbuk i zrozumiałam, co się stało. Ogłoszenie Lockdownu. Zaczęłam przesiąkać smutkiem ludzi z mojej przestrzeni. Ludzi, którzy są dla mnie ważni, zaczęli panikować. Martwić. Smutać.

Oddałam wszystkie niechciane prezenty, które trafiły pod zły adres. Wykończona poszłam spać.

Wstałam przespokojna. Przecież nic się nie zmieniło. Jestem bogatsza o rozpoznanie emocji, które próbowały mną rządzić.

A Ty, jak Ci idzie w rozpoznawaniu i dystansowaniu się do emocji?

Nic nie musisz...

Nie musisz być supermenką. Proszenie o pomoc i akceptowanie jej są oznakami siły.

Twój kalendarz nie musi być wypełniony niekończącymi się listami zadań, bo wszystko musi być zrobione. Obiecuję, że nie będziesz miała na swoim grobie napisane: tu leży ta, co okien na święta nie umyła.

Nie musisz zapraszać do siebie ludzi, przy których czujesz się nieswojo albo wiesz, że Cię nie lubią i nawet gdy zrobisz wszystko idealnie - ta znajdzie powód, żeby Cię obgadać.. Eliminuj! To poczucie winy zniknie, a duma z samej siebie jest bezcenna.

Nie musisz czegoś, tylko dlatego, że inni tak robią. Bo taka moda. Bo wypada. Bo trzeba. Nic nie musisz!

Naucz się mówić nie wszystkiemu, co Ci się nie podoba i czego nie „czujesz" sobą. Naucz się szanować swoje zdanie i nikomu się z tego nie tłumacz. Masz do niego absolutne prawo.

Zrozumiesz to i zaczniesz stawiać granice innym, gdy tylko (AŻ) pokochasz siebie.

Masz prawo być dla siebie dobra. I chcieć robić rzeczy po swojemu. I masz prawo wierzyć, w co chcesz. I myśleć, żyć inaczej niż przyjaciółka. Żyć po swojemu też masz prawo.

A gdy jesteś zmęczona - odpoczywać na tylko swój sposób. I dziś. I zawsze, gdy tego potrzebujesz.

Gdy zdasz sobie z tego sprawę, nie uwierzysz, że to wszystko jest takie proste…

Ściskam Cię mocno leniąc się na sofie 😍

Fajniedziatek❤

To idealny moment, żebyś zaczęła widzieć świat, w którym jesteś.

Gdziekolwiek jesteś, zamknij oczy na minutę (jeśli jedziesz autem, zastanów się dwa razy 😁).

Jakie dźwięki słyszysz? Szum autostrady, kłócące się ptaki, dźwięki lodówki, telewizor? Szum trawy opowiada o tym, co u nich? Czy zdawałaś sobie z nich sprawę?

Jaka jest temperatura? Co masz pod stopami? Jakie w dotyku są przedmioty koło Ciebie? Poczuj ubrania, które masz na sobie. Czy stół, przy którym pijesz kawę, jest gładki, czy chropowaty? A może promienie słońca delikatnie Cię tulą do siebie?

Co czujesz? Poddenerwowanie? Spokój? Nazwij tę emocję i uśmiechnij się do niej bez względu na to, jaka jest.

Otwórz oczy... Co widzisz przed sobą? Zauważ pojedyncze elementy. Będziesz zaskoczona, ile ich jest...

Powtarzaj każdego dnia! Zauważaj i bądź. Świadomie :)

Prawdziwych przyjaciół

Przez lata wierzyłam w powiedzenie, że prawdziwych przyjaciół poznaje się w biedzie...

Dopiero dzisiaj rozumiem, jak bardzo jest szkodliwe.

PRAWDZIWYCH PRZYJACIÓŁ POZNAJE SIĘ Wszędzie. I ZAWSZE.

Prawdziwy przyjaciel cieszy się, gdy Tobie wiedzie się dobrze.

Prawdziwy przyjaciel wspiera Cię, nawet gdy jemu idzie średnio.

Bądź otwarty na ludzi (pamiętaj, by chronić się przed atakami energetycznymi). Bierz i dawaj.

I sama bądź takim, jakiego Ty byś chciała mieć.

Nie musisz zbawiać świata. Biec, bo wszyscy biegną.

Panikować, bo takie czasy.

Pracować za trzech. Wszystkiego naprawiać. Matkować innym.

Frustrować. Czekać.

Zapętlać.

Męczyć się.

Dusić w swoim życiu. I wiecznie udawać.

Zatrzymaj się Zamknij oczy...

Wsłuchaj się w ciszę, o której istnieniu zapomniałaś. Uśmiechnij się, choć ciutkę

I bądź

Bez żadnego powodu Tak po prostu

Po prostu bądź…

Bo przecież nie musisz zbawiać świata.

Zostałam zaproszona do opowiedzenia na pytanie:

„Co mnie w życiu cieszy?" odpowiedź w 5 (!) punktach

-gdy moje dzieci mówią, że są szczęśliwe

gdy mój kot wita mnie codziennie rano

szum wody

poranna kawa z przyprawami

ludzie, których przyciągam jak tylko zacznę myśleć o czymś konkretnym

wschody i zachody słońca (zachody bardziej)

A może warto przypominać sobie o innych rzeczach regularnie, a nie tylko, gdy ktoś mnie do tego zaprosi? A jak Moja Droga jest u Ciebie?

Dziewczynek Dzień...

Życzę Ci kochana, żebyś miała odwagę być kimkolwiek zapragniesz. Bez ukrywania żadnych emocji... Taka. Jaka. Jesteś.

Nie potrzebujesz magicznej różdżki, żeby zmienić świat, bo wszystko, czego potrzebujesz, masz już w sobie.

Najbardziej efektywnym sposobem na strach jest zrobienie tego, czego najbardziej się boisz. Zrób to do cholery - i już!

Poznaj siebie. Poznaj, kim jesteś i bądź dla siebie najlepszą przyjaciółką już zawsze i na zawsze. Nie pytaj dlaczego...

Nie ma czegoś takiego jak odpowiedni moment. To Ty decydujesz, kiedy on nastąpi.

Jeśli coś uwielbiasz, poświęć się temu bez względu na to, co myślą inni. Rób to, co daje Ci spokój i radość, nawet jeśli Ci się to nie zawsze opłaca.

Problemy i chandry są wskazówkami, które czekają, aż znajdziesz odpowiednie rozwiązanie. To nie znaki stopu, byś rezygnowała. To momenty, które mają Cię zmobilizować do zatrzymania się i zdecydowania, czego tak naprawdę chcesz.

Lepiej działać i popełnić błąd niż leżeć i pachnieć.

Działaj. Przewracaj się. Proś innych o pomoc. Wstawaj. Gdy potrzebujesz, odpocznij, ile potrzebujesz - i przenigdy się nie poddawaj.

Wszystko ma swoją cenę. Czasem pieniądze. Czasem czas, energia i zaangażowanie.

Jeśli nie uwierzysz w siebie - nikt tego nie zrobi...

Jeśli nie pokochasz siebie, nikt Cię nie uratuje. Nie będziesz umiała też bezwarunkowo pokochać drugiego człowieka. Będziesz ofiarą, cierpiętnicą i królową lodu. Idealnie wpasujesz się w każdą rolę, nie wiedząc, kim jesteś.

Kimkolwiek zdecydujesz się być w życiu - wybierz dobro i prawdziwość. Byłam po obu stronach. Uwierz mi, proszę, na słowo.

Jeśli uwierzysz, że dasz radę - dasz radę na pewno!

Skupiaj się na małych krokach. Dzień po dniu. Każde ziarenko dyscypliny po kilku latach zaowocuje czymś, czego wcale się dziś nie spodziewasz.

Eksperymentuj. Eksploruj. Baw się. Doświadczaj. Wkładaj serce we wszystko, co robisz.

Codziennie ćwicz uważność, zaangażowanie i win-win.

Miej morze życzliwości do ludzi. I oceany cierpliwosci do siebie. I cynamonowo-imbirowej kawy dla przyjaciół.

Tego Ci życzę na te i każde kolejne święto.

Wesele

Z kina wyszły cztery osoby. Cztery.

Z jednej strony wcale się im nie dziwię. Nikt ich nie uprzedził, że filmy Smarzowskiego to nie sielanka. Wielowymiarowe, kontrowersyjne i niezrozumiałe, jeśli nie znasz historii Polski.

Komedii się nie spodziewajcie, chociaż groteska bije po oczach - do śmiechu nie będzie nikomu.

Były momenty, w których sama chciałam wyjść. Chyba połowa widzów też...

Na tło przerysowanego wesela nakładają się flashbacki starszego pokolenia, które na początku ciężko jest zrozumieć. To ciekawy i ważny zabieg. Zmusza do myślenia. Zrozumienia powtarzalności historii. Nakreśla horror, z którym niejeden musi mierzyć się przez całe życie.

W budynku, w którym działa się akcja, wydarzyło się tak wiele przez dziesiątki lat, że jest to pokazane, jak gdyby trzy pokolenia były tam równocześnie...

Faszyzm, antysemityzm - ten dzisiejszy i ten kilkadziesiąt lat temu, zakłamania religijne, kulturowe, chamstwo, bezpardonowe wytykanie stereotypów i narodowych przywar, kanciarstwa, oszukiwania, wybielania. Kłujące w oczy metafory.

Jest koka, selfiaki, kibole, „typowy" ksiądz, cwaniactwo, poniżenie, nieznajomość własnych korzeni, wybiórczość historyczna, emigracja, seks w rozmaitych kontekstach (nic dobrego nie wynika z żadnej z nich).

Terror. Niemoc. I miłość, która budowała i niszczyła. Zabijała i ratowała. Takich miłości na całe życie już nie ma.

Teraźniejszość ściera się z przeszłością. Chaotyczne elementy fabuły układają się w większą całość.

Uwaga! W stodołach (w czasie rzezi) palono nie tylko Żydów. Byli tam też Polacy i Romowie.

Z ekranizacji może wynikać przekonanie, że wszyscy Polacy mordowali Żydów. Czy to kolejna prowokacja, byśmy dyskutowali, czy celowy zabieg, by mówiono o polskich obozach koncentracyjnych? Oddam to Waszej ocenie. Zwróćcie, proszę, na to uwagę. I korygujcie, by nie zakłamać historii.

„Pamięć to straszna rzecz, ale bez pamięci człowieka nie ma" - powiedział jeden z bohaterów.

Film trudny. Bardzo. Z niezrozumienia może nudzić. Niezwykle aktualny (cholera, nie wzięłam maseczki).

Poznajmy naszą historię. Zrozummy i utożsamiajmy się z nią. I idźmy dalej z dumnie podniesioną głową.

27 października

Spoglądam na jedno z moich zdjęć sprzed kilku lat. Moja przyjaciółka powiedziała, że to najsmutniejsze zdjęcie, które u mnie widziała. To była końcówka związku, w którym oboje się męczyliśmy. Okropnie traktowaliśmy i nie szanowaliśmy, jak powinni ludzie, którzy są sobie bliscy.

Okazało się też, że tamten okres był ogromną iluzją i gdybym wiedziała to, co wiem dziś, pewnie nie wyszłabym z tego cało. Dziękuję, że dowiedziałam się o pewnych faktach na tyle późno, by móc zareagować na nie z dystansem. Tak czy inaczej, związek zakończył się niedługo później i zostawił ogromne lekcje do odrobienia...

Tylko najbliżsi wiedzieli, że ledwo się z tego podniosłam i bardzo długo chorowałam. To był najtrudniejszy okres w moim życiu.. I najważniejszy. Nauczyłam się rozpoznawać to, co czuję. Nazywać emocje. Dystansować się.

Szukać rozwiązań, zamiast obwiniać. Akceptować rzeczy takie, jakie są. Bez szukania wymówek. Bez wybielania. Bez niszczenia ani dołowania innych.

Nauczyłam się też pozwalać podejmować decyzje innym ludziom. To było chyba najtrudniejsze… I najbardziej odciążające. Możemy się starać na 200 procent, ale równocześnie nie możemy być koniem i woźnicą.

Tak samo w życiu jest tyle spraw, na które nie mamy wpływu, chociaż dwoimy się i troimy, bo chcemy zasłużyć na uwagę. Często myślimy, że robimy dobrze... a okazuje się, że robimy dobrze tylko z naszej perspektywy, bo przecież druga strona ma inny plan, inne marzenia. Inne życie. A jeśli ze sobą nie rozmawiamy, to często nie wiemy, czego tak naprawdę chce druga strona. W moim przypadku ja sama nie wiedziałam, czego chcę.

Spotykamy ludzi po to, by móc coś przeżyć, doświadczyć. Zawsze przyciągamy osobę, która rezonuje z tym, co do tej pory przeżyliśmy. Czasem nasze znajomości trwają miesiąc, inne kilkanaście lat. Jedyna znajomość na całe życie to ta z samą sobą...

Musiałam nauczyć się zaprzestania udawania przed sobą. Czuję, co czuję i udawanie, że jest inaczej, przyniesie niejasności, w najmniej oczekiwanym momencie pojawi się niewyobrażalne. Nauczyłam się też nie ubarwiać rzeczy, które tego nie wymagają. Rzeczywistość jest taka, jaka jest. I już.

Czy było warto? Patrzę w lustro, w swoje oczy… Tak bardzo warto było…

Czy jest łatwiej? Jest. Moje reakcje - a raczej wyższe zrozumienie i brak reagowania na emocje dziecka w dorosłym - robią diametralną różnicę.

28 października

Robisz zdjęcia czy zapisujesz nietuzinkowe chwile i genialne ujęcia?

Studiujesz, żeby dostać papier, czy uczysz się i wykorzystujesz wszystko, co służy innym?

Jesz, co popadnie czy świadomie karmisz każdą komórkę?

Masz stos książek zdobiący pokój czy czerpiesz z nich mądrości?

Pijesz obowiązkową lampkę wina do obiadu, bo to zdrowe czy po to, by wyłączyć emocje, żeby nie bolały rzeczy, których już nie pamiętasz?

Masz chłopaka na weekendy czy partnera, z którym jest trudno - bo budujecie trwałe fundamenty?

Chodzisz do pracy, której nie znosisz czy dajesz innym wartość przez to, że służysz innym?

Wypowiadasz bezmyślne zdania czy komunikujesz się tak, by nadawca zawsze dogadał się z odbiorcą?

Słuchasz, czy wszystko już wiesz i słyszysz tylko po to, by wiedzieć, w których momencie podzielić się swoją niechcianą radą?

Masz zawsze rację czy uciekasz, bo boisz się kłótni (kłótnia to niefajność przecież...)?

Byłaś słuchana jako dziecko? Słuchasz siebie, czy tylko słyszysz albo udajesz, że słuchasz, i wciąż udajesz?

A czy rozumiesz, co mówią do Ciebie Twoje dzieci czy jesteś zbyt zajęta telefonem, który wrósł już w Twoją rękę?

Musisz mieć wszystko zrobione czy pozwalasz sobie na odpoczynek? Czy Twoja mama jest szczęśliwym człowiekiem?

Udajesz przebojową na social mediach, a w życiu dusisz się, bo jesteś każdym - tylko nie sobą?

Czy możesz sobie po prostu być?

Nie żebrać o miłość trzęsąc się ze strachu przed odrzuceniem i tak po prostu pozwolić, żeby samą siebie pokochać?

Tak po prostu...

30 października

Dzieciństwo na cudownej wsi dało mi ogromną siłę - wrażliwość, którą Ci pokazuję w swoim pisaniu.

Lubię rumianki. Różową koniczynę. Zachody słońca. Kolorowe chmury. Swoje zmarszczki. I maciejkę. Pomidory. I szum rzeki.

Lubię też siebie. Nawet bardzo. I jestem dumna, że mogę Ci to napisać.

Życzę Ci z całego serducha, byś zrozumiała, że wszystkie odpowiedzi są w Tobie. I że jesteś wystarczająco dobra, by być sobą.

1 listopada

Wyobraź sobie, że dziś umrzesz. Tak po prostu, we śnie. Położysz się jak zwykle przed dwunastą. Umyjesz zęby, wiedząc, że to Twój ostatni raz. Albo zrobisz sobie święto lasu, przecież myłaś je setki, jeśli nie tysiące razy... Może nikt nie zauważy…

Ostatnia kąpiel... Niespodziewanie chłoniesz każdy dźwięk leniwie odbijających o taflę wodę pojedynczych kropli. Zastanawiasz się, dlaczego nigdy wcześniej ich nie słyszałaś...

Słyszysz też ciszę, która odbija się od ścian i krzyczy jak opętana. Jest przyjemnie kojąca, choć równocześnie zaczyna przyprawiać cię o dreszcze.

Zamiast Netflixa, bez którego ciężko już żyć, włączasz muzykę Daniela Boaventurę, nalewasz lampkę porto, którego słodycz rozleniwia na dobre i zaczynasz rozumieć, co się wydarzy. A co już nie…

W kolejce chłonąc każdy dźwięk układasz ostatnią playlistę ulubioności: Novo Stella „Feathers", Jessie Ware „First Time", Kygo „Firestone", Tori Amos „Your Cloud", „Sara" Fleetwood Mac, kilka hitów The Killers, „River Flows in You", „Only Time". Zalewasz się łzami, zdając sobie sprawę, że roztrwoniłaś złote sekundy bezcennego czasu na nic nie warte telefonowe piksele.

Masz tyle jeszcze ważnych rzeczy do zrobienia. Tyle cudowności do napisania. Zdajesz sobie sprawę, że od miesiąca nie rozmawiałaś z babcią, bo Ci się nie chciało... teraz pewnie już śpi i już nigdy tego nie zrobisz. Ani z mamą, ani z tatą…

Zmieniające rozmowy, które zawsze odkładałaś na później. Złote słowa pokory, na które już nie ma czasu, a wcześniej byłaś zbyt dumna, by powiedzieć, że nie miałaś racji. I „kocham", które ukrywałaś jak sekret z pamiętnika...

Wypchane szafy, zagracone półki, perfumy, które czekały na specjalne okazje i zawsze było ich szkoda wypryskać. Co się z tym wszystkim teraz stanie?

A te złote zastawy, firmowe zegarki i kredyty, by zaimponować znajomym, których nawet nie lubisz? Po co Ci to wszystko było?

Oglądasz śnieg za oknem, na który czekałaś kilka lat. Desperacko chcesz zapamiętać każdy, nawet mikroskopijny szczegół.

A teraz... Weź trzy głębokie oddechy. Uśmiechnij się do siebie. Dopij lampkę wina. Wytrzyj oczy i połóż się spać.

A rano? Wstań i żyj do jasnej cholery! Z wdzięcznością, że masz jeszcze czas, by się nim cieszyć.

Ściskam przeogromnie. Tak, jak jeszcze chyba nigdy wcześniej…

2 listopada

Drugi listopada jest dla mnie ważny z dwóch powodów:

Drugiego listopada kilkanaście lat temu przyjechałam do Anglii . Z trzech miesięcy (po tym okresie miałam wrócić do Polski) nie wiadomo kiedy czas zwariował. A może ktoś po prostu czas zatrzymał...

Ludzie, projekty, zmartwienia i szczęścia. Te duże i z małymi kochającymi serduszkami, których przez wiele lat nie mogłam zauważyć, bo patrzyłam w zupełnie innym kierunku.

Niekończąca się nauka pokory i sprawnej komunikacji opartej na szacunku do innych. I zrozumienie, że jeśli sama nie zacznę szanować swojego zdania, inni będą traktować mnie dokładnie tak samo. Ludzie, którzy byli bardzo ważnymi epizodami i ci, którzy wytrzymują regularne próby czasu. Każdy z tych epizodów jest ważny, nawet te, które na pierwszy rzut oka wydawały się średnio-przyjemne, dołujące i poniżające . Ten, kto powiedział, że ego ściera się w bólu - mówił prawdę. Okazało się, że trudne momenty z biegiem czasu - były najważniejsze.

Gdybym nie wyjechała, nie doceniłabym ani siebie, ani nie rozpoznałabym kompleksów, które siedziały we mnie tak samo, jak w wielu z nas. Nie umiałabym się pokłonić przed rodzicami, którzy dali mi wszystko, co mogli w sposób, jaki znali, a nie tak jak sobie to wyobrażałam.

Nie umiałabym pokłonić się przodkom. Ani wojnie; przeogromnej sile, która nie jest czymś znacznie więcej niż kilkunastominutową transmisją w telewizji, którą możemy przełączyć.

Nie zrozumiałabym, że chociaż napisałam książkę o wojnie - tak naprawdę nie rozumiałam jej. Unikałam rozmawiania o niej, a przecież ona przynależy do naszej rodziny. Babcia, mimo że była uśmiechnięta od ucha do ucha, całe życie miała ją w sercu. A że ja nie umiałam na nią spojrzeć - pokazywała mi to moja córka poprzez to, że chorowała na bardzo agresywną formę egzemy. Gdy otworzyłam serce, umysł i pokłoniłam się wojnie, moja córka zaczęła zdrowieć.

Musiałam wyskoczyć do innego akwarium, żeby zrozumieć, że woda w moim była brudna, a że wszyscy pływaliśmy w wodzie, bardzo się do tego przyzwyczailiśmy i nikt tego nie zauważał.

W tym dniu odszedł też mój tata. Nic nikomu nie mówiąc (Ba! Zakazując nawet lekarzom mówić cokolwiek o swoim stanie zdrowia) wykończony psychicznie i fizycznie poddał się i w ogromnej samotności wybrał się tam, sam walcząc o każdy oddech. Czekał na nas, bo umarł kilka godzin po tym, gdy przytuliłam go po raz przedostatni. Gdziekolwiek jest, nie musi już walczyć z systemem, z którym zawsze walczył. Nie musi nikomu niczego już udowadniać. Jest tyle trudnych rzeczy, które poczułam, że chcę je ukochać dla swojego spokoju - i dla szacunku do taty. Bez niego nie byłoby mnie tu dzisiaj. Z jakiegoś powodu moja dusza wybrała sobie dokładnie takich rodziców, jakich miałam mieć. Tak, głęboko w to wierzę.

Brakuje mi taty, dlatego tak bardzo doceniam mamę, która z nami jest. Brakuje mi czasu, który zawsze dla mnie miał, gdy do niego dzwoniłam. Nauczyłam się nie być wiecznie zaganiana i nauczyłam się mieć czas dla moich dzieci. Jestem z siebie dumna, że już nie uciekam przed sobą.

Też się często poddawałam. Rezygnowałam. Rezygnacja przestała być dla mnie opcją odkąd uwolniłam swoje nogi od betonu, którym było poczucie winy dwulatki... Mimo że spaliłam dom i rodzice, i siostra, która się jeszcze nie urodziła, przeżyli. To był nieszczęśliwy wypadek, a być może i zaniedbanie dorosłych.

Dziś wiem, że to nie chodzi o uciekanie, a o zmierzenie się ze strachem. O co jeszcze chodzi?

- O zbieranie zrezygnowanego (celowo nie użyłam słowa leniwego) umysłu.

- O kochanie siebie bez względu na otoczenie

- O cieszenie się motylkami, dusznym zapachem czeremchy i sukcesami tak małymi, że inni nawet by ich nie zauważyli.

- O zrozumienie, że życie jest największą wartością samą w sobie. I niektórzy umierają po ośmiu latach życia (jak nasz kochany Igi) albo po prawie stu. Bo taki jest los, a jego nie oszukamy. Tak, jak nie oszukamy wojny; ona jest tak wszechmocna, jak życie.

To dzień pokory. Zadumy pewnej. I wdzięczności. Szykuje się u mnie sporo zmian.

Czego życzę sobie na kolejne lata? Chyba tego, by doświadczać... Przecież to wszystko i tak jest prowadzone przez siłę, której nawet nie zamierzam próbować zrozumieć...

3 listopada

Z ulgą zamknąłeś oczy. Sztormy niedowierzającego serca ucichły. Czas pozwolił, by nawałnice łez zapychające pordzewiałe rynny,

cyklony tajfuny i huragany, które skutecznie zagłuszały błagania o potrzebną ciszę - po czasie minęły zapraszając spokój.

Czy tam gdzie jesteś jest też dzień?

Czy zbierasz surojadki i rydze? Czy wciąż omijasz kurki, chociaż są zdrowe? Czy gubisz dzieci na kuligach w zaśnieżonych lasach?

Czy wycinasz choinki z sąsiadem po kryjomu przed leśniczym, który i tak wie, co robicie?

Czy Żywot Briana i Kiepskich oglądasz?

Czy słuchasz Perfectu i Rynkowskiego, gdy smutno? Czy grasz na gitarze przy ognisku ze słońca?

Czy w garażu z chmur robisz wciąż to, co kochasz?

Czy zerkasz nam przez ramię, gdy nie wiemy, co robić?

Czy uśmiechasz się szeroko, bo wiesz, że my zawsze damy radę? Czy widzisz, jak wiele się tu zmienia?

W domu szare zdjęcia i szum lasu, który ukołysał pół wsi do wyczekanego snu. I psa na trzech łapach, który tęsknił bardzo.

Szukające nieba róże i bluszcze, urządzające coraz dłuższe pościgi po dachach...

Wylewająca się odwaga, której wtedy zabrakło na trudne rozmowy, choć byliśmy na nie gotowi…

Zrozumienie, że chciałeś nas chronić do końca, poświęcając więcej, niż musiałeś...

Więcej ciut rozumiem.

Ból nie uszlachetnia. Życie w iluzji też nie. Poświęcenie się nie daje wybawienia.

Ważne rzeczy rzadko się kalkulują.

Kluczem są relacje - i ciepło, którego warto dawać mnóstwo.

Najbliżsi, stają się czasem kimś obcym. I obcy stają się rodziną.

Siostry to nadludzka cudowność i warto ją odkryć, by żyło się lepiej.

Warto walczyć o siebie. I odejść, gdy wbijane szpile nie pozwalają już oddychać.

I wierzyć w dobro - do końca warto.

I w ludzi. Do samego końca. Dziś to wiem

Ty pewnie już też. Dziękuję Ci tato...

4 listopada

Zamknij oczy. Wyobraź sobie, że masz prawie sto lat i że Twój czas się kończy (w tym wcieleniu)...

Czego żałujesz? Z czego jesteś dumna? Czego chciałabyś więcej, a czego mniej, gdybyś miała go jeszcze trochę?

Do kogo byś zadzwoniła, a od kogo nie odbierała telefonów już nigdy? Z kim spędzała więcej czasu, a na kogo nie marnowała ani minuty?

Gdzie byś pojechała, gdybyś tego wiecznie nie przekładała?

Komu powiedziałabyś dobre słowo, a komu gorzką prawdę? Czego oglądałabyś więcej, a czego mniej?

Kogo byś słuchała, a kogo unikała? Czego żałujesz najbardziej?

Co byś zrobiła, gdybyś miała siłę zwlec się z łóżka?

Gdzie byś poszła?

Kto trzymałby Cię za rękę?

Ile szans zmarnowałaś, a na co się odważyłaś? Komu bezinteresownie podałaś rękę?

....

Zapisz wszystko na kartce. Koniecznie zapisz. Mam dla Ciebie dobrą wiadomość.

Właśnie wygrałeś na loterii czas, o którego upływie nie widziałeś 5 minut temu. Wszystko, co zapisałeś opraw w ramkę.

Spoglądaj codziennie.

I korzystaj z czasu, który masz.

5 listopada

Zacznij zauważać ból, który czujesz i doceń go.

Dzięki niemu robimy to, co trudne. Zauważamy siebie i decydujemy się na bycie w centrum swojego życia. Mimo wszystko. Wbrew logice. Podejmujemy ważne decyzje. Planujemy drogę. Z trudem wstajemy, bo wiemy, że jest to dla nas dobre. Ćwiczymy, choć chcemy sięgnąć po czekoladki. Nie rozpraszamy się. Czasami odcinamy. Z uwagą wyprowadzamy na spacery. Zaczynamy. Zmieniamy. Zapisujemy nierealne marzenia i je realizujemy. Robimy to, bo tak czujemy - i już!

Kwestionujemy i w myślach poddajemy się setki razy. Nie rezygnujemy jednak. Zwalniamy na chwilę albo zatrzymujemy na sekundę i ruszamy dalej, bo wiemy, dlaczego robimy to, co robimy.

Doceńmy siebie. Podejmujemy trud, który da nam efekt, gdy inni zawrócą albo zmienią zdanie, jak to często bywa.

Czasami nie wiemy, że boimy się tego, że może nam się udać i będziemy nie do zatrzymania... Kiedyś bym napisała, że jesteśmy nie do zatrzymania. Dzisiaj wiem, że wszystko dzieje się tak, jak ma się dziać…

Czasem uciekamy przed bólem, ze strachu. Ból jest dla nas ważną informacją i gdy pojawia się „bez powodu", warto zatrzymać się i przyjrzeć mu się, by zrozumieć, co chce nam pokazać. Ból jest ważny. Szlifuje nas jak diamenty. Bądźmy mu wdzięczne z to, że jest.

6 listopada

Coraz częściej potykam się o miejsca pełne wspomnień

Ślady po wkrętach z bramki, by małe stópki były bezpieczne

Plamy na suficie po urodzinowym trunku przyglądają się ciekawie nie poznając mnie już wcale

Nikomu niepotrzebne figurki z wakacji, które kiedyś całym światem twoim były

Arcystaranne laurki pełne serdeczności i cudownych rączek Pamiętniki pełne płaczących wierzb

Kolekcje komiksów, których nikt i tak nie czytał, choć bohaterowie niezłomni wciąż chcą nas ratować

Książki do przeczytania, gdy już będzie czas Jarzębinowe konstelacje zastygłe w wazonach

Złoto-czerwone talerze, co przegapiły apetytów żeliwne gary

Ciepły szal, który nie ma kogo już tulić Najlepsza whisky, która na daremną okazję czeka

I ten dziwny świat co się wciąż kręci, choć już masz dość

w teatrze życia nieuważnie pogubiłeś role

to wszystko jest nie tak, za późno, nie w porę

grasz wszystkich, lecz nie siebie

przegapiasz życia prozę, świętej codzienności trud za trudem

zapomniałeś skąd przyszedłeś dokąd idziesz - i kim wciąż jesteś

Z rezygnacją samobójcy powłóczysz ołowianymi butami po pustyni życia, choć głupie serce wyrywa się jeszcze błagając o choćby najmniejsze zaćmienie serca

Floksy i margaretki przeglądają się w pełnym uroku oknie. Uśmiechając się, cierpliwe czekają, aż też to zrozumiesz, że wszystko jest dokładnie tak, jak ma być...

7 listopada

Żadna maskara nie jest aż tak wodoodporna, żeby zatrzymać z nieba płynące wodospady ściekające po sercu i palcie.

Nie zatrzyma odchodzących kroków niosących się po klatce. Nie zwróci też odwieszanego starego pęku kluczy ze zdziwionego drewnianego wieszaka, który ich nie widział od lat.

Nie wysuszy zatopionych domów, w których przez lata kochali się pomarszczeni już ludzie.

Nie utuli ledwo zauważalnych łkań.

Chmur burzowych nie rozgoni

i śmiejących oczu nie przywróci.

Udaje, że jest niezastąpiona, a gdy jest potrzebna, bezpardonowo klei rzęsy!

Dlaczego popękanych serc nie sklejasz? Czy nie widzisz, że siły już nie mają na więcej niechcianych łomotów?

Czemu odpowiedzialności nie bierzesz za swój bałagan?

Dlaczego nie tłumaczysz, że wtedy wszystko trzeba zaczynać od początku?

Wycierać. Z cierpliwością koić. Wymazywać.

Nawilżyć zmęczoną twarz i delikatnymi warstwami układać się na nowo. Z cierpliwością, spokojem i czułością.

I czasowi dać czas...

10 listopada

Bad choices make good stories.

Bad choices are the best teachers, despite the fact that they hurt the most.

Bad choices can teach you how to breathe without air and smile without a reason.

They can stop your heartbeat in no time.

Bad choices make you ask you the most significant questions; Are you happy or just satisfied?

Have you given up or just got scared and just walked away?

Bad choices can be good ones, once you get patience and courage.

11 listopada

Papierków podnoszenie za nieuważnymi
Artystów lokalnych wspieranie
Talentów swoich chęć odkrywanie
Rozumienie i szanowanie odmienności
Indoktrynacji unikanie
Obłuda i dwulicowość zamieniona na szczerość
Tatry. Mazury. Bałtyk
Y yyyyy wypełnione treścią
Zadawanie trudnych pytań
Matactwa i kombinatorstwo poskromione

12 listopada

Są miejsca, w których jestem bardzo szczęśliwa. Na przykład na strychu ze starego filmu, który jest pełen skarbów. Dziesiątki przedmiotów. Każdy z nich może opowiedzieć Ci niesamowitą historię, gdy tylko przycupniesz na chwilę.

Ameliowo jest bardzo w takich miejscach...

Otwierasz pudełeczka pełne wspomnień, które często przeżyły swoich właścicieli... Pamięć, co rozpuszcza serce i zmusza do zadumy... I do pokłonienia się przed niezrozumiałym losem.

Tak wiem, to takie niemodne, liczy się szpan i słit focie na insta.

Namawiam Cię jednak do dawkowania i fundowania sobie molekuł szczęścia, które też zmuszają do myślenia.

Bo pewnego dnia pragnienie napicia się wspaniałej kawy zniknie i zostanie po nim zakurzona i niemodna filiżanka...

13 listopada

Zatrzęsło mną. Dosłownie... Chciałabym się z Tobą podzielić tym, co mi się przydarzyło. Byś obudziła się z niewyjaśnionego marazmu, tak, jak ja. Z depresji, która wgniata w ziemię dołującymi myślami, które codziennie, z należytą powagą powtarzałam jak mantrę , bo przecież dzięki niej byłam widoczna. Z chorób, które niczym hipochondryk wyszukiwałam raz po raz, aby tylko zwrócić na siebie uwagę.

Do Gorzowa jechałam. Przyjechałam do Polski na kilka dni, więc nocą jechać jest ekonomiczniej, by nie zmarnować dnia. Mgła pojawiła się jak kontrola z sanepidu - znikąd. Jechałam dość wolno, nikomu nie muszę zaimponować moją prawie pełnoletnią furą.

Nieposłuszne pokrętło radia, nie chciało dać się okiełznać. Radio nieśmiało nadawało akurat audycję o historycznych porach niemiecko-polsko-amerykańskich w okresie powojennym i jej wpływie na teraźniejszość. Nawet się wciągnęłam w wywód pana profesora jakiegoś tam, chociaż jego imię nie było mi znane. Gdy zaczęto modlić się za pana prezydenta, zorientowałam się, że to toruńskie radio, (inne nie chciały nadawać w tym cholernym lesie) od razu zrozumiałam, że ten wywód ma drugie dno, które dojrzałam w mgnieniu oka. Wybory za pasem przecież, a elektorat trzeba odpowiednio edukować. Powodzenia.

„Ależ mu się śpieszy" - wymamrotałam pod nosem. Auto wyprzedziło mnie tak szybko, że nawet nie rozpoznałam marki auta. Wyrwało mnie z zamyślenia i poczułam dziwny niepokój. „Po prostu zwariował!" W lesie jesteśmy... Sarny, dziki, wilki jakieś (sic!) tylko czają się, by podnieść mi ciśnienie. A tu dawca nerki sam wyprzedził mnie w ciągu sekund.

Mijam Siemyśl i Gorawino. Dojeżdżam do E28. Zaskoczona nie mogę wjechać na główną drogę. Przede mną na środku skrzyżowania ciężarówka na awaryjnych. Oprócz tego żywej duszy nie ma. Nagle powietrze zrobiło tak ciężkie, że można było siekierę zawiesić.

W minutę robi się korek. Z niepokojem wysiadam z samochodu – cholera, co się dzieje? Ruszcie tę ciężarówkę, mam jeszcze 200 kilometrów do przejechania. Zaczyna mnie to wszystko wnerwiać.

W oddali słychać tępy dźwięk syren. Koło nas nie ma ani policji, ani karetki... Ciemno, trochę strasznie, ale ciekawość mnie zżera i ani mi się śni, żeby wrócić do auta.

Porzucony czarny kask niespodziewanie rzucił mi się w oczy. Przeszył mnie dreszcz, bo nigdzie nie było motoru ani właściciela kasku.

Karetka już dojeżdżała. Pojawiło się kilka osób, które czegoś szukały. Z każdą minutą ta ciemność zaczęła być strasznie krępująca! Jeden miał latarkę. Reszta telefony. Czego szukali? Nie wiem.

Podbiegłam do roztrzęsionego gościa. „Co się stało?" – pytam z niecierpliwieniem. Ten, jakby obuchem dostał. Wyglądał, jakby nie rozumiał, co do niego mówię. Złapał się za głowę i gdzieś pobiegł. Przeszłam na drugą stronę jezdni. Struchlałam. Leżał bez ruchu. Głowa zakrwawiona, tak jakby asfalt sadystycznie zdzierał każdą warstwę skóry, o której uczyłam się na jednym ze szkoleń. M-i-l-i-m-e-t-r – p-o-m-i-l-i-m-e-t-r-z-e...

Ratownik odpinał mu akurat sprzęt – taki sam, na którym uczyłam się przywracać serce do porządku na kursie pierwszej pomocy. Przecząco kiwnął głową do kolegi po fachu.

„Mamo!!! On nie żyje!!! Rozumiesz?!"

Wtedy ją dostrzegłam. Kobieta w moim wieku, ubrana podobnie do pana na ulicy, z którym już nigdzie z nią pojedzie. To była ich ostatnia wspólna trasa.

Poczułam się ohydnie i odruchowo schowałam telefon. Przyjechała policja. Razem ze strażakami zamknęli oba pasy ruchu. Zaczęli czegoś szukać.

„Panowie, czego szukacie?" „Lepiej, żeby Pani tego nie widziała. Gdzie Pani jedzie? Powiem, jak objechać..."

Zastanów się, proszę czy jeśli jutro umrzemy, sprawą pierwszorzędną będą nasze krzywe nogi i brak opalenizny? Jeśli chcemy spędzić całe życie na narzekaniu na wszystkich dookoła… róbmy to codziennie.

A to „Kocham Cię", na które się nigdy nie odważyłyśmy? A ta podróż, którą od lat odkładamy? O to konkurowanie o władzę, by pokazać, jakie jesteśmy wspaniałe, choć w środku rozrywa nas rozpacz?

A co, jeśli dziś jest ostatni dzień Twojego życia? Co zrobisz?

Będziesz czekała na pozwolenie, by żyć czy przytulisz się do siebie i powiedz na głos: Dziękuję, że jestem.

Czego ja Ci życzę? Więcej życia w życiu. Dosłownie. Dziękuję, że mogę Ci to dziś napisać.

15 listopada

Mój syn - jeden z ministrów od zadawania trudnych pytań zapytał mnie, co bym zrobiła, gdyby okazało się, że to jeden z ostatnich moich dni. Gdyby okazało się, że umrę szybciej, niż planowałam.

Czego bym żałowała? Że moje dzieci widzą babcię i dziadka za rzadko. I wujków. I ciocie też. Takie dziwne czasy nastały, których nikt się nie spodziewał... Że spędzam z nimi mniej czasu, niż bym chciała. Niby jest taka kolej rzeczy, że praca i szkoła... Że jeszcze moje kochane dzieci nie rozumieją, że wiele ludzi oddycha, ale nie żyje, a to jest dużo gorsze od śmierci.

Że często jestem tak zabiegana, że uciekają mi święte momenty codzienności. Że nieuważnie depczę rysunki Anniki. Udaję, że słucham, a w głowie odpowiadam na maila, na którego powinnam odpisać.

Koncept końca życia pomógł mi jeszcze bardziej zrozumieć , że jestem ważna. Że moje projekty są ważne. Że moje decyzje są ważne, jeśli tylko je podejmuje.

Że czas, który daję innym, jest obok mojej energii najważniejszą rzeczą, którą mam. Że bezcelowe siedzenie na social mediach to wyrzucanie najcenniejszego zasobu, jakiego mam, do śmieci.

Z czego jestem dumna?

Że po szesnastu latach zadzwoniłam i przeprosiłam kogoś, komu zrobiłam świństwo.

Że się nie poddaje, szczególnie gdy to wydaje się najkorzystniejszą opcją.

Że zbieram pestki i sieję je, gdy wychodzę na spacery. Lubię secondhandy. Rozdzielam śmieci. Szukam alternatyw, które pomogą sprawianiu, że moje życie jest coraz lepsze. Mam i spełniam marzenia.

Na mojej drodze są ludzie, za których jestem wdzięczna. Bo są. Wspierają. Sprowadzą do pionu. Uczą i pozwalają mi uczyć się od nich. Chcę więcej z tego i każdego kolejnego życia.

Dla siebie. I dla Was.

A Ty? Jakbyś odpowiedziała na te pytania? Jestem tego bardzo ciekawa…

18 listopada

Bądźmy wszystkim, co kochaliśmy w ludziach, których już nie ma.

Radość.

Gadatliwości.

Spontaniczność.

Czułość.

Życzliwość.

Spokój.

Roztrzepanie i wariactwo nie z tej ziemi.

Bądźmy wszystkim, za czym tęsknimy, gdy już nikt nie patrzy. Gdy już możemy być same ze sobą.

Gdy nie możemy spać. I wytęsknione zachody słońca widzimy, tracąc oddech.

Gdy nad naszymi głowami drzewa spotykają się ukradkiem, dotykając się tak, by nikt nie zauważył.

Gdy słońce tańczy w chmurach, tak jak my, gdy zamykamy oczy i niewidzialne znów widzimy.

I już zawsze, by Ci, co odeszli wciąż byli blisko.

20 listopada

Ludzie-jemioły. Pojawiają się przy nas tylko wtedy, gdy mają w tym swój interes. Podpinają się pod projekty i udają dobro tylko po to, by się wylansować. Przez wiele lat dawałam się okradać ze swojej energii. Pozwalałam, by była marnowana.

Najlepszy marketing, najlepsze maski i znajomi nie zastąpią dobroci i szczerych intencji. Wszystko, co sztucznie nadmuchane pęknie przy większym nacisku. Przy obnażeniu prawdy. A ona wychodzi zawsze. Jak to możemy zauważyć? Po reakcji naszego ciała. Ono powie nam wszystko.

Poczujesz to całą sobą, gdy tylko o to zapytasz. Co może Ci przeszkodzić? Przekonanie, że nie wypada. I własna iluzja. Miałam jej tak wiele, że przez wiele lat moje ciało krzyczało, a ja to wypierałam.

Czego możesz nauczyć się przy jemiołach? Mówienia „nie" i wyznaczania granic. I zrozumienia, że wszyscy nawzajem sobie służymy na wyższym poziomie...

Szacunku do siebie. I do innych, bo skoro przyciągnęliśmy do siebie takie osoby ten sam pierwiastek mamy do przerobienia. Gdy to zrobimy ten pierwiastek, nie będzie jej już do nas przyciągał i ta osoba (być może z przytupem) odsunie się od nas.

Życzę Ci, byś miała u siebie tylko taką jemiołę, pod którą można się całować bez końca.

24 listopada

O czym przekonałam się, żyjąc za granicą?

Każdy jest skądś. I warto pamiętać, skąd jesteśmy... Czemu? Byśmy bazując na swojej historii, mogli zbudować mocny kręgosłup moralny. Po co nam on? By stał się naszą siłą.

I by każdy z nas mógł sobie uświadomić, że mamy wszystkie narzędzia, by zrobić pierwszy krok, nawet mając niewiele... Że najważniejszy jest porządek w każdej dziedzinie życia. I w rodzinie, w której każdy ma prawo mieć swoje miejsce. Tak, jak układamy kubki w szafce, tak każdy z nas ma w rodzinie swoje miejsce. A gdy kogoś wykluczamy (te stracone dzieci też), zaburzamy porządek. Abyśmy byli silni, każdy musi zostać zauważony i zaakceptowany. Nasza historia jest naszą siłą, jeśli ją odkryjemy. W przeciwnym razie może być kulą u nogi...

22 listopada

Od rana pokazują niskowibracyjne rzeczy, a ja nie mam wpływu na żadne z nich. W wiadomościach wojny, pożary, zabójstwo, Kin Zon-Un (czy jak mu tam)... katastrofy z każdej strony! Jedyną dobrą wiadomością jest to, że do 2025 Anglia wcale nie będzie używała węgla na opał, co jest fantastyczne.

Żeby nie programować się na strach, zmieniam stolik, żeby telewizor nie był w moim zasięgu. Pomyślałaś kiedyś, kto decyduje o tym, co pokazują w mediach? Kto zarządza korupcyjną informacyjną machiną? Byśmy się bali... Jeśli codziennie oglądamy wiadomości pełne nienawiści, przemocy i innych emocji - przesiąkamy nimi, jak gąbki.

W telewizji mogliby przecież pokazywać dobre rzeczy (ich też nie brakuje, a celowo są pomijane). Ale wtedy dobrze byś zaczynała dzień i ciężej by było Tobą manipulować. Zachęcam Cię do zrobienia eksperymentu; policz, ile pozytywnych i ile negatywnych i frustrujących informacji jest podawane na Twoim kanale. W jaki nastrój Cię wprawia każda z nich? Słuchasz ich z przyjemnością czy szlag Cię trafia?

Robiąc kilka rzeczy naraz, dzieje się coś fascynującego. Gdy telewizor jest tłem w Twoim domu, gdy gotujesz albo sprzątasz, jesteś programowana. To tak, jak rzucamy kamień do jeziora. Najpierw dotyka tafli, by po czasie znaleźć się na dnie jeziora. Te negatywne wiadomości, które słuchamy „przy okazji" są jak kamienie wypełniające dno jeziora. Bezwiednie przesiąkamy emocjami, które sprawiają, że się boimy. Tak, jak niektórzy ludzie bali się spacerować po lesie w czasie pandemii, by przypadkiem nie zarazić się niczym od drzew.

Wyłączając telewizor, sprawiasz, że politycy, ogromne koncerny, księża i inne „zacne" instytucje, które tak naprawdę mają Cię w poważaniu - tracą nad Tobą kontrolę.

Nie wierzysz? Wyłącz telewizor na tydzień i zobaczysz, że lepiej śpisz i jesteś spokojniejsza. Wspaniałego dnia Ci życzę.

25 listopada

Nauczyłam się nie dyskutować z ludźmi, którzy narzekają. Którzy za wszelką cenę chcą się wpasować w tłum, bo nie wypada inaczej. Którzy żyją jak roboty... Każdy żyje, tak jak umie i nie mam prawa nikogo umoralniać.

Nauczyłam się chronić energetycznie od ludzi, na których samą myśl , bywałam smutna, zła lub zwyczajnie na nic nie miałam ochoty.

Moje wybory przełożyły się na to, że bywałam swoim jedynym towarzystwem. To był proces, który pozwolił mi zrobić miejsce nowym znajomym, którzy, chociaż są zupełnie inni niż ja - zaczęli ze mną rezonować.

Na mojej drodze pojawili się ludzie i ze zwariowanymi pomysłami. I Świadomi. Każdy z nich ma swoje życie. Swój cyrk i małpy swoje. Swoją niszę. Talent, który wielu myli z ułomnością.

Dzięki świadomym ludziom - i swoim wyborom życie przestało mi się przydarzać. Dziękuję, że mogę Ci to dzisiaj napisać.

26 listopada

Mam prawo powiedzieć „nie" i „tak" (wciąż)...

Jednym klikiem loguję się i mam dostęp do wszelakich kursów.

Czytam książki, siedzę na Fejsbuku, oglądam wszystko, na co mam ochotę.

Wychodzę z domu, kiedy chcę i wracam, kiedy chcę.

Kupuję kolorowe sukienki, trampki, torebki, miniówki za zarobione przeze mnie pieniądze. Bo tak..

Chodzę do fryzjera, kosmetyczki, na paznokcie. Pozwoliłam sobie też na kilka tatuaży.

Jeżdżę na hulajnodze, od 19 lat piratuję za kierownicą.

Idę do lekarza, gdy się źle czuję. Biorę minerały. Piję szungitówkę i kombuczę.

Mam prawo mieć depresję i gorszy dzień.

Gdy jest mi źle - mówię o tym. Piszę. Zawsze mam z kim o tym pogadać.

Mogę narzekać, cieszyć i wyrażać siebie w taki sposób, jaki mi się podoba.

Mogę dbać i chronić moje dzieci. Moja córka pisze, czyta, bawi się w parku, maluje uśmiechnięte twarze.

Moje ciało jest najmojsze i ja o nim decyduję.

Polecę balonem i na lotni, bo takie mam marzenie. Zobaczę zorzę polarną. Będę miała dom nad wodą. I duży stół pod oknem, bym mogła zapraszać przyjaciół na kawę.

I nagle ta myśl... Gdybym urodziła się po drugiej stronie świata, w wieku siedmiu lat wyszłabym za mąż. Byłabym własnością kata. Nie miałabym praw, marzeń ani możliwości uczenia się. Nie umiałabym pisać ani czytać. Byłabym bita, przypalana, okaleczana, gdy tylko miałabym odwagę spojrzeć na mojego oprawcę.

Byłabym traktowana gorzej niż zwierzę. Byłabym nikim...

Smutno mi, chociaż nie mam wpływu na to, co się dzieje tam hen za górami i morzami...

Moje problemy są dziś niczym. Nie istnieją po prostu. Tulę mruczącego kota i dziękuję za pokój, w którym mam zaszczyt żyć. Krawiecka, której zabrakło słów.

27 listopada

Patrzymy na siebie zamkniętymi oczami Mówimy do siebie zamkniętymi ustami

Patrzysz i nie widzisz pana, co miłość wyznaje Ci nieśmiało... Zapatrzona w telenowelę, nierealno-idealne życia znajomych,

które skrycie podglądasz

całymi dniami w telefonie pełnym internetów

które istnieją, byś już zapomniała, jak zielono-szarymi oczami na

złudną iluzję co grają przed tobą na mikroskopijnych ekranach, wypełniającymi życie patrzeć.

bez nich oddychać za ciężko i nie wiesz już, dlaczego tak mało czujesz. Słyszysz, nie słuchając jego szeptów, gdy serce na złotej tacy Ci podaje...

A w myślach Google studiujesz, po Allegro bez celu błądzisz służbowe maile uwierają, jak za ciasne buty.

Uśmiechasz się głupio, bo znów nie słyszałaś.

A od kupienia zbyt ważnej lampy tylko jeden klik dzieli

A on czeka...

Na potwierdzenie Na krzyk protestu I niebieski mrok

Coraz więcej Ci ucieka, choć wiesz coraz więcej Niezauważenie

kolejną miłość życia przegapiłaś

kolejnymi zbytecznymi kliknięciami

28 listopada

W życiu bywają sytuacje, których jesteśmy pewne na 500%. Że tak będzie i już. Że tym razem szczęście będzie trwało i trwało. Sytuacje tak pewne, jak obecność Bonda Dżejmsa, który tym razem też bez wysiłku ocali świat. Sytuacje tak pewne, że dałabyś sobie rękę uciąć. Po czasie rozumiesz, że byłabyś bez ręki, gdybyś się o to założyła. Wtajemniczeni wiedzą, że nawet Dżejms Bond musiał podjąć niemożliwą decyzję. Jak to mówią, czasem opcje są jak wybór między diabłem a panią lekkich obyczajów.

Jeśli Bond wybrał to, co kocha - przez pryzmat ego (albo zwykłego dążenia do szczęścia) - stałoby się niewyobrażalne. Jeśli wybrałby dobro drugiej strony - musiałby się poddać. By zrozumieć, co się stało, zapraszam na film... Wróćmy jednak do codzienności.

Czy każda porażka jest porażką?

Czy istnieje win-win, gdy każda opcja jest bez pozornego sensu?

A co, jeśli kochasz kogoś tak bardzo, że dajesz mu odejść... By uchronić go przed zniszczeniem, które siejemy. Przed kolejnym poniżaniem, przed utratą godności i brakiem przyszłości?

A co, jeśli musimy podjąć decyzję podobną do bohaterki graną przez Meryl Streep w Mostach w Madison County?

Jak często zdarzyło nam się zrezygnować z marzeń o lepszym życiu, bo liczyło się dobro innych bardziej niż nasze? Albo chwilowa przyjemność, o której nikt się nie dowie?

Zrozumiałam coś...

Rozwijamy się tylko, gdy jest trudno. Ten niezrozumiały przeszywający ból śmieje się w twarz. Wtedy jest najważniejszym nauczycielem.

Wchodzenie w rolę ofiary, obwinianie innych, chorowanie na pokaz czy dla uwagi i użalanie się nad sobą są najłatwiejsze.

A co, jeśli zamiast kogoś znienawidzić przez pięć pokoleń, bo cierpimy, jak nikt inny na świecie jeszcze nie cierpiał, zrobimy coś odwrotnego i podziękujemy tej osobie za trudne emocje?

To przecież dzięki nim mamy możliwość poznania siebie, pokochania, wybaczenia i ruszenia do przodu! Poznania schematów, programów i wszystkiego, co ważne - by wysiąść z destrukcyjnej karuzeli - i iść dalej, choćby na boso milimetrowymi krokami.

Życzliwość...

Gdy przypominasz innym o ich mocnych stronach, choć dużo łatwiej jest wypominać błędy i pomyłki.

To siła, którą wielu bierze za naiwność.

Bo przecież się nie opłaca. Bo za daleko. Za drogo. Bo na pewno kłamie. Każdy ma prawo do swojego zdania, każdy ma do tego absolutne prawo.

Równocześnie Ty masz prawo na to nie reagować.

Bo każdy fakt jest tylko czyjąś opinią.

Bo bezmyślnie ocenianie kawałka Twojej historii ma się nijak do Twojej prawdy.

Bo dziś jesteś inna, niż byłaś kilka lat temu.

Bądź dobra dla innych, kiedy tylko masz na to ochotę i nigdy nie tłumacz się innym z tego, co robisz.

Zawsze będziesz oceniana. Na tym chyba polega piękno tego cyrku. Robisz swoje. A inni? Niech robią, co im się tylko podoba. To nie ma nic wspólnego z Tobą.

29 listopada

Podobno w pewnym wieku człowiek „posiada" - ale tego naprawdę nie przewidziałaś. Umęczona patrzysz w lustro i nie widzisz już nic, co mogłoby mieć jakąkolwiek wartość. Gdy boli każdy oddech i gdy nie masz już siły, by znaleźć choćby najmniejszy promień słońca w oczach, które były kiedyś jak gwiaździste niebo.

Każdy oddech rozrywa błagające o spokój płuca. Nie pomagają czekoladki ani blanty. Czas też niespecjalnie. Smutek jest jak mokry ręcznik, który wpadł Ci do wody i nieudolnie go próbujesz osuszyć. Chętnie wrzuciłabyś go z powrotem, by sobie tam już został. Albo zamieniłabyś się z nim i wskoczyła na dno jeziora z ostatnim oddechem. Na. Samo. Dno.

Zastanawiasz się, co by było, gdybyś wychyliła się ciut za bardzo ze stromego klifu. Tak, by już nikt nie zdążył złapać cię, gdy spadasz. Nagle zdajesz sobie sprawę, że i tak nikt by tego nie zrobił. W myślach zapętlasz się tak bardzo, że nie chcesz ani nowego roku, ani marzeń. Wjebałaś się do ciemnego lasu i, by nie stracić gruntu pod nogami, po kolei gubiłaś okruszki kreatywności, cierpliwości... a teraz jest już za późno.

Piszesz trudne listy do osób, które kiedyś były ważne. Dzielisz. Rozdajesz. Planujesz pogrzeb. Porządkujesz finanse. By nie było niedomówień. Pretensji. Płaczu. Długów. I cholera jedna wie czego jeszcze.

Dzwoni budzik. Bezpardonowo jak zawsze. Nigdy nie spodziewałaś się jednak, że kiedykolwiek tak bardzo ucieszysz się na jego dźwięk.

Patrzysz w lustro i widzisz galaktykę w oczach, które nigdy nie były tak zielone! Jak spadające gwiazdy mrugają marzenia przodków... uważnie, choć w biegu łapiesz myśli, by zapamiętać je wszystkie. Wszystko jest tak, jak ma być. Jak dobrze, że już jesteś. Kot mruczy i domaga się śniadania. Człowieku, nakarm mnie już… Tak jest. Już pędzę!

30 listopada

Są ludzie, którzy zasługują na ciszę - a ty słowa marnujesz, jak kwiaty co sypiesz pod stopy...

Nieodpowiedni kapłan najbardziej potrzebuje: głośnej ciszy, suchej wody, zapomnianej pamięci, żywych trupów, głupich mądrości i gorzkiego szczęścia

Pozostawienia w cholerę potrzebuje do cholery!

1 grudnia

Zaskoczona obudziłam się o godzinę za wcześnie. Nie z własnej woli, żeby nie było...

Gdy otworzyłam oczy Annika, Jamie i Dakota, opowiadali, że elf (którego, żeby znaleźć na czas, zrobiłam niemałą rewolucję) porozrzucał kartki świąteczne (w sumie Dakota wrzeszczała: nakarm mnie wreszcie wyrodny człowieku !).

Śniadanie. Otwieranie czekoladowych kalendarzy. Wspominanie szronu na szybach, gdy byłam w wieku moich dzieci (tak, jestem taka stara, że miałam szron na szybach lol).

Wypytywanie o ubieranie choinki (wolontariusze do spraw techniczno-choinkowo-logistycznych proszeni na priv).

Planowanie: pieczenia pierniczków (to lepiące się do wszystkiego miodowe ciasto - just charming!).

Kakao z cynamonem i goździkami. Mnóstwo mandarynek. I obowiązkowy Kevin (sami wiecie, który). Najlepiej codziennie - rano I wieczorem do samych świąt - i w święta też... aż do moich urodzin.

Rozpromienione piegowate buziaki wypchane naleśnikami z miodem i herbatą z cytryną zapisują na bardzo ważną listę bardzo pilne rzeczy, o których trzeba pamiętać.

Dobre dni też się zdarzają. Dlatego je tu zapisuję. Jakbym złapała powietrze do magicznego słoika, gdy zabraknie nadziei. Chcę je pamiętać, gdy rozpromienione gwiaździste piegi zamienią się w burze z gradobiciem i stanie się bardzo ciemno.

Zmywając z talerzy zalegające ciężary życia zapisuję na swoją listę - podobnie jak dzieci - arcyważne rzeczy, które powtarzam na głos, jak mantrę:

Niedługo już nie będę musiała być silna i uratować całego świata. Będę umiała brać, a nie tylko dawać więcej niż sama mam. Będę umiała być z ludźmi, którzy będą obecni. Nauczę się tego i już. Przejęte poczucie winy zamieni się w otulające promyki słońca.

I święta będą trwały rok cały.

2 grudnia

Życzę Ci, żebyś pamiętała, że święta są nie tylko dla innych, ale przede wszystkim dla Ciebie.

Rezygnację zatamuj kojącą herbatę z kardamonem.

Rozczarowanie - cudownie ciepłym kocem i siostrzaną miłością do siebie. Zmęczenie - niemożliwym zatrzymaniem się, by odpocząć.

Życzę Ci też, byś czuła się jak dziecko, który właśnie otworzyło prezent, o którym zawsze marzyło.

Dziś. Jutro. Zawsze.

Twoja i Swoja Krawiecka

5 grudnia

Nigdy nie będziesz w stanie oddychać, wstrzymując oddech Ani być szczęśliwa kochając wszystkich, lecz nie siebie Szanować innych nie dbając o własne podwórko

Nigdy nie będziesz bogata mając tylko pieniądze

Ani uśmiechać się życzliwie z połamanym i poklejonyn od pajęczyn sercem Ufać innym - wątpiąc w siebie

Szczerze kochać - będąc swoim największym wrogiem Dawać - nie umiejąc brać

Wierzyć wszystkim ignorując lustrzane odbicie

Mieć przyjaciół nienawidząc najważniejszej osoby w swoim życiu Pamiętaj moja kochana, że

Wszystko, co dobre zaczyna się w Tobie.

Zauważ to wreszcie! Myśl, czaruj i cuduj każdego ranka przy porannej kawie.

6 grudnia

Jim Carrey powiedział, że życzy każdemu, by został milionerem, by przekonać się, że pieniądze za którymi wszyscy ślepo gonią są ułudą - pieniądze są narzędziem, a nie wartością samą w sobie. Myślę, że bogactwo finansowe i duchowe wynikają z codziennej mozolnej pracy nad sobą. Z chęci bycia lepszą niż wczoraj. Nie lepszą niż inni, lepszą niż ja sama pół roku temu. Im bardziej się nie chce, tym większa będzie satysfakcja, gdy się przemogę...

A żeby to zrobić codziennie odnajduję siebie, oczyszczam i pracuję nad tym, by być swoją najlepszą przyjaciółką, z którą rozmawiam i o którą dbam każdego dnia. Czasami jest mega trudno.

Mam wybór. Zamiast szacunku do siebie mogę też siebie nienawidzić i być swoim największym wrogiem... szantażować i sabotować na każdym kroku. Wyzywać siebie, upokarzać i szydzić… Niszczyć siebie i innych dookoła...

Jeśli wybierzesz drugą opcję, możesz zmarnować nie tylko swoje życie... życie ludzi, których będziesz udawała, że kochasz. Sprawdziłam na sobie i stanowczo wolę opcję bycia fajnym dla siebie. Polecam Ci to z całego serducha.

Rób to codziennie, by nie stracić kontaktu ze sobą i nie dawać się wkręcać w „jedyną słuszną rację" i by uodpornić się na sugestie wszystkich dookoła, tracąc w życiu najważniejszą osobę... siebie.

Czy warte to zachodu? Czas pokaże…

7 grudnia

Do only what is in front of you.

Handle only what is front of you right now. Things you can't see are irrelevant...

People appear and disappear. Come and go in no time.

Things get overwhelming at times…

When a planned journey becomes a scary rollercoaster, remember that: You matter the most, regardless.

Look after yourself to get ready when unexplained changes come, as they always do in the least expected moment.

Just do what you can... Step

By

Step

Day By Day

It will get easier with time I promise

Nadejdzie taki dzień, w którym mnie już nie będzie.

Wasze prezenty nie będą już owinięte zielonymi aksamitami z delikatnymi wstążkami. Nie będą pełne serca i zaangażowania. Ciekawe czy zauważycie jakąkolwiek różnicę.

Choinkę ubierzecie sami. Będzie pewnie jeszcze piękniejsza niż świerk z lasu, który przynosiliśmy od lat...

Być może wyrzucicie bombki od prababci. Nigdy ich nie lubiliście. Wyblakłe i niemodne od lat. Ja nie umiałam tego zrobić.

Cukierki na choinkę zastąpicie piórkami i niezrozumiałą dla mnie modą. Byle szybko i bez trudu. Byle tylko ładnie wyglądały na zdjęciach na insta.

Zamiast keksa kupicie tiramisu. Kutia z makiem też zniknie. Nikt i tak jej nie jadł - robiąc ją myślałam o mojej babci. Choć Jej już nie ma z nami, robiłam ją dla niej. Z szacunku.

Barszcz z grochem, uszka, kolędy Eleni... ich też już nie będzie. A może zatęsknicie za smakami, na które czekało się cały rok?

Pasterka pełna zapachu choinek i aniołków ze srebrnymi łańcuchami, które cudownie wtapiały się z blask kolorowych lampek, wyblaknie jak większość bezcennych wspomnień, o których nie mówiłam nikomu.

Miejsc przy wigilijnym stole przybywać będzie co roku... jak i opcji do tworzenia własnych tradycji.

Nie dowiecie się o tym niestety kochani moi, bo będzie za późno. Nie umiałam wam tego opowiedzieć, bo czułam, że to co myślę, nie jest ważne. Bo mieliście ważniejsze sprawy. Bo nie byłam ważna dla siebie - i milczałam.

A powinnam Wam wszystko opowiadać, bo to przecież Wasze korzenie. Bo to cuda, których nie wygooglujcie. Nie opowiedzą o tym też miłe panie z telewizji.

Nadejdzie taki dzień, w którym mnie już nie będzie - czy przepadnie wtedy wszystko?

8 grudnia

Take me back to the lake
that remembers your smiling face
Take me back
to your mum's garden
where coffee in old school glasses taste like heaven
and a tabby kitten gives the best cuddles
Take me back to myself
Zabierz mnie znów
nad jezioro, które pamięta Twoją dziecięcą buzię
Zabierz mnie znów
do ogrodu Twojej mamy
w którym kawa w starodawnej szklance smakowała lepiej a prążkowany kot tulił najcudniej
Zabierz mnie znów
do samej siebie

9 grudnia

Nie Tylko Niedzielna Słodycz Nic Nierobienia Bez obsesji sprzątania
Excela Kontroli
Listy rzeczy do zrobienia Wybacz sobie zakurzoną półkę

Przestań choć na chwilę myśleć o galopujących myślach i poczuciu winy.

Przyjrzyj się każdej z miłością, przytul, zamknij w szufladzie z ogromnym kluczem i nie wypuszczaj przez czas jakiś.

Wybacz sobie zerkającą w twoją stronę stertę prania, brudne kubki, pomazane lustro i

nieskoszoną trawę, która rośnie znacznie za szybko, bo zwariowała z nudy chyba.

Poddaj się chęci odpoczynku! Już! Teraz! Natychmiast!

Zatęsknij za zapachem jabłonek i czeremch, Głośnymi kroplami deszczu na drewnianym stole.

Na kolorowym hamaku zapamiętuj te zapachy, byś pamiętała o nich, jak o waniliowym zapachu babcinego ciasta.

I do książki, która zaprasza do swojego świata od miesięcy, a ty przekładasz ją coraz bardziej zakłopotana.

Uśmiechnij się szeroko do nieumytych okien i niekończących się list z rzeczami do zrobienia na wczoraj.

Poczekają. Zaufaj mi. Testuję je raz po raz.

Bądź życzliwa dla siebie. Zatroszcz się o nic nierobienie.

Zaufaj zmęczonemu spojrzeniu, które widzisz w lustrze zbyt często. Pozwól Sobie na chwilę ciszy.

Odpocznij. Zrób nic. Ćwicz to często. I koniecznie daj znać, jak Ci idzie

10 grudnia

Kiedyś święta miały w sobie więcej świąt...

Prezenty były więcej warte, choć ich prawie nie było. Albo były robione małymi rączkami. Albo kombinowane i kitrane, żeby nikt ich nie znalazł... I relacje prawdziwsze były, choć nie miało się wtedy odniesienia...

Czekanie na pierwszą gwiazdę. Zaangażowanie przy lepieniu pierogów. Uśmiech, gdy patrzyło się w oczy ludzi, których brało się za pewnik. Eleni z kolędami zamiast wszędobylskiego kiczu.

Dziś choinki dla lajków się ubiera miesiąc przed wigilią. Skopiowane esemesy i życzenia zamiast kartek z ważnymi słowami. Albo kartki jak na akord dla wszystkich, bez życzeń - bo te już wklejone - aby się tylko podpisać. Serio?

Nic nie znaczące, spadające gwiazdy, będące marzeniami o lepszym życiu, stały się zakupami z dostawą do domu. Bez uczuć. Bez emocji. Jak za karę.

Odwiedzanie rodziny, na pokaz, bo trzeba i wypada - albo odmówić nie wolno, bo na pewno się obrażą. Albo wcale, bo z rodziną najlepiej to na zdjęciu. Udawana życzliwość i szczęście na pokaz. Z wywieszonym językiem, żeby wszystkim dogodzić, zapominając o sobie. „Odpoczniesz po świętach" - powtarzasz jak mantrę...

A niebo tak cudowne dzisiaj... Wysiadam z tej karuzeli. I po prostu jestem. Na listę zakupów wpisuję spokój i kawę z cynamonem, za którą tęskniłam. Stawiam drugą filiżankę dla zbłąkanego wędrowca i czekam na pukanie do drzwi jak na cud.

Zmęczona mechanicznym życiem pozwalam sobie zwolnić, gdy inni biegną, nie wiedząc dokąd i po co. Przyglądam się zmarszczkom, których nie ubywa. Głaszczę je z miłością i uśmiecham się przez coraz bardziej zaszklone oczy.

Wyłączam radio. Zamiast propagandy słucham oddechu, który zamienia się w niepohamowany płacz... Co poszło nie tak, że mając wszystko w zasięgu ręki, nie mamy tego, co jest ważne? Jak to się stało, że żyjemy tak pobieżnie, wierząc we wszystko, co mówi telewizor siejący postrach i kontrolujący bezpardonowo? Co poszło nie tak, że umieramy za życia?

A niebo tak cudowne jak malinowe landrynki uśmiecha się, nawet gdy kończy się normalny świat...

11 grudnia

Zachwyć się stawianiem niepewnych kroków.

Leniwie wiszącym księżycem nad ignoranckim dachem w noc pełną pustki bez nadziei grama.

Sprawnością umysłu, który ze strachu podkłada Ci kłody pod nogi, by Cię uchronić przed nowym.

Kota firanki zabawą, szumem rzeki. Krzyczącą ciszą. Oczami, które widzą w Tobie więcej niż Ty sama.

Smakiem cierpkich malin przełamanych cudowną bezą

Zachwyć się też tym, że przed śmiercią zawsze potrafisz się zbudzić (na wszelki wypadek, gdy zapomnisz o tym cudzie).

Naiwnością dziecka, że świat jest dobry. To niewyobrażalna siła, pielęgnuj ją, proszę i szanuj.

Miejscami, które zostaną w Twoim serduchu, bez lajków na Fejsie. Tajemniczym lasem, w którym pokonasz samą siebie.

I swoim w lustrze odbiciem. To cudowny przecież widok.

12 grudnia

Jedząc owoc, pomyśl o osobie, która posadziła drzewo. O dobrym słowie, które Cię totalnie zaskoczyło.

O życzliwym uśmiechu wśród wyuczonych grzeczności.

O szczerości, gdy wszyscy wkoło słodzą.

O krytyce, która ma Ci pomóc, a nie umniejszyć. O zmarszczkach wśród nierealnych fotek na Insta.

O ciszy, od której wszyscy uciekają.

O talizmanach robionych przez małe rączki.

O zielonych oczach, które z wypiekami na twarzy mówią słowa, które zmieniają kolor świata.

O spracowanych rękach, które tuliły Cię mocno, gdy bałaś się nocy. O miłości, która czeka na Ciebie z ciepłą kawą codziennie rano.

O kwiatach, które kwitną dla Ciebie wbrew porządkowi świata i okolic.

O sercu, które biegnie maraton życia, byś mógł się nim cieszyć.

O wdzięczności, którą czujesz, gdy widzisz wszystko, co chcesz zapamiętać na każde kolejne życie.

13 grudnia

Gdy wypluje Cię świat a Czas

bezdusznie zgrabi niepotrzebne liście serca

na zmęczonych nogach wytrzymaj jeszcze chwilę to wszystko jest potrzebne, by móc iść dalej

odgłup, by zapomnieć rozdzieranie grabiami dotkliwe siniaki

i nieme krzyki protestu

bolesne pęknięcia sklej cierpliwie roztopionym słońcem

do uleczonego serca nie przyklei się już przypadek ani zwątpienie

każdy oddech

da wreszcie spokój

zaschnięty potok życia będzie rzeką

nieregularność rytmem dającą

absolutną pewność Wszechświata

a maraton życia nawykiem doświadczania

To, co trudne nauczy najwięcej łatwe minie

a blizny dadzą nadludzką siłę, by wybaczyć

osądy na bok odłóż bierz wszystko takie

jakie jest

obserwuj szanuj Czas i bądź

grudnia

Szkicowanie jest sianiem nasion dla emocjonujących obrazów.

Niezdarne litery początkują nieskończone kartki łapiących za serce cudów. Nuty wymyślonym językiem opowiadają nielogicznie ujmujące historie.

Noc jest tłem dla stęsknionych rąk.

Cisza zatrzymaniem, dla napisania listu pełnego zrozumienia do niepokornego życia.

A niczym niewyróżniający się dom początkiem sacrum...

Wyobrazić sobie nie umiem

ogrodu bez nasion, farb bez kolorów filmów bez ruchu, sztuki bez emocji domu bez fundamentów

i mnie bez ciebie

15 grudnia

Te małe rączki nie mając nic, podzielą się z Tobą największymi skarbami. Gdy

krztusisz się strachem, panikując o ich przyszłość, utulą Cię najmocniej, jak umieją i dadzą siłę, by znowu wytrzymać nieznane.

Pogładzą policzki. Wtulą w stęsknione ramiona. Narysują uśmiechniętego kota. Znajdą Twoją rękę - nawet we śnie.

Pamiętaj, proszę o tym, że dla tych małych rączek jesteś całym światem. Tul i całuj je częściej, bo urosną, zanim zdążysz się do nich przyzwyczaić.

Życzę Ci, moja kochana by te rączki przynosiły Ci kwiatuszki, kamyki, szyszki, laurki piękne rysowały. Byś miała czas i uwagę, by cieszyć się wyklaskiwanymi piosenkami i rymowankami.

Byś te cudowności dawały Ci siłę, by mimo wszystko trwać - a Ty im odwagę, by żyć.

By zawsze Ciebie znalazły, szczególnie gdy jest smutno i ciężko. Bądź bezpieczną kotwicą, gdy daleko do portu. One zawsze będą jej potrzebować.

Byś nie pozwalała brać im na siebie trosk, z którymi sama musisz się borykać, bo to my mamy być ich oporą, a nie oni naszą. Nie wiesz, o co mi chodzi? To też jest w porządku.

16 grudnia

Wolę kino. Wolę koty. Wolę cień lipy.

Wolę Lady Punk od Zenka Em.

Wolę kawę bez mleka, choć smakuje gorzej. Wolę życzliwość od zawiści.

Wolę trudną prawdę od słodkiej iluzji. Wolę być wygnana z raju niż żyć na niby. Wolę bać się, a robić - choć chcę uciec.

Wolę się dzielić niż być psem ogrodnika. Wolę być sama niż tkwić i usychać.

Wolę mieć wybór.

Wolę słuchać.

Wolę pytać niż błądzić. Wolę śmiać się niż płakać.

Wolę być wyborem niż przypadkową opcją. Wolę morze.

Wolę nieśmiałą pewność. Wolę las.

Wolę prawdziwość bez filtrów. Wolę liczbę mnogą.

Wolę introwertyków. Wolę tryb warunkowy. Wolę przygotowanie. Wolę małe kroki.

Wolę czerwoną szminkę. Wolę MeWe od „Łocapa".

Wolę bunt niż ślepą posłuszność. Wolę chodzić boso.

Wolę sukienki w kwiaty od tych w groszki. Wolę nie pytać jak długo jeszcze i kiedy.

Wolę brać pod uwagę nawet tę możliwość, że byt ma swoją rację.

17 grudnia

Emigranta dzień. Wydaje mi się, że jest to dzień wielu z Nas... Za czym wciąż tęsknię? Za morzem, babciami i mamą.

Gdy byłam mała tęskniłam za blokowiskami w Gorzowie.

Za Rentą, Magdą, Mirelą i Ewą. I Anią i Doris z podstawówki tęsknię, chociaż nie ma czasu, by się spotkać.

Za goframi z Gąskach (chociaż dzisiaj już mamy je w Pleśnej) u Pani Ani i halibutem u babci Danusi (a teraz u przemiłej Alicji).

Za molo w Kołobrzegu.

Za tramwajami w Gorzowie.

Za lasem i zbieraniem bursztynu.

Za szumem fal, które siedzą w mojej głowie.

Nie tęsknię za narzekaniem (i przechwalaniem się, kto ma gorzej), rozmowami o polityce, polsko-polskimi wojnami na każdym kroku.

Chociaż nie tęsknię za rosołem w niedziele tęsknię bardzo za kresowymi pampuchami, które mama robiła w piątki.

Dziś pampuszki zrobiła moja najmłodsza siostra, od której mogę dużo się nauczyć (a ona ode mnie, jeśli tak zdecyduje).

Za czym wciąż tęsknisz Ty? Nie musisz mieszkać za granicą, by tęsknić za domem przecież…

18 grudnia

Bywają dni, że kwestionuję siebie na każdym kroku. Próby nauczenia syna dodawania i odejmowania ułamków kończą się zerowym sukcesem i chwilowo niższym poczuciem wartości nas oboje… Pisanie opowiadań idzie mi jak krew z nosa. Nie mają ładu i są pisane, aby było modnie, bez udziału serca. Wiele rzeczy idzie nie tak, jak trzeba... pewna pani nadal czeka na książkę, którą wysłałam tydzień temu.

Ważna przesyłka, którą zamówiłam, trafiła pod inny adres i nikt nic nie wie, co się z nią stało.

Moje bałaganiarstwo doprowadza mnie do szewskiej pasji, bo od tygodnia szukam pilota, którego sama schowałam przed dziećmi.

W takie dni dzieje się też najwięcej cudów. Odzywają się przyjaciele, którzy po prostu czuli, że muszą ze mną pogadać. Ktoś jest wdzięczny, że polecam książkę, która zmieniła życie.

Ktoś inny bezpardonowo wprasza się na kawę, bo parzę genialną (gdy się przyłożę) - po prostu przy mnie jest i słucha, a nie tylko słyszy. Przytula i dziękuje za mój czas..

Za to, że jestem i dzięki odwadze, którą daję - mają odwagę zmieniać swoje życie.

Dostaję opierdziel; nie mam prawa wyprowadzić się do innego miejsca, bo będzie smutno i byle jak beze mnie.

Siostra z wyboru bierze dzieci na noc, bym mogła zebrać myśli. I odetchnąć.

Przyjeżdża przyjaciel, zamiast godziny siedzi pięć. Naprawia urwane drzwiczki i wymienia przepalone żarówki. Jedzie po choinkę i ubiera ją z dzieciakami.

Zamiast użalać się nad sobą albo manipulować innymi, by się nade mną zlitowali... proszę o pomoc... i otrzymuję jej mnóstwo.

Córka przynosi koc i książkę, którą postanawia mi przeczytać. Nakazuje, bym się przykryła. Wtula się we mnie kot i słuchamy bajki o czarownicy, popijając herbatę zrobioną przez syna.

Trudne dni są ważne. Przypominają mi, jak ogromne wsparcie mam w innych ludziach.

Każdemu z Was jestem za to bardzo wdzięczna ♡

Krawiecka, której życie jest cudowne (choć nie tak idealne jak większości Was na Fejsbuku).

19 grudnia

Gdy już będziesz dla siebie wyjątkowa, już nie odpuścisz, gdy jest trudno albo niewygodnie.

Zamiast być lepszą niż inni, będziesz chciała stać się lepszą, niż byłaś wczoraj, chociaż wciąż jesteś słabsza niż jutro.

Porównywanie się z innymi zniknie. Będziesz Ty i tylko Twoje tempo. Gdziekolwiek idziesz.

Będziesz robić trudne rzeczy. Inwestować czas i zaangażowanie. Bo jesteś dla siebie ważniejsza niż to, co mają do powiedzenia o Tobie ludzie, którzy nie mają pojęcia, kim jesteś.

Trudne decyzje, które zaowocują za kilka miesięcy albo i lat będą tak samo ciężkie do podjęcia. Tym razem przed nimi nie uciekniesz. Przed sobą nie uciekniesz!

Na każdą wymówkę znajdziesz rozwiązanie - bez względu na to, czy jest niedziela, czy pada i czy jesteś w tym sama.

Postanowisz to, co jest dobre dla Ciebie, a nie to, co wypada. Będziesz zadawać trudne pytania. I zaczniesz odpowiadać na trudne pytania innych.

Już nie będziesz nieomylna. Potrzeba posiadania racji też zniknie. Popełnianie błędów też będzie w porządku. Bo będziesz ok dla siebie. Takim nieidealnym, choć wystarczająco dobrym cudem.

Obiecuję.

20 grudnia

Każdy goni po prezenty. Zaopatruje się, wymyśla, zamawia. Kupuje zamiast gotować. Wysyła esemesa zamiast kartkę od serca. Przecież szybciej, krócej, prościej.

Proszę, zatrzymaj się w tym biegu donikąd.

Na minutę. Dwie.

Pięć.

Odłóż wszystko na bok. Spójrz na swoje dzieci z miłością. Siedzą koło Ciebie, a są nieobecne... Żyjecie obok siebie i łączy Was coraz mniej, choć wszystko, co robisz, jest niby dla nich...

Przypomnij sobie, kiedy dałaś im swoją uwagę Świadomie. Bez rozpraszaczy. Bez krzyku i wymówek. Kiedy powiedziałaś, że są dla Ciebie ważne?

A kiedy przytuliłaś swoją córkę, gdy wychodziła z domu? Być może potrzebuje tego bardziej niż nowego Iphone'a.

Zadzwoń do babci, dla której nie masz czasu, bo ciągle gonisz... obiecujesz, że przyjedziesz przecież od lat. Możesz nie zdążyć...

Zaparz sobie prawdziwą kawę z kardamonem, zamiast do Maka, bo szybko, bo lecieć musisz. Zamiast telefonu, książkę, którą wciąż odkładasz, weź do ręki i zatrać się w niej. Posłuchaj swojego oddechu. Dotknij serca.

I bądź. Tak po prostu.

Podaruj komuś bezinteresownie swój czas

I uwagę. Szczególnie gdy Ci smutno bardzo. Sprawdziłam to na sobie.

Nie raz. Nie dwa. Nie pięć. Za każdym razem działa.

Masz jeszcze na to czas. A jest go coraz mniej z każdym oddechem. Jego nie obchodzą Twoje plany. Zatrzymaj się, by ze wszystkim zdążyć.

21 grudnia

W miarę świeża choinka spokojnie stoi w kącie. Na początku nieśmiała, dała się oswoić dzień po dniu, niczym dziki kot, który na początku drapie i ciężko go okiełznać.

Pełna energii, z impetem i dziecięcą ekscytacją wytargałam dwumetrowe i nieustawne, zagradzające pół pokoju krzesło - czas na eksmisję.

Igły posłusznie stoją na baczność. Kolorowe, choć przystarawe lampki, przeglądają się w pstrokatych czerwieniach i naturalnych zieleniach choinkowych ozdób, które momentalnie przenoszą mnie w myślach do prehistorycznych czasów, gdy miałam dziesięć lat.

Zaciągam się kolejnym (z ostatnich o tej porze roku) papierosem i mentalnie przygotowuję się na 2020, o którym tak hucznie opowiedziałam fejsbukowym przyjaciołom. Oni tak naprawdę mają to gdzieś i tylko czekają na moją publiczną porażkę. Wasze niedoczekanie!

Najpierw wyniosę choinkę. Co prawda może stać przynajmniej do marca, a świat wcale by się nie skończył, ale gdzieś trzeba zacząć 💪💪💪.

W pięć miesięcy przygotuję się do przebiegnięcia trzech maratonów. Byłoby łatwiej, gdybym biegała ciut częściej, niż tylko wtedy, gdy wredny kierowca z autobusu 312 przyjeżdża za wcześnie i uwielbia obserwować w lusterku coś, co przy odrobinie ćwiczeń zacznie wyglądać jak sprint.

Zapisane w postanowieniach, odwrotu nie ma!

Przestać jeść mięso, jajka, gluten, wszelakie jedzenie z GMO.

Rzucam wszystko na raz. „Ale będzie jazda" cedzę przez zęby, delektując się kolejną ostatnią fajką.

Momentalnie zdaję sobie sprawę, że od tygodnia miałam brać Desmoxan i codziennie pić sok z selera, którego nie cierpię tak samo, jak sąsiada spod piątki. Siostra rzucała pięć razy i Desmoxan działał za każdym razem.

Schudnąć 30 (słownie trzydzieści) kilogramów i być tak wysportowana jak olimpijska atletka. O tym postanowieniu przypomniałam sobie tylko dlatego, że od godziny powinnam być na siłowni, na którą się jeszcze nie zapisałam.

Spokojnie. Rok ma jeszcze 360 dni. Zdążę.

Nowy Rok, Nowa Ja - myślisz wykończona na samą myśl o genialnym planie...

A może komuś zapłacę i ktoś pobiegnie za mnie ten cholerny maraton? Bilet już jest. Zrobię research i ogarnę 😛.

Dopalam papierosa.

Półprzytomna z rozmazanym makijażem po wczorajszym trunku (który smakiem wcale nie przypominał selera), przytulam się do poduszki, która serdecznie zaprasza mnie na relaksacyjną sesję pod kołderką. Odmówić nie wypada.

Zasypiam w ułamku sekundy.

Plan poczeka. Rok ma jeszcze 360 dni.

Czas

Magia świąt jest czasem, który świadomie dajesz innym.

To lukrowanie przypieczonych pierników z przepisu babci. To pamięć, że jest się kochanym

Słodkie mandarynki, od których lepią się łapki Czekanie na migoczące lampki

Pierwszą gwiazdę Zimne ognie

To „Kevin sam w domu" I gadające koty

To śnieg za oknem I zmarznięte nosy

Pusty talerz dla wędrowca I pamięć, której ubywa „Mieć" zaślepia „być" Ilość zastępuje jakość

Bezcenny czas zdruzgocząco przestaje mieć jakiekolwiek znaczenie.

23 grudnia

"To nie tak, jak myślisz" - próbował zrozumieć, co się z nim dzieje. „To lubienie ciężko jest mi wyjaśnić. I to nie dlatego, jak wyglądasz i jakie nosisz ubrania. To jest wbrew jakiejkolwiek logice...

Jesteś jak magnes i jakoś trudno jest mi to opisać. Uwielbiam to i już. Każdy szczegół; wsłuchuję się w każde twoje słowo, bo nie wiem, czy mnie rozbawisz, zaskoczysz czy na próżno będziesz próbować przekonać mnie, że warto być dobrym. To takie głupie, a jednak tak bardzo tego potrzebuję.

Chcę rozmawiać z tobą; najbardziej chyba o błahostkach, które zamieniasz w talizmany, których chyba nawet nie próbuję zrozumieć.

Wyobrażam sobie, że codziennie rozmawiamy przy porannej kawie, gdy na pół przytomna próbujesz ułożyć choćby jedno logicznie brzmiące zdanie. Czasami mówisz słowa, których wcale nie znam i czuję się jak ostatni kretyn. To nic. Kiedyś może zdobędę się na odwagę i zapytam cię o ich znaczenie. Gdy tańczysz do reklam, gdy o wszystko pytasz pięć razy, i gdy zadajesz najtrudniejsze pytania świata. Ta niezrozumiała radość życia, gdy każda molekuła, z którą się stykam wątpi w sens czegokolwiek.

Gdy drżysz jak liść na widok szarości, którymi oddycham od lat. Nie rozumiem, dlaczego cieszysz się, gdy mnie widzisz... tak trudno jest mi patrzeć w lustro czasami. I ten twój cholerny spokój, gdy chaotyczny świat sam nie wie, co dalej. Pleciesz wianki jak mała dziewczynka i zamiast telewizji słuchasz szumu wiatru. Jest w Tobie coś bardzo niezrozumiałego. Coś, co burzy życie, do którego przywykłem. Po prostu tu będę. Czasami trochę za blisko. Nieobecny czasem. Za daleko momentami. I na wyciągnięcie ręki, gdy przyjdzie czas.

Chcę tu być. I już tu zostać. Nigdy już nie musieć wyjeżdżać. Ani odchodzić".

24 grudnia

Kiedyś było mi szkoda perfum, co na specjalną okazję kupiłam. Bo przecież zużyję za szybko... Bo drogie. Butelkę przez nieuwagę w mak stłukę ... lepiej poczekać na specjalniejszy dzień.

I porcelanowego talerzyka malowanym ciekłym złotem jak cholera też szkoda mi było. Tak, jakbym musiała zasłużyć ... by położyć na nie głupio-malinowe ciastka. Jak talerze i karafki mamy, które zaczepiały mnie zza szklanej gablotki - te też cierpliwie czekają...

Ugotowania ulubionej zupy, bo dzieci chciały mielone. Wyjścia na spacer, bo góra prania czeka.

Ubrania sukienki w groszki, bo nie pasuje do okazji.

Tulenia kotów, hortensji i twarzy, którą coraz mniej rozpoznaję.

Pływania w rzekach, stawach i morzach - to przecież głupie, na wakacje jeździć. Nowobogackich konformistyczny nonsens.

Zachody słońca lepiej przegapić, bo zakupy same się nie zrobią. Jeśli odpocznę, zmarnuję czas, naprawdę w to wierzyłam...

Mówienia, że jesteś moim niebem, unikałam jak ognia... jak z resztą wielu innych odważnych słów.

I tych trudnych, przy których serce na atomy pęka.

Mogę już jutro na tak wiele nie zdążyć. Przegapić. Stracić. Zapomnieć o życiu i umrzeć w zadumie.

Bo kiedyś i tak wszystko szlag trafi przecież. Tyle się zmieni. Przeminie. Przepadnie.

A ja zmarnuję nikomu niepotrzebne życie... które jest wszystkim, co wciąż mam.

I w kolejnym życiu szukać będzie okazji trzeba...

25 grudnia

Czy zdarzyło Ci się kiedyś usłyszeć, żeby koty narzekały na to, że mają mniej czerni niż koty sąsiadów?

Żeby ptaki marudziły, że nie mają wystarczająco dobrego głosu albo niewystarczająco kolorowych piór?

A czy jabłka wiszące niedaleko gruszek odgadują je, że te ostatnio przytyły? Czy lobo porównuje się z papierówką, bo ta wygląda (według niej) podejrzanie dobrze? Na pewno ją czymś pryskali!

A czy księżyc jest zazdrosny o słońce? Przecież inni go widzą tylko wtedy, gdy odbija się od słońca właśnie...

W przyrodzie wszystko ma swój porządek. Każdy zna swoje miejsce - i kolej rzeczy.

Rytm. Kolejność. Różnorodność. Symbioza. Bycie częścią znacznie czegoś większego niż jednostka.

Gdy patrzę w lustro, zauważam zmarszczki i nierówności. Zamiast na siłę być kimś, kim nie jestem, zaczynam cenić ciszę i spokój, który wypracowuję... i małe radości doceniam - nawet jeśli wypatruję je z lornetką, zawsze się pojawią.

Odsuwam się od dram i miejsc, w których jest potrzebna przestrzeni. W niektórych miejscach, przy boku niektórych ludzi też jestem wątpliwie widziana. Wreszcie to rozumiem. I szanuję.

Znam swoje miejsce. Celebruję drobnostki. I porządek.

Słucham każdego bólu w ciele i ukochuję wszystko, czego się boję. I po swojej stronie staję. To moje prawo. Korzystam z niego bezpardonowo.

Wszystko, co mnie spotyka, służy mojemu wyższemu dobru, nawet jeśli dziś tego nie rozumiem. Jest dokładnie tak, jak ma być.

26 grudnia

Jak przekonać drugiego człowieka, że życie ma sens?

Jak rozpoznać cały proces, gdy widzę tylko narzucone przez innych ułamki? Jak współodczuwać, gdy bezradnie gubię się w emocjach?

Mieć? Być? Odczuwać?

Wpasować się? Wtopić? Odstawać?

Jak krytykować, by nie niszczyć potencjału? By rozpalić iskrę błagającą o milimetr potwierdzenia?

Jak zostawić po sobie coś więcej niż okruchy po śniadaniu i sumę oddechów?

Jak to jest, że choć tak mało wiem, wierzę w dobro. Choć dla wielu jestem tylko drobinką piasku...

27 grudnia

- Mamo, ile to jest kilometr? To tysiąc metrów kochanie. A to dużo czy mało? - zapytała i nie czekając na odpowiedź, wróciła do swojego zajęcia.

Mimo wszystko zaczęłam o tym myśleć.

Mówią, że wszystko jest względne.

Gdy idziesz spotkać przyjaciela, czy kogoś, kogo kochasz. Gdy ciężką torby ranią zmęczone ręce.

Jeśli jesteś ślimakiem - to chyba dużo. A jak maraton biegniesz to pewnie tylko część rozgrzewki i kilometr to chwila zabawy.

Gdy bez latarki po omacku sama przez ciemny las idziesz niepewnie, kilometr trwa co najmniej wieczność.

A gdy wracasz ze szpitala, gdzie po raz ostatni utuliłaś bezwładne już ciało czy przejdziesz tysiąc metrów bez bólu?

A gdy idziesz przed siebie i czujesz, że każdy krok to strata czasu, bo chciałbyś iść w zupełnie innym kierunku, a tak długo już powłóczysz nogami, że zawrócenie to nie opcja?

A gdy spacerujesz po ukochanym parku z ukochanym spojrzeniem przy boku - lub sama szczęśliwa jak nigdy wcześniej?

A gdy samolotem lecisz? Lub gdy Twoje nogi są już sprawne i chcesz, by przypomniały sobie o miejscach, które zaczynają blednąć...

A gdy po cudownej plaży pełnej bursztynów kontemplując każdy krok? A gdy na grzybach?

Ehhhh. Kilometr to dużo czy mało w końcu?

28 grudnia

Motyle. Gdy byłam mała, było ich mnóstwo na daliowych rabatkach niedaleko naszego domu. Cieszyliśmy się nimi i nawet nie zdając sobie sprawy, że mogłoby ich kiedyś tu nie być. Dziś, gdy jest ich jak na lekarstwo - dopiero widzę ich brak... Niby taka oczywista oczywistość.

Motyle... Nie znam nikogo, kto by się nimi nie zachwycał. Niewyjaśniona delikatność, kolorowe skrzydła, pojawiają się tam, gdzie jest spokój, gotowość i zapach kwiatów. A one nie mają nawet pojęcia, jakimi są cudami.

Tak też często jest z ludźmi w naszym otoczeniu. Nie widzimy, jak wiele wartości dają nam inni ludzie. Jak wiele nas uczą. Bierzemy ich za pewnik.

Nie zdawałam sobie kiedyś sprawy, że motyle i ludzie nie pojawiają się w czasie burz i huraganów. Szukają spokoju. I pokoju. Pojawiają się, dopiero gdy postanawiamy go odnaleźć. Naprowadzają. Pokazują mapy i drogę do słońca. I siebie.

Wciąż zbyt często - dając innym wartość - nie zauważamy własnego piękna. Nie widzimy w sobie często nic dobrego, sabotujemy się na każdym kroku i warunkujemy wszystko, co popadnie.

Ze strachu uciekamy przed innymi. I przed sobą. Gdzie musimy dobiec, żeby to zauważyć? Czy gdy osiągniemy wszystko, co sobie wymarzyliśmy, zrozumiemy, że jesteśmy wartością samą w sobie?

Inni widzą nasze kolorowe skrzydła, dobro i talenty, a my zarzekamy się, że nie umiemy latać. Brodzimy w smole i deszczu. Pakujemy się w sam środek dram i huraganów - i jesteśmy zaskoczeni, że nie mamy siły żyć... Nieuważnie gubimy złoty pyłek z naszych skrzydeł. Dni i miesiące w miejscach, które do nas nie należą.

Tak wiele ludzi chciałoby, żeby słońce świeciło na nich tak cudownie, jak na Twoje (nieidealne według Ciebie) skrzydła...

Nawet jeśli jestem ciapowata, roztrzepana i średnio zaradna, jestem i jeszcze przez jakiś czas będę cieszyć się promieniami słońca, które ogrzewają moje zmęczone już coraz częściej skrzydła.

29 grudnia

Uczą nas budowy serca. Wiemy, że uderza tysiące razy na dobę, a nikt w szkole nie wytłumaczy, jak zbudować trwałą relację - i jak znaleźć powód, żeby żyć. Jak skleić serce, co na milion kawałków się rozpadło, też nie mówią. Ani, jak dać nadzieję, gdy w sercu jej nie ma wcale.

Uczymy się o układzie krwionośnym; to bardzo ważne, żeby wiedzieć, że gdyby go rozłożyć na ziemi w linii prostej zmierzyłby 95000 km. Jakoś nie pokazują jednak, ile trzeba przejść kilometrów i w którą iść stronę, żeby odnaleźć siebie.

Uczą nas o budowie smakowych kubków, a nie pokazują, jak rozmawiać bez agresji. Jak z szacunkiem mówić do ważnych dla nas ludzi i jak dawać im otuchę, gdy nie mają sił.

Jak słuchać nie uczą, tylko budowę ucha każą wkuwać. Jak mówić ważne słowa i jak ugryźć się w język, by nie żałować wypowiedzianych zbyt pochopnie słów.

Zasypują nas masą bezużytecznych informacji, zamiast nauczyć nas myśleć o tym, co ważne.

Bez zająknięcia wymienimy daty, wydarzenia, imiona odkrywców, wzory, fakty o znanych ludziach, przebieg, skutki bitew - a o sobie nie wiemy zupełnie nic.

30 grudnia

W moim ogrodzie zamieszka jabłoń, którą pokochamy wszyscy... Na nasze całe zagmatwane życie.

Zawiśnie tam linowa huśtawka, co da mnóstwo uciechy wiatrowi, gdy ten zapragnie być

niesfornym berbeciem.

Da cień, gdy będzie gorąco i schronienie w każdej potrzebie.

Będzie urokliwą willą dla szukających domu, jeśli tylko zdołają wnieść ciężkie walizki

po kilometrowych korowych autostradach.

Będzie świadkiem niewypowiedzianych słów i stęsknionych spojrzeń.

Usłyszy szepty nastolatków w wiosenne wieczory,

gdy uwodzące róże i biele odwagi dodadzą za każdym razem, gdy będzie potrzeba.

I nieśmiałe pocałunki zobaczy, udając, że nie patrzy czerwieniąc jabłka

jedno po drugim niewidzialną magią.

Złamane serca utuli

Uginając się w bólu, choć nie poznasz tego nigdy.

Zniesie każdą rozdzierającą nowinę, nie płacząc jak histeryczna wierzba.

Zaczeka ze stoickim spokojem

na lepsze czasy, które zawsze nadejdą.

I radośnie zatańczy, gdy kolorowe wstążki od sąsiadki do tańca zaproszą niespodziewanie zawieszone.

Nigdy niemijające hity wyśpiewa przy gwieździstym niebie

w idealnym duecie z wiecznie rozstrojoną gitarą.

Zapamięta każde życie i

nie wtrącając się wcale, przypomni Ci dokładnie, gdy zaczniesz zapominać kim

wciąż jesteś.

A gdy boso

W ostatnią podróż

będzie pójść trzeba... razem z tobą pójdzie Chroniąc

Cię do końca

Miłością, którą jej dałaś.

I na kolejne pokolenia zostanie, choć nikt jej już nie rozpozna.

31 grudnia

Mama i tata zbudowali dla mnie łódkę, bym mogła płynąć przez jeziora, morza i oceany życia.

Mielizny uczące zaradności i szukania rozwiązań. Wiatr... pozorny wróg, przyjaciel na lata gdy go naprawdę zrozumiałam.

Księżyc pomagający zrozumieć regularne jak oddech ruchy wody. Trudno byłoby bez niego.

Zdradliwa sól. Słońce uczące pokory.

Niekończące się sztormy. Hałaśliwi turyści. Cisza nie do zniesienia, o którą czasem błagamy.

Wśród wątpliwych VIPów mijam raz po raz roztrzaskane na strzępy kolejne iluzje szczęścia.

Wspierające ławice. Ciepłe spojrzenia. Lazur całujący amarantusowe niebo. Niekończące się winogrona gwiazd i wszystko, co mogę tylko wyśnić.

Bursztyny, które serce koją, gdy tęsknię za portem Postarzałe mapy, które odkrywam raz po raz. Przemijający czas. Niezaprzeczalny porządek. Wszystko jest takie, jakie być ma.

Zaznaczam nieśmiało docelowe miejsce. Płynę w najwłaściwszym dla mnie tempie, nie mając pewności czy dobrze robię. Słucham szeptu serca, choć podobno jest najgłupszym doradcą.

Robię swoje, nawet jeśli wiem, że jestem częścią czegoś znacznie większego niż ja sama.

Kasia Krawiecka

www.kasiakrawiecka.com

Emigrantka, pisarka, poetka... ale przede wszystkim kobieta, która doświadcza, przekracza swoje granice i ciągle się uczy. Dzięki temu może wspierać i inspirować innych.

Jest przykładem na to, że zwyczajny człowiek, dzięki pasji i ciągłej pracy (nad sobą i swoimi kompetencjami), może znaleźć swoje Ikigai.

Autorka niesamowitej książki o poszukiwaniu korzeni „Janka, historia, której nie znasz" (wyd. Zen).

Brała udział w tworzeniu dwóch międzynarodowych projektów poetyckich: antologii „13 pokoi" oraz „Poezja Półcieni", którą można kupić na mojej stronie internetowej.

Obecnie współpracuje z kwartalnikiem literackim Post Scriptum.

Należy do Związku Pisarzy Polskich na Obczyźnie. Jest także blogerką i twórczynią podcastu (nie tylko dla kobiet) „Rozmowy od serca".

www.ingramcontent.com/pod-product-compliance
Ingram Content Group UK Ltd.
Pitfield, Milton Keynes, MK11 3LW, UK
UKHW021539231224
3830UKWH00048B/776

9 788397 03184